小学数学文化探秘

黄友初　编著

国家自然科学基金资助（12026502）

科 学 出 版 社

北 京

内 容 简 介

数学是基础性学科，有着悠久的历史，数学知识和数学符号的演变大多也都经历了一个长期的过程。在数学教与学的过程中，教师和学生们经常会产生"为什么叫这个名称？""这个符号是怎么产生的？""这个概念是怎么发展起来的？"等疑问，本书将以小学数学知识为主，就数与代数、图形与几何、概率与统计三个领域中部分数学概念的产生与发展、数学符号的演变，以及隐藏在生活中的数学等数学文化知识进行梳理、分析与阐述。这对于读者更深刻地了解数学概念的形成与发展、数学符号的产生与演变有重要帮助。

本书可供中小学数学教师、数学教育和教师教育方向的本科生与研究生参考阅读，也可供从事数学教育和教师教育研究的人员使用，还可作为大众科普读物。

图书在版编目（CIP）数据

小学数学文化探秘 / 黄友初编著. -- 北京：科学出版社，2025. 2.
ISBN 978-7-03-080159-3

Ⅰ. G624.503

中国国家版本馆 CIP 数据核字第 2024DY6038 号

责任编辑：胡海霞　乔艳茹 / 责任校对：杨聪敏
责任印制：赵　博 / 封面设计：无极书装

科学出版社 出版
北京东黄城根北街 16 号
邮政编码：100717
http://www.sciencep.com
三河市骏杰印刷有限公司印刷
科学出版社发行　各地新华书店经销
*
2025 年 2 月第 一 版　　开本：720×1000　1/16
2025 年 8 月第二次印刷　　印张：15
字数：223 000
定价：69.00 元
（如有印装质量问题，我社负责调换）

前　言

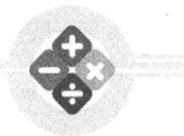

数学是基础性课程，有着成熟、严密的逻辑体系，可为其他学科提供知识基础，在学习数学的过程中获得的思想方法和思维方式也能迁移到个体的学习、生活和工作中。数学有着悠久的历史，自人类文明的早期就有了数的萌芽。可以说，数学的发展过程也是人类文明的发展过程，数学知识中蕴含着人类的智慧和心血。在一些数学教育活动中，教师更多地关注了数学的工具理性价值，而缺乏对数学育人价值的挖掘，这也导致了学生对数学学科认识产生的偏差。这种现象与教师对数学的文化性缺乏了解有关，很多教师对于数学知识的由来了解不多，也不知道数学符号的演变经历了怎样的过程。例如，为什么我们现在采用的是"十进制"计数法，是否真的和人有十根手指有关？为什么加法的符号是"+"，而不是别的符号？为什么我们把可以化为分数的数称为有理数，

它和"有没有道理"有关系吗？数学是被发明的还是被发现的？等等。有很多数学知识已经在我们的日常生活中广泛运用，大家也习以为常了，但却不知道它的来龙去脉。如果教师在教学时直接告诉学生这是什么数学知识，应该怎么运算，就容易造成学生学习数学的被动性，久而久之学生就会对数学失去兴趣，自然也就难以学好数学了。因此，作为数学教师，或者数学教育研究者，有必要对数学有更加全面的了解，从生活的角度、社会发展的角度和人类发展的角度认识数学。在小学阶段培养学生树立正确的数学学科观和数学价值观对他们未来的学习和发展有着重要的影响，教师应帮助学生认识到数学知识不是数学家凭空想象的，而是来自生活，是人类文明的结晶，每个数学知识、每一个数学符号的产生都是有迹可循的。

《义务教育数学课程标准（2022 年版）》的"课程性质"中明确指出，数学承载着思想和文化，是人类文明的重要组成部分。但是，教师和学生对数学文化的了解还不够深入，这与缺乏合适的数学文化读物有关。目前有关数学史和数学文化的读物比较偏重学理性，可读性较差；或者是按照时间或地域的顺序撰写，对学生了解具体数学知识的发展历程帮助不大；专门针对某些数学知识和数学符号发展历程进行阐述的专题读物还不多，而这种类型的数学文化内容往往更有助于师生认识数学知识、体会数学知识的文化性。为此，有必要编撰适合数学教学的数学文化读物。本书从文化历史角度对小学数学中常见的数与代数、图形与几何、概率与统计知识中蕴含的数学文化进行阐述，目的在于让读者更全面地认识数学知识、数学名词和数学符号，了解它们的由来，知道与数学知识有关的人和事，给教师的数学教学提供必要参考。本书的内容不仅可以直接作为教学素材，也可以拓宽职前和在职教师的知识面，丰富数学教师的课堂教学方式；本书还可以作为中小学生的课外读物，提升教师和学生的数学情感，使他们养成更为科学的数学学科观、数学教学观和数学学习观，提升数学的育人价值。

本书分为十五章。第一章主要从小学生的视角阐述学习数学对他们将来学习、生活和工作的意义。第二章主要阐述数的产生、数的符号和运算的发展演变等。第三章和第四章分别阐述分数和小数的发展历程、记数符号的演变等。第五章主要阐述数在生活中的趣用、妙用，以及幸运数字的由来等。第六章主要阐述历史上各种有趣的数的乘法，指出每一种乘法都有它的巧妙之处，但都不如列竖式相乘的普适性强。第七章、第八章和第九章主要阐述图形中的数学奥秘。第十章、第十一章和第十二章主要阐述概率与统计的发展演变和奥秘。第十三章主要阐述小学主要数学概念名称的由来。第十四章主要阐述小学主要数学符号的演变过程。第十五章介绍与小学数学知识有关的若干女性数学家。

本书引用了很多学者的观点，在此表示感谢。本书得到了国家自然科学基金数学天元基金和上海师范大学的资助，在此表示感谢。本书写作过程中得到了我的老师，来自华东师范大学的汪晓勤教授，台湾勤益科技大学刘柏宏教授，以及浙江师范大学张维忠教授的很多支持和帮助，中国科学院的李文林教授和南开大学的顾沛教授也提供了很多素材，在此表示感谢。笔者的研究生尚宇飞、马陆一首、王佩、王毳、成婕妤、张珺越、林丽丽和苏文倩等同学也在写作过程中给笔者提供了帮助，在此表示感谢。最后，感谢科学出版社胡海霞、李香叶和乔艳茹三位编辑老师的辛勤工作！

囿于能力和精力，本书难免存在不足之处，敬请读者给予批评指正！

黄友初

2024 年 4 月于上海师范大学教苑楼

目　录

前言

第一章　为什么要学习数学? ………………………………………………1

第一节　更好地生活需要学习数学 ………………………………1

第二节　更好地发展思维需要学习数学 …………………………3

第三节　更好地发展学业需要学习数学 …………………………4

第四节　更好地工作需要学习数学 ………………………………6

第二章　数是怎么来的? ………………………………………………8

第一节　从数的感觉到数的概念 …………………………………8

第二节　从数的概念到数的传递 …………………………………10

第三节　早期的记数符号 …………………………………………13

第四节　记数符号的扩充与统一 …………………………………16

第五节　我国的数和记数法 ………………………………………20

第六节 历史上的数都记在哪里？ …………………………………… 23

第七节 小结 …………………………………………………………… 27

第三章 什么是分数？ ……………………………………………… 29

第一节 从数的产生到数的运算 …………………………………… 29

第二节 从分配不尽到分数的产生 ………………………………… 30

第三节 分数符号的演变 …………………………………………… 34

第四节 分数在我国的产生和发展 ………………………………… 39

第五节 小结 ………………………………………………………… 45

第四章 什么是小数？ ……………………………………………… 47

第一节 从十进制的数到小数 ……………………………………… 47

第二节 近代欧洲小数写法的演变 ………………………………… 51

第三节 小数在我国的产生与发展 ………………………………… 53

第四节 小结 ………………………………………………………… 57

第五章 有趣的数 …………………………………………………… 59

第一节 数的有趣象征 ……………………………………………… 59

第二节 数的有趣运算 ……………………………………………… 63

第三节 数在文学中的妙用 ………………………………………… 66

第四节 身份证中数的奥秘 ………………………………………… 68

第五节 幻方中数的奥秘 …………………………………………… 71

第六节 神奇的斐波那契数 ………………………………………… 74

第七节 小结 ………………………………………………………… 80

第六章 神奇的乘法 ………………………………………………… 82

第一节 叠加法 ……………………………………………………… 82

第二节　交叉法 ……………………………………… 85

第三节　方格法 ……………………………………… 90

第四节　画线法 ……………………………………… 94

第五节　数圈法 ……………………………………… 96

第六节　中国剩余定理 ……………………………… 97

第七节　小结 ………………………………………… 99

第七章　生活中的图与形 ………………………… 101

第一节　桌子中的图与形 …………………………… 101

第二节　井盖中的图与形 …………………………… 103

第三节　生活物品中的图与形 ……………………… 105

第四节　七巧板的历史与图形 ……………………… 108

第五节　服饰中的图与形 …………………………… 111

第六节　小结 ………………………………………… 113

第八章　图形中的数学奥秘 ……………………… 114

第一节　长方形打印纸中的无理数 ………………… 114

第二节　足球中的镶嵌 ……………………………… 118

第三节　建筑中的对称 ……………………………… 123

第四节　图形中的黄金分割 ………………………… 124

第五节　小结 ………………………………………… 127

第九章　圆周率 π 的奥秘 ………………………… 128

第一节　圆周率的起源与初步探索 ………………… 128

第二节　圆周率的深入探索与符号 π 的产生 ……… 132

第三节　圆周率精确值的追求与意义 ……………… 135

第四节　圆周率有关的文化 ………………………… 140

　　第五节　圆周率的神奇巧合 ·· 143

　　第六节　小结 ·· 147

第十章　概率与统计的发展和应用 ·· 148

　　第一节　骰子趣史与可能性的认识 ·· 148

　　第二节　概率论的产生与发展 ·· 153

　　第三节　统计发展历程与应用 ·· 158

　　第四节　小结 ·· 162

第十一章　生活中的概率 ·· 164

　　第一节　处处可见的古典概率 ·· 164

　　第二节　理想主义的试验概率 ·· 167

　　第三节　大巧若拙的主观概率 ·· 169

　　第四节　小结 ·· 171

第十二章　生活中的统计 ·· 173

　　第一节　统计是认识世界的方式 ·· 173

　　第二节　统计是一种表达的语言 ·· 177

　　第三节　统计是一种生活态度 ·· 180

　　第四节　统计中的悖论——尤尔-辛普森悖论 ································· 182

　　第五节　小结 ·· 184

第十三章　数学名词的由来 ·· 185

　　第一节　"数学"一词的由来 ·· 185

　　第二节　"自然数"一词的由来 ·· 188

　　第三节　"有理数"一词的由来 ·· 191

　　第四节　《九章算术》中的数学名词 ·· 193

第五节　其他数学名词的由来 ……………………………………… 194

第六节　小结 ……………………………………………………… 196

第十四章　数学符号的由来 …………………………………… 197

第一节　"+"和"－"的由来 …………………………………… 197

第二节　"×"和"÷"的由来 …………………………………… 201

第三节　"＝"的由来 ……………………………………………… 204

第四节　字母作为数学符号的由来 ……………………………… 206

第五节　其他数学符号的由来 …………………………………… 210

第六节　小结 ……………………………………………………… 213

第十五章　历史上著名的女性数学家 ………………………… 214

第一节　有历史记载的第一位女数学家 ………………………… 214

第二节　第一位女数学教授 ……………………………………… 216

第三节　"女扮男装"的女数学家 ……………………………… 217

第四节　第一位女科学院士 ……………………………………… 219

第五节　历史上最伟大的女数学家 ……………………………… 220

第六节　小结 ……………………………………………………… 222

参考文献 ……………………………………………………………… 224

第一章

为什么要学习数学？

数学是中小学生在学校里都要学习的一门课程，那么，为什么大家都要学习数学呢？可能有同学会说，数学很有用，生活中到处都用到数学；也有的同学会说，数学是考试要考的课程，不学将来就不能读中学和大学了。大家说得都很对，但是还不全面。如果仅仅是因为生活中需要用到数学，我们也不用从小学到大学都学习数学，小学和初中的数学就差不多够用了；如果仅仅把学数学看作是为了考试，为了能继续升学，那就把数学的作用想得太简单了。其实，我们要更好地生活，需要学好数学；要更好地锻炼我们的大脑，需要学好数学；要更好地读书，需要学好数学；要更好地工作，建设我们的祖国，更需要学好数学。

第一节　更好地生活需要学习数学

数学几乎遍布我们生活的方方面面，我们每天都要和数学打交道。比如，今天是星期几啊，我们要几点到学校啊，从家里到学校如果坐公交车去的话，坐几路车啊，要花多少钱啊，要多久才会到啊；如果有一笔钱要买东西，该怎么分配；如果要出去旅行该怎么规划线路和费用，还要计算得花多少时间，如果要用袋子装东西，还要估计一袋子可以装多少东西，需要带几个袋子；如果将来你们做生意，还需要计算可以有多少收入，需要支出费用多少，能赚多少钱；如果打篮球，投篮的时候往往需要先打到篮板再进入篮筐，那么就需要用到数学计算角度；如果踢足球，那么传球和射门的线路也需要用到数学；等等。可以说，生活中到处都有数学，如果没有了数学，那么我们的交流、出行和购物等都会受到很大的影响。例如，小明如果是 1 月 1 日生日，他在 1 月 2 日的时候可以和别人说"我昨天生日"，1 月 3 日的时候可以和别人说"我前天生日"，到 1 月 4 日的时候他还可以说"我大前天生日"，但到了 1 月 10 日的时候，他就只能说"我大大大大大大大前天生日"。他说得很累，听的人也不一定就能很好地理解具体是哪一天。但是有了数学后，我们可以用数学来表示时间，要么告诉对方是几月几号，要么告诉对方是几天前，这样在交流的时候就会变得很简单，也更准确。

可能有的同学会说：现在科技这么发达，我不懂数学也没有关系啊，时间上有日历和手表可以帮忙，出行时有导航仪可以用，计算时有计算器可以帮忙，手机里有许许多多的软件可以用呢。这话不假，科技的发展确实给我们带来了很大的便利，生活中遇到的一些数学问题可以用计算器、导航仪和手机等电子产品来帮忙。但是，这些电子产品要怎么用，也是需要数学知识和数学思维的。例如，你要看时间的原因大多是疑惑已经过了多久了，还有多久后要干什么等，这里都涉及数学的计算；你需要用计算器计算，大多是为了解决某些问题；要用导航仪出行也需要能正确地使用导航仪，能从多种方案中选择最适合自己的，这些都会用到数学知识、运算能力和逻辑推理能力等。而且，这些电子产品的开发需要懂数学的人，只有理解了数学的本质规律，才能做出这样的产品。况且，如果我们有比较好的数学基础，在遇到问题的时候，没有这些工具也可以直接口算，而不会束手无策；哪怕运用工具，我们也可以先思考一下，有个大致的判断，这样运用工具时也会更合理、更有效，即使不小心输错了，也能马上判断出来。

其实，数学不仅在生活中会直接用到，很多常用的、常见的、常听到的物品也都是以数学为基础产生的，我们也在间接接触着数学。例如，我们日常使用的很多家用电器、汽车、电子产品，没有数学就不能设计和制造出来；工厂、医院、商店和其他场所的很多电子仪器，都是以数学为重要基础的；很多工艺品的设计、建筑物的建造、道路的规划和红绿灯时间的设置，也都要用到数学。如果不懂数学，我们在生活中很多东西就不会用，电视、书、报纸和手机中的很多信息我们也读不懂，别人说的话我们也不能准确理解，这些都会对我们的生活造成很大影响。随着科技的发展，我们周围的智能设备会越来越多，不仅这些智能设备的更新换代离不开数学，而且我们在生活中使用这些设备也离不开数学。所以，学好数学，可以让我们更好地规划我们的生活，更准确地、更有效地使用身边的各种物品，更方便地与周围人交流……总之，我们要更好地生活，需要学好数学。

第二节　更好地发展思维需要学习数学

每个人在刚出生的时候，头脑都是很简单的，可以说什么也不懂，也不会思考，只知道如果饿了、冷了、不舒服了就要哭。那么为什么大家现在都能看懂数字，能思考问题了呢？可能大家会说，爸爸妈妈在家里教的，老师在学校里教的，自己看书学的，自己看电视或者电脑学的，这些都是对的。通过学习，我们的知识越来越丰富，大脑越来越发达，思维越来越严密，我们可以思考越来越难的问题。而这一切，离不开数学，数学在发展人的思维、智力等方面有重要的作用，而且这种作用是其他学科很难取代的。例如，当我们在计算 7+8=15 的时候，具体的思考过程是 7 拆成 2+5，然后 2+8=10，然后是 10+5=15；或者 8 拆成 3+5，然后 3+7=10，然后是 10+5=15。这个过程就是一个逻辑推理的过程，我们会依照加法和减法的规则，一步一步推导，从而得到答案。其实，在进行数学学习的时候大家也会发现，一些数学知识是可以直接运用到实际生活中的，例如刚才的加法就是生活中常用的数学。但是也有很多数学知识是我们在将来的生活和工作中很难直接用到的，那为什么我们还要学习它们呢？一方面是这些知识或许将来会用到，另一方面则是这些知识的学习可以更好地锻炼我们的思维能力。例如，一些数学证明题，这个题目的结论或许将来我们不会用到，但是这个证明的过程，需要我们从已知推导到未知，可能还要添加辅助线或者构造一个数学函数，这需要有创造性思维，需要用到空间想象力，需要用到数形结合思想，需要在不断尝试中找到解答方法，需要在思考中顿悟，等等。当我们把这个问题解决了的时候，这个数学题目的结论对我们将来是否有用已经不重要了，但是在这个过程中我们的思维得到了很大的锻炼，而这种思考问题的能力和思维方式是很有用的，它们都是可以迁移的，也就是可以用到别的地方去，这就是学习数学的又一个价值所在。

有人将数学比作"思维的体操"，就是指在学习数学过程中，思维会像做体操运动一样，通过不断练习而变得越来越强大（张楚廷，2000）。数学中不仅包含了数学思想和数学方法，如数形结合思想、转化思想、分类思想、假设法、归谬法等，也包含了顿悟、联想、猜想等思维探究方法，归纳推理、演绎推理等逻辑思维方式。学习数学知识，运用数学知识、思想和方法解决问题，对培养大家的辩证唯物主义世界观、科学态度、实事求是、敢于质疑等个性品质都具有潜移默化的作用。《义务教育数学课程标准（2022年版）》中指出，数学在形成人的理性思维、科学精神和促进个人智力发展中发挥着不可替代的作用。其实很多人在学完数学以后，具体的数学知识都会渐渐忘记，但是在数学学习中训练的各种思维能力则会对他的生活、学习和工作产生很大的影响。我们之所以会从刚出生时的一无所知，到现在能思考、能处理各种问题，和我们学习数学是分不开的。所以，我们要想更好地发展我们的思维，就需要学好数学。

第三节　更好地发展学业需要学习数学

可能有一些同学认为学习数学是因为考试，不考试的话可能就不会学数学，这种认识是十分片面的。如果学习数学是为了考试，是为爸爸、妈妈学的，是为老师学的，那么你在学数学的时候就会很累，因为这不一定就是你喜欢做的事，也可能是被迫去做的，在这种情况下是很难把数学学好的。无论我们要做什么事情，只有喜欢做，才会有更高的热情、更强大的动力去做，这样，学习效率也会更高。如果我们要在学习上取得好的成绩，数学是一定要学好的，数学是中小学的重要课程，无论是各学期的期末考试，还是中考和高考，它都在学业总成绩中占了很大的比例。如果数学的学习成绩不好，要在学业总成绩上表现优秀，是很困难的。要取得比较好的数学成绩，就需要喜欢数学，只有喜欢数学，平时才会主动花时间去学习数学知识、思考数学问题，碰到比较难的数学问题的时候才能耐心思考，才能通过不断思考把学到的数学知识联系起来。而要喜欢数学就不能仅仅把学习数学当作考试的需要，要认识到数学是很精彩、很神奇也很有用的学科。其实，数学是一门古老的学科，是人类在漫长的历史发展过程中不断摸索发展起来的，里面蕴含着丰富的故事、知识和思想，不但对我们学业成绩的提高有用，而且对我们自己的发展、对社会的发展也都很有用。

数学，除了是中小学的重要课程以外，也是基础性课程，很多课程要学好都离不开数学知识，尤其是科学、物理和化学等理工科课程。意大利著名科学家伽利略（Galileo Galilei，1564—1642）曾说过，大自然这本书是用数学语言写成的。自然界中的很多规律，都是用数学来表示的。例如，物理中的很多力学现象、运动现象和电的规律，都是用数学来刻画的；化学中的原子和分子运动、液体的浓度、催化剂的量、化学变化中的放热和吸热等现象也都是用数学来刻画的。不仅如此，很多文科类课程中也有很多数学元素。例如，品德与思政类课程中会有很多数据和统计图表；语文和英语课程中也有很多数字、数学思想等。如果我们没有学好数学，要深入学习理工科课程是几乎不可能的，要比较好地领会文科类课程也不容易。所以，我们要在学习中取得好的学业成绩，就要学好数学，而要学好数学就要从喜欢数学开始，要喜欢数学可以从更多地了解数学开始，了解数学具有文化的一面，它不仅仅是冰冷的数字和符号，也有着精彩的发展历程，每一个数学规律的发现、数学符号的产生，背后都有着丰富的故事。

第四节　更好地工作需要学习数学

我们读书、学习是为了丰富知识、锻炼本领，将来能更好地完成我们的工作，能更好地建设我们的祖国，而这一切都需要我们学好数学。最简单来说，如果没有学好数学，很多资料我们都看不懂，很多智能产品也是不会用的，也不能很好地表达，生活会受到很大影响，更谈不上工作了。如果没有学好数学，我们的思维可能不能获得更有效的提升，有些工作就难以胜任。如果没有学好数学，我们的学业会受到很大影响，甚至都不能继续读书了，就更谈不上从事一些对学历有要求的工作了。中小学生是祖国的未来，将来都要依靠大家来建设祖国，做好社会的每一项工作，如果没有学好数学，很多工作我们可能都不能胜任。可能有的同学认为这话说得严重了，有的人没读书也能胜任一些工作。这种情况当然存在，但是并不表示他们没有掌握数学，他们没有从学校教育中学习数学，也需要在生活中学习与工作有关的数学知识，只有具备相应的数学知识才能更好地做好各项工作。

华东师范大学著名数学教育家张奠宙先生曾举例说，上海的和平饭店有一次发现空调的性能不好，分析原因以后，认为这与 3 根电线中的一根出现了问题有关，但具体不知道是哪一根。由于这些电线都是从地下室直接接到 10 楼的，在当时没有先进的工具，要测量很麻烦。于是，有个电工到了 10 楼把 3 根电线接在了一起，然后到地下室分别测 a, b, c 这三个端点中任意两个的电阻，得到了 3 个方程 3 个未知数：

$$\begin{cases} a+b=x \\ b+c=y \\ a+c=z \end{cases}$$

求解后就分别得到了每一根电线的电阻，这样就判断出了哪一根电线有问题（图 1-1）。由此可见，数学可以帮助我们解决很多现实生活中的问题。

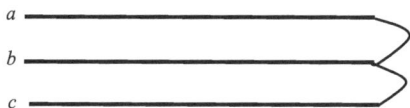

图 1-1　电线电阻测量示意图

　　如今，数学已经运用到各个领域，许多专业的掌握离不开数学。无论是最简单的加减乘除，还是较为复杂的统计学、微积分，其应用范围已经遍布各行各业。无论是国家建设、科技创新，还是资源开发、商业发展，如交通运输、保险精算、量化金融、土木工程、石油勘探、矿业冶金、机械电子、自动化控制、计算机编程等，无一不用到数学。即使有的行业可以用机器帮助思考和计算，但是机器也需要人来操作，在操作机器之前他们需要做出准确的判断，包括认识机器和要解决的问题，然后进行思考，最后再做出合理的选择来指挥机器，这些都直接或间接与数学有关。数学作为现代化建设的基础，在很多技术性领域中起着关键性，甚至决定性作用。例如，我们国家在"两弹一星"研制中的出色成就，凝聚了不少优秀数学家的心血；载人飞船"神舟系列"从轨道设计到卫星总体设计再到有效载荷设计都离不开数学。高技术装备、高精度仪器、高速度动力、高自动系统、高安全工具、高质量用品，无不是通过建立数学模型和运用数学方法，借助于电脑来实现的。可以说，如果没有数学，我们的生活将处处受限，我们的科技也不可能取得日新月异的进步。所以，我们要树立"为中华之崛起而学好数学"的远大理想，把学好数学当作我们义不容辞的责任和义务，只有学好了数学，我们才能更强大，才能更好地在将来做好我们的工作。教师也要认识到数学课程的育人价值，以数学学科知识的学习为载体，在丰富学生数学知识、培养学生数学能力的同时,也注重数学思想方法和数学模型意识的培养，以及数学情感和品格的塑造，而在此过程中数学文化可发挥重要作用。

第二章

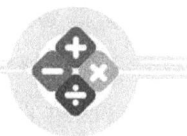

数是怎么来的？

　　数学是随着人类生活的需要而产生的，只要有人类活动，就离不开数学，数就是最早走进人们生活的数学知识之一，也是小学生认识数学的开始。数字在生活中很常见，它是表示数的符号，小学生对数字的认识大多要与具体的物体相结合，将数字与具体物体的数量相联系。但是，数是抽象的，没有了相应实物的依托，它也可以在人的大脑中存在。那么，人是怎么产生数的概念的呢？这就涉及数到底是什么，以及数是怎么来的这方面的问题。本章将就数的发展进行阐述，以帮助读者更好地了解小学生认识数的过程是怎样的，会在哪些地方产生理解困难等。通过对数产生过程的了解，也能更好地帮助教师和学生理解数学是被发明的还是被发现的。

第一节　从数的感觉到数的概念

　　在原始社会，人们主要以狩猎和采集为生，为了更好地生存，他们需要具备认识"大"和"小"，以及"多"和"少"的能力。在狩猎过程中，他们只有辨别了动物的"大"和"小"，以及"多"和"少"，才能更准确地判断自己一个人能不能完成抓捕，要怎么去抓捕。例如，当看到一只动物时，他首先根据自己对大小的感知，判断它是"大"的还是"小"的，然后再决定是自己一个人去捕捉，还是需要寻找同伴帮忙。同样，他们也需要知道自己捕捉的动物还剩下多少，才能判断这些食物还可以吃多久，多久以后自己就一定要出去寻找食物了。因此，从人类活动开始，在生活中就离不开数学。

但是他们并不是一开始就发明了数，最初还只有数的感觉。其实，具有数的感觉并非人类所特有的，很多动物也都能判别"大"和"小"，以及"多"和"少"。例如，鸟类就有一定的数感，如果你把有些鸟类巢中的蛋都拿走，它们就能感觉出来，鸟通常就会因为有被"入侵"的危险而选择逃走（邵汉民，2014）。而人类和其他动物最大的区别就是，其他动物最多只有数的感觉，或者只能进行简单的加减运算，太复杂的数就会记乱。正如一些鸟类，只能记住 4 以下的数量，超过 4 个对它们来说都是一样的，就是一种"多"的感觉（邵汉民，2014）。所以上例中，如果鸟巢中的蛋超过 4 个，即使拿走一个它们也不会发现，而如果拿到只剩 4 个以下，或者都拿走，那么它们就能判断出来了。动物对数的感觉是有限的，不会进行复杂的数的运算，也没有记录数的符号，而人类则可以从数的感觉逐渐深入，进而生成更抽象的数。由于生活中不断运用数，在原始人有了数的感觉后，随着大脑的发达和生活经验的积累，在经历了很长一段时间以后，他们逐渐形成了数的概念。例如，当他们发现一只羊、一头牛、一只鸡和一棵树等事物中都存在着共同属性，也就是"1"，三只羊、三头牛、三只鸡和三棵树等事物中也存在着共同的属性，就是"3"，这两个共同属性虽然是一类的，但却是不一样的，3 比 1 多，这时候，数的概念就初步形成了。此后，随着数在生活中运用得逐渐广泛和逐步深入，人们的认知体系中对数的概念的认识也越来越清晰。

生产工具逐渐发达以后，人们也有了多余的食物，这时候物物交换就比较频繁，越来越需要人们具备数的概念。如果一个人有很多只羊，但是没有鸡；而另一个人有很多只鸡，却没有羊。两个人想交换一下，那么怎么交换合适呢？如果用一只鸡换一只羊，拥有羊的人肯定不愿意，因为一只羊可以吃得更久一些。那么一只羊该换多少只鸡比较合适呢？于是人们就要思考羊是多大的，大概可以作为几天或几顿的食物；而鸡又是多大的，可以作为几天或几顿的食物；或许还要考虑哪个的肉更好吃一些。这时候，不仅需要有数的概念，还要有能判断数大小的意识，而这种数的意识的形成离不开数的比较。因为早期数的概念往往是与量相联系的，人们将数的大小转化为相应量的物品，然后对物品的多少进行比较。最直接也最让人信服的比较方法就是通过一一对应的方法进行比较，也就是你一个我也一个，最后看谁还有剩下的，谁就多，那么对应的数就大。例如，羊的数量和鸡的数量要进行大小比较的时候，也可以采用一一对应的方法，一直比到一方的鸡或者羊没有了，另一方还有剩下的，那么有剩余一方的数就是大一些的数。除了与对方比较，也可以将自己的物品与其他实物进行比较，方便知道具体的数量是多少。例如，人们捕捉了很多只羊，想要知道到底有多少只羊，一只一只地数不停走动的羊，是比较容易数错的。他们可以在放一只羊到羊圈里的时候拿起一颗小石头，再放一只羊进去就再拿起一颗小石头……最后只要数一下石头就知道羊的数量是多少。当要从羊圈里抓出一只羊的时候，就从收集的小石头中拿出一块，再抓出一只羊就再拿出一块小石头……等到收集的小石头都拿出来的时候，说明羊圈里的羊都被抓出来了。这种方法将羊和石头的数量建立了一一对应的关系，知道了两者是不是相等的，也可以判断羊有没有丢。这些都表明数是从生活中产生，并在生活中逐渐发展的。

数的概念的形成，是人类的一大进步。它不是某个人或者某一个部落发现的，而是人类在发展过程中逐步认识到的，在时间上大约可以追溯到 30 万年前，也就是人类刚开始会使用火的时候（李文林，2011）。和文字的产生一样，有了数的概念以后，人们在思考问题或者与其他人交流的时候，都更加方便了，不仅可以思考得更加深入，而且可以表达得更加明确，这标志着人类文明的一大进步。

第二节 从数的概念到数的传递

数给人们的生活带来了很大的方便，尤其是在交流和记录方面。早期还没有各个数的发音，而且不同地域之间的语言也不一样，那要怎么向别人说明是多少数呢？这时候手势就成了主要的选择，如果在语言上存在障碍，比如你说了某个数，但是对方听不懂，就可以用手势来辅助说明。但是手势能表示的数十分有限，如果没有约定俗成，一双手只能表示 1—10 这十个数，一旦超过 10，表示就会很困难，或许还会用上脚趾，但是即使这样超过 20 的数也很难表示。于是，由于传递数的需要，有必要用一些符号来表示数，有了符号以后在记录数时运用也会更方便、更准确。因此，社会的需要推动了数的表示和数的表达的逐步发展。

　　早期人类的语言到现在已经失传很久，很难考证了。记录数的符号也应该丢失了很多，但考古工作者还是发现了一些记数符号。历史考证发现，早期人类会在动物的骨头或者石头上刻记号；有了绳子后，也会在绳子上打结来记录数字，这些也被称为"刻痕记数"和"结绳记数"（李文林，2011）。这两种记数的方法都比较简单，刻痕记数是在动物骨头或者石头上一条一条地刻，最后刻了多少条就表示有多少数。结绳记数的原理也差不多，在绳子上打了多少个结就表示有多少数。这两种方法都很直接，也很方便记录和交流，但是当数很大的时候，刻痕和结绳就不太方便了，就需要能运用一些其他符号来表示数，于是就有了记数符号，随着记数符号的演变，产生了初步的进制思想。

　　无论是刻痕记数，还是结绳记数，体现的都是一一对应的思想，但是当需要记录的数很大时，不仅记录很麻烦，看的人也很容易数错，这就需要发明一些符号来记录数。但是如果一个数就采用一个符号，那需要用到的符号还是会很多，记录也很麻烦，人们要全部记住很难，交流时就很不方便。于是，人们在实践中摸索出了一种符号和符号组合的方式来表示数。也就是，对于不大的数或者比较特殊的数，采用专门的符号来记录，其他的数采用这些符号的组合来表示。例如，如果用 A 表示 1，那么 AA 就有两个 1，就表示 2；同样的理由，AAA 就表示 3。按照这种方式，要表示 10 就要写成 AAAAAAAAAA，记录和解读的人都很麻烦。如果这时候有一个符号 B 表示 5，那么 AB 或者 BA 都是一个 5 和一个 1，它们都可以表示 6，同理 AAB、ABA 或者 BAA 都是一个 5 和两个 1，这就表示 7，那么 10 就表示成 BB 就可以了。这种记数方法其实就采用了进位制的思想，它可以有效简化数的记录，运用十分便捷。如果到 2 的时候采用一个新符号，就是二进制；如果到 5 的时候发明一个新符号，就是五进制；到 10 的时候发明一个新符号，就是十进制。

考证发现，历史上人类有过很多种进制，如有二进制、三进制、四进制、五进制、八进制、十进制、十二进制、二十进制和六十进制等等（蔡天新，2012）。这些进制的采用都与他们当时的生活环境有关，他们会采用大家最熟悉的也最可以接受的方式。有的可能与人体的结构有关，例如，五进制、十进制、二十进制都与手指和脚趾的数目有关，十二进制与一只手有 12 个关节（除大拇指外）有关；有的可能与自然环境有关，例如二进制与一天可以分为白天和黑夜两个部分有关；有的可能与更好的运算有关，例如六十进制与 60 可以被 2、3、4、5、6、10、12、15 等数整除有关。当然，由于年代久远，很多资料都没有保存下来，采用这些进制的原因都来自学者的推测。但是，历史上曾采用多种多样的进制是实际存在的。或许是绝大多数人有 10 根手指的缘故，这些进制后来都被统一为十进制。随着社会的发展，十进制的运用越来越广泛，现在除了一些特殊的领域，采用十进制表示数已成为大家的共识。

当然，我们现在的进制也叫位值制，不仅 0、1、2、3、4、5、6、7、8、9 这 10 个符号分别表示不同的数，而且它们在不同的位置也表示不同的数。这种记数方法是人类长期摸索的结果，也是人类智慧的体现，只要运用很少的符号，就可以按照一定的规则表示出无限多的数。当然，这种位值制中的"值"不一定要选择"十"，也可以选择"五"。例如，如果采用以"五"为基础的位值制，那么 0、1、2、3、4 还和我们现在的记数方式一样，分别对应相应的数量，但是"五"就需要用 10 来表示，而 11 就表示"六"，14 表示"九"，20 表示"十"，以此类推。同样也是用很少的符号，按照一定规则表示出无限多的数，人们如果运用习惯了，也一样会觉得很方便的。所以我们现在采用这种记数符号既有必然性，也有一定的偶然性。当然以"十"为基础的位值制，与人类有十根手指相对应，也很容易被各地的人所接受。

第三节　早期的记数符号

尽管人类早期有着各种各样的符号来记录数，但是基本的方法较为一致，都是累计和组合相结合的形式。在某些数以下，用某个符号的简单增加来表示，到了一定的数以后采用一个固定的符号来表示，数如果再增加，就采用几种符号组合的形式来表示。

例如，古埃及和古巴比伦都出现了记录数的符号，具体如图 2-1 和图 2-2 所示（李文林，2011）。

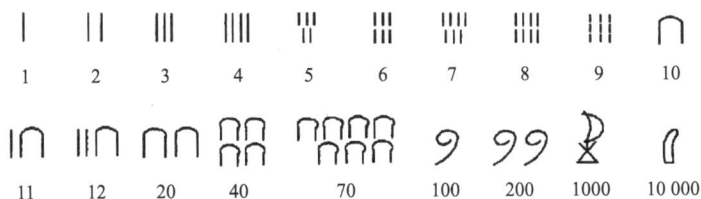

图 2-1　古埃及的象形数字

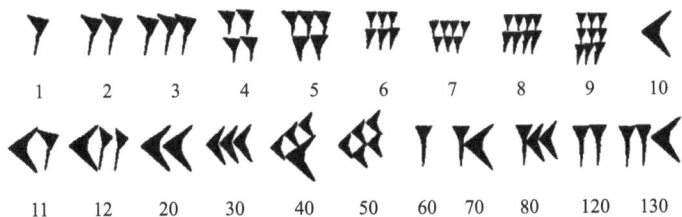

图 2-2　古巴比伦的楔形数字

从图 2-1 和图 2-2 可以看出，古埃及的象形数字和古巴比伦的楔形（这种形状可能与他们当时所用的劳动工具有关）数字在 10 以下的时候都是采用一个符号或者这个符号的重复累计来表示，到了 10 就有了专门的符号。如果 10 以上的两位数，就可以把这个两位数看作几个 10 和几个 1 组成，再用这两种符号的组合来表示。例如，32 用古埃及象形数字表示就是 3 个 "∩" 和两个 "|" 组成，用古巴比伦的楔形数字表示就是 3 个 "◄" 和两个 "▼" 组成。只要有这几个符号就可以，对这些符号所

在位置的要求还不是很严格。也就是，无论是表示 10 的符号在前面，还是表示 1 的符号在前面都没有关系。

在古代中国、古希腊和古玛雅等地区也都出现了不一样的记数符号，但是基本原理都是一样的，这也说明了不同地域的数学发展之间都有着相似的特征，具体如图 2-3 至图 2-5 所示（李文林，2011）。

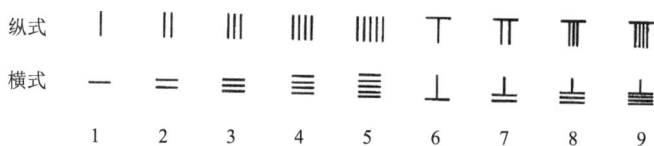

图 2-3　古代中国的筹算数码

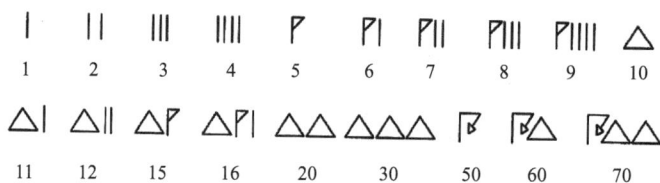

图 2-4　古希腊的阿提卡数字

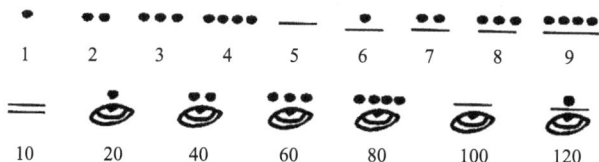

图 2-5　古玛雅的数字

从图 2-3 至图 2-5 可以看出，古代中国的筹算数码、古希腊的阿提卡数字和古玛雅的数字在 5 或 6 以下时，都是采用一个符号或者这个符号的累计来表示，5 或 6 有了专门的符号，如果要表示 5（或 6）到 10 之间的数字，可把它看作是由 1 个 5（或 6）和几个 1 组成的，再采用这两种符号的组合来表示。

从图 2-6 和图 2-7（李文林，2011）可以看出，古代中国甲骨文的数字和古印度婆罗门的数字在 5 到 10 之间也都有专门的符号。如果要表示 10 以上的数，也可以由几种符号组合来表示。

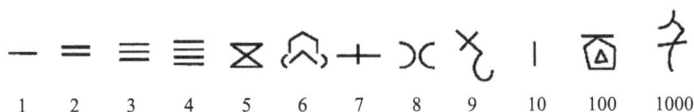

图 2-6　古代中国甲骨文的数字

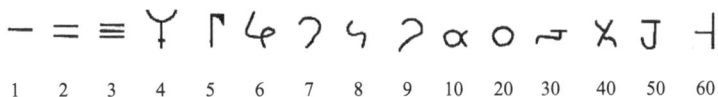

图 2-7　古印度婆罗门的数字

在早期的记数系统中，大多数都有专门的符号表示个位数、整十数和整百数等这些比较特殊的数，对于其他数，则是通过将它们分解后由已有的符号组合而成，在组合的时候对这些符号的位置要求也不是太严格。但是，到了后期就逐渐出现一些和位置有关的记数符号，相同的符号在不同位置就表示不同的数。例如，在古罗马用的数字中，Ⅰ、Ⅱ、Ⅲ分别表示 1、2、3，然后用 V、X、L、C、D、M 分别表示 5、10、50、100、500、1000。其他数由这些符号组合而成，但是如果摆放的位置不同，表示的数也不同。如果小的数字在大的数字的右边，所表示的数等于这些数字相加得到的数，如Ⅷ表示 8（=5+3），Ⅻ表示 12（=10+2）。如果小的数字在大的数字的左边，所表示的数等于大数减去小数得到的数，如Ⅳ表示 4（=5-1），Ⅸ表示 9（=10-1）。当然，为了每一个数都有唯一的表示形式，古罗马对数的符号也做了一些其他的规定。例如，8只能用Ⅷ来表示，不能用ⅡX 来表示。这种数字也被称为罗马数字，现在也还在一些领域使用。

虽然古代的记数符号多种多样，但是可以看出它们都把 10 看成比较特殊的数，给出专门的符号。在有的记数法中，对于 10 的倍数也有专门的符号。在维吾尔语中，对于 20、30、40 等数也有专门的读法。而在一些记数法中，5 有着特殊的符号。这些都与人的一只手有 5 根手指，两只手有 10 根手指有关。用手指来表示数的方法很简单、很方便，我国古代就有"掐指一算"的说法，在交流中运用手指来表示，大家也都很容易理解。1494 年，意大利数学家帕乔利（L. Pacioli，1445—1517）还在一本书中专门介绍了如何用手指来表示各种数,具体如图 2-8 所示(徐品方,张红,2006)。从图中我们可以看出,其所采用的也是十进制。这些都为后来统一为十进制,打下了良好的基础。

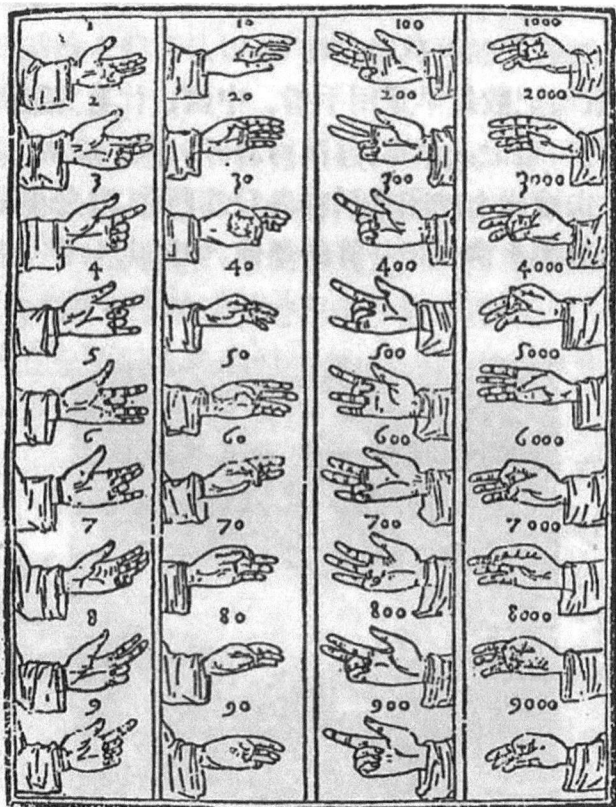

图 2-8 手指表示数

第四节 记数符号的扩充与统一

有了记数符号后,人们的生活方便了很多,对社会的发展也起到了很大的促进作用。但是,随着人们生活领域的扩大、社会的进步,已有记数符号的不适用性也逐渐出现,主要归纳为两个方面:一是记录比较大的数的时候不方便,二是不同记数符号之间的交流不方便。早期人类的生活中用到的数都不大,已有的记数符号或者少数的几个符号积累就

够用了。但是，当遇到比较大的数的时候，为了表示它就需要很多个符号的堆积，不直观，传递不方便。例如，如果要用古埃及象形数字来表示 999，要由 9 个 𐤐、9 个 ∩ 和 9 个丨组成，变成 𐤐𐤐𐤐𐤐𐤐𐤐𐤐𐤐𐤐 ∩∩∩∩ ∩∩∩∩∩ ||||||||||，当然把它们的顺序打乱了也可以。如果要表示 1999 就要用到 28 个符号，十分烦琐，既不便于记录和保存，也不便于交流。随着遇到的数字越来越大，需要不断地创造出新的符号，那么记数符号就会越来越多，这就要求对已有的记数符号进行改进。其中最值得一提的是，从象形符号变为了字母符号。在古希腊，人们创立了字母记数法（也被称为爱奥尼亚记数法），引入各种希腊字母表示数，具体如表 2-1 所示（徐品方，张红，2006）。其他的数可以由这些字母的组合来表示。其中，ια、λβ 和 ρκγ 分别表示 11、32 和 123。

表 2-1　希腊字母记数法

希腊字母		字母名称	表示的数	希腊字母		字母名称	表示的数
大写	小写			大写	小写		
A	α	Alpha	1	K	κ	Kappa	20
B	β	Beta	2	Λ	λ	Lambda	30
Γ	γ	Gamma	3	M	μ	Mu	40
Δ	δ	Delta	4	N	ν	Nu	50
E	ε	Epsilon	5	Ξ	ξ	Xi	60
F	ς	Digamma	6	P	ρ	Rho	100
Z	ζ	Zeta	7	Σ	σ	Sigma	200
H	η	Eta	8	T	τ	Tau	300
Θ	θ	Theta	9	Y	υ	Upsilon	400
I	ι	Iota	10	Φ	φ	Phi	500

在记录数的时候，常用小写字母来表示。虽然与象形符号记数法相比较，字母记数法会比较简单，但是在记录比较大的数时需要用到的字母还是比较多，而且很多字母的书写比较接近（例如 50 和 400 的小写字母就很相似），容易引起混淆，这些都不利于字母记数法的推广。不过，虽然在数学发展过程中，古希腊这种用字母表示数的方式逐渐被其他方式取代，有的字母也消失了，但是在现代数学、物理学或其他领域还经

常采用这种希腊字母来表示和数有关的信息。例如，Alpha、Beta、Gamma、Delta 等名称也被用来表示新冠病毒的类型，以更好区分新冠病毒发现的先后次序或代际演变。

随着社会的发展，人们的生活范围越来越大，与其他地方的人进行交流也越来越有必要，尤其是商业和文化方面的交流。但是每个地方的记数符号都不一样，交流起来就十分困难，商业活动也很难推进，记数符号的统一就变得越来越重要。但是，一种符号在一个地方使用久了，大家都习惯了，要被替代是比较困难的。除非新的符号书写很方便，又通俗易懂。而源自印度，经阿拉伯人改造后的记数符号满足了这两个特点，于是被越来越多的人所接受。

古印度的记数符号也是不断演变着的，从哈拉巴数码到婆罗门数码，逐渐采用了十进制，但这种十进制是指 10 有专门的符号，几十就用几个这种专门符号来表示，和现在的十进制还是不一样的。古印度早期的记数符号中是没有表示 0 的符号的，在早期的记数系统中，出现这种现象是很普遍的，其原因主要有两个：首先，早期对数的认识和理解都要依托于实物，有实物才有数，有数才有符号，如果没有实物，就不需要符号，所以也就不需要有表示 0 的符号；其次，虽然在一些表示几百、几千等的数中会出现 0，如 102、1003；但是由于 10、100、1000 等数有专门的符号，在有 0 的较大数中，可以用专门符号和其他符号的组合来表示。例如，508 这个数，用罗马数字就可以用 5 个 100（C）、一个 5（Ⅴ）和一个 3（Ⅲ），表示成 CCCCCⅧ。但是，这种采用专门符号累计来表示较大数的方式会使得数字很长，无论是记录、计算还是交流都不方便。如果要减少符号，改用位置的变化来表示不同的数（也就是位置值的思想），就有必要具有 0 这个概念。于是，古印度记数法的演变过程中，符号个数逐步减少，对符号位置的规定逐渐增多，数字在不同位置会表示不同的大小，这种情况下发明表示 0 的符号就越来越有必要。

在人们觉得表示 0 是有必要的时候，还没有发明出 0 的符号，这时候古印度通常是采用空格来处理。但是这种记法容易引起误解，况且以前都是手写的，还不是印刷，每个人写字的间隔大小，写得工整还是潦草都是不一样的，就很容易让人看错。于是，表示 0 的符号就显得十分有必要，这个过程中也出现了很多表示 0 的符号。比较典型的有用黑点、圆圈、方框等，无论是何种符号，最后都逐渐被小圆圈所取代，也就是现在 0 的记号。公元 876 年，印度出土的瓜廖尔石碑上刻的数字中已能发现 0，如图 2-9（李文林，2011）所示。

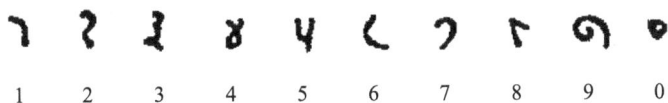

图 2-9　印度瓜廖尔石碑上的记数符号

印度在青藏高原的西面，它和西亚之间没有高山阻挡，联系比较紧密，紧密的交流也有利于文化的传播。公元 8 世纪末，印度的记数法传到了西亚的阿拉伯地区，到了 11 世纪的时候，很多数字和现在通用的数码已经很接近了。由于西亚与欧洲接壤，也没有很高的山川和河流阻挡，所以西亚和欧洲的交流也比较紧密，于是阿拉伯人的记数方式传入了欧洲。例如，阿拉伯著名数学家花拉子米（al-Khwārizmi）在《还原与对消计算概要》（也被称为《代数学》，成书于约 820 年）一书中详细介绍了阿拉伯记数符号和方法，其中也提到了 0 的应用。该书很快在欧洲传播，并且产生了广泛的影响。这种记数法需要用到的符号不多，书写也比较方便，尤其是在表示比较大的数的时候有很大的便利。这些优势都让这种记数法受到了欧洲人的欢迎，他们把这种记数法称为阿拉伯记数法，相应的数字被称为阿拉伯数字。其实准确的叫法应该是印度-阿拉伯记数法，相应的数字也应称为印度-阿拉伯数字。

这种符号经过几百年的演变，到 16 世纪逐渐出现了与现在写法比较接近的记数符号，并被固定了下来，逐渐在全世界使用。例如，1522年，英国托恩斯托（K. Tonstall）所写书中出现的数码和现在的写法基本一致（徐品方，张红，2006），如图 2-10 所示。

图 2-10　托恩斯托著作中的记数符号

现在，全世界的人都不需要翻译也能看得懂印度-阿拉伯数字，它的使用也十分便捷。人们只要认识 0、1、2、3、4、5、6、7、8、9 这10 个数字，知道在一组数字中，从右往左分别是个位、十位、百位、千位、万位、十万位、百万位、千万位、亿位……就可以认识其他的数了。

由此可以看出，人类最早认识的数都是正整数，后来也包括了 0，我们现在把 0 和正整数都称为自然数，这些数已经能基本满足当时社会的需求了。采用印度-阿拉伯记数法记录自然数只需要 10 个符号，并对它们的位置做出规定，哪怕是相同的数字，在不同的位置，也表示不一样的数。

虽然印度-阿拉伯记数法很简单，也很方便，它的运用可以给人们带来很大的便利，也很好地促进了社会的发展，但是它在全世界的普及过程经历了很长的时间，其间也经历了很多反对力量的抵触。例如，1299年，为了保护罗马数字，意大利的佛罗伦萨就颁布法令，要求在商业和金融领域禁止使用印度-阿拉伯记数法。但是，罗马数字在表示较大数字的时候，需要多个符号累计，十分冗长。例如，要表示 68，就需要用到10 个符号，表示成 XXXXXVIII。这些都给人们的生活和数学的发展带来了很大的不便，在一定程度上影响了社会的发展。社会的发展是一个优胜劣汰的过程，好的事物总会被人们认可，随着数学在社会中的应用越来越广泛，人们越来越体会到方便的记数方法和符号是多么重要，印度-阿拉伯记数法的方便和通俗易懂等优势，使得它不断冲破各种阻力。到了 15 世纪，印度-阿拉伯记数法逐渐在西欧的航行和商业中普及；到了 20 世纪初期逐渐在全世界流行，实现了记数方法和符号的统一（徐品方，张红，2006）。我们现在学习和使用的都是这种记数法，全世界通用，无论是否会说某国的语言，是否会写某国的文字，这个国家学过数学的人，都会认识这些数字，也都知道这种记数法。

第五节　我国的数和记数法

我国有着悠久的历史，是四大文明古国之一，在数的发展中也取得了卓越的成就。早期,我国古代也曾采用在绳子或类似绳子的物体上打结来记录数(也称结绳记数),或者在树木、竹子和动物骨头上刻下痕迹来记录数(也称刻痕记数),后来,有了文字以后,就用文字或者文字符号来表示数(也称符号记数)。在甲骨文和金文中,都有用来表示数的文字。到了春秋战国时期,出现了类似算筹的数字文字,也被称为筹算数码。无论是甲骨文和金文中的数字,还是筹算数码,都是以形为主演化的结果。其中甲骨文和金文是文字形式,书写比较方便,而筹算数码是根据小竹棍、小树枝、骨和玉等长条形物品摆放的形状演化而来的,这种记数法在进行数的演算时比较方便。

我国很早就有了十进制的概念,而且也很早就通过位置的变化来表示更大的数。例如,在甲骨文中,不仅 1 到 9 有对应的数字符号,整十、整百和整千也都有相应的符号,如图 2-11 所示。但是,和其他地方的记数符号不同,甲骨文的数字在表示比较大的数的时候,不是通过符号的累计,而是通过符号上的叠加,符号也有着位置上的规定。例如,在表示 2345 的时候,不是采用 2 个 ✝ (表示 1000)、3 个 ⌂ (表示 100)、4 个 | (表示 10)和 5 个 — (表示 1)来表示,而是写成 ✝⌂Ⅲ✕。在"千"字上多了一横表示 2000,在"百"字上面多了两横表示 300,在"20"符号中多了两竖表示 40。从图 2-11 中也可看出,这些整十、整百和整千的倍数是通过 1 到 9 这些记数符号和 10、100 和 1000 这些符号的叠加,创造形成新的符号。

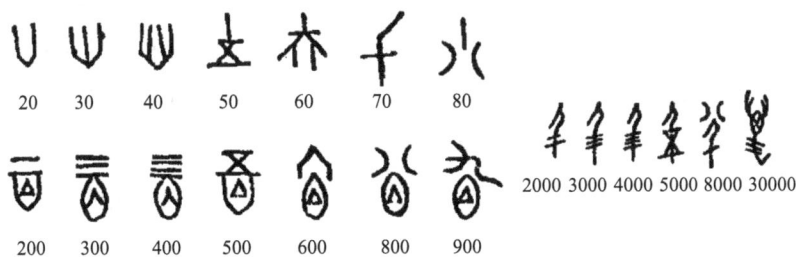

| 20 | 30 | 40 | 50 | 60 | 70 | 80 |
| 200 | 300 | 400 | 500 | 600 | 800 | 900 |

2000 3000 4000 5000 8000 30000

图 2-11　古代中国甲骨文的数字(续)

筹算数码也一样,它虽然只能表示 1 到 9 这 9 个数,但是它可以通过位置的规定来表示更大的数。例如,如果要表示 2568,筹算数码可以

表示成 二 ⊪⊪ ⊥ Ⅲ 或者 ‖ 三 丁 ⹀。所以，印度-阿拉伯记数法的基本思想，在我国古代很早就有了。但是由于地理位置的限制，我国的东南部是海洋，北部是寒冷的西伯利亚，西南部被青藏高原所围，加上早期交通工具还不发达，这些都制约了我国数学文化对亚洲中部和北部的影响，对欧洲数学的影响就更少了。至于印度早期的记数法是否受到了我国的影响，就不得而知了。但是我国的数学文化对东亚和东南亚有较大的影响。例如，根据史料发现在 13 世纪的越南，不仅记数方法和我国一样，而且记数的符号也是由汉字演化而来的。他们分别用 13 个汉字（我们现在的汉字经过了多年的演化，已经与这些汉字有较大差异了）表示 13 个数，具体如图 2-12 所示。

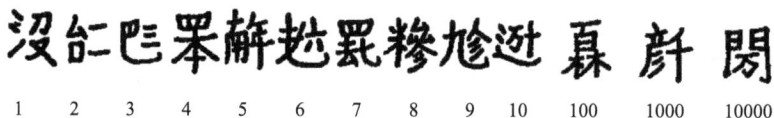

图 2-12　13 世纪越南的数字符号

　　但是，无论是甲骨文数字还是筹算数码，在最开始时都还没有 0 这个记号，在甲骨文中遇到我们现在数字中含 0 的数，都有专门整十、整百和整千等符号可以代替，例如 608，可以用 600 的符号 🔥 和 8 的符号 ⊃⊂ 组合来表示，变成 🔥⊃⊂。而在筹算数码中，就用空一格来处理，例如 608 筹算数码就表示成 ⊥　Ⅲ 或者 丁　⹀。但是空格很容易被忽视，尤其是在写得潦草的时候，很难分清有没有空格。于是，很多数学家采用文字或其他符号来表示 0，比较典型的有○和□，这两个符号比较形象，都表示"空无一物"的意思。南宋时期，数学家秦九韶在《数书九章》中，用了○表示空位，后来逐渐被大家所采用。

　　甲骨文数字和筹算数码后来都经过了不断地演变，其中甲骨文数字逐渐变成了一、二、三、四、五、六、七、八、九、十等文字数字，一直使用到现在，而筹算数码的形成和变化与用算筹来运算有着密切的联系，在魏晋时期数学家刘徽（约公元 3 世纪）曾用红色算筹表示正数，黑色算筹表示负数；到了南宋，数学家秦九韶不仅给筹算数码增加了 0

的符号，还对其他数字的符号也进行了改造，人称南宋数码。这些变化使得我国的数字符号变得越来越简便，但是也存在容易被涂改的不足。例如，在《西游记》中有一个神话故事，判官在唐太宗在位时间"一川"上加上了两笔，变成了"三川"使得他的在位时间从 13 年变成了 33 年，增加了 20 年，而且这种涂改也不会留下明显痕迹。因此，筹算数码逐渐被更为严谨的文字数字所替代。到了明代，随着以算筹为运算工具的筹算逐渐被以算盘为运算工具的珠算所替代，筹算数码也逐步退出了历史舞台。不仅如此，从唐朝开始在商业领域逐渐使用壹、贰、叁、肆、伍、陆、柒、捌、玖、拾、佰、仟、万等不易修改的文字来表示数。例如，数 13 可以写成壹拾叁，数 33 可以写成叁拾叁，这两个数的表示就有较大的区别，如果涂改就很容易被发现，具有较强的可靠性。这种记数的方法到现在还在我国的商业领域使用，被称为"大写"的数字。

虽然印度-阿拉伯记数法在大约 13 世纪的时候传入我国，但是并没有在我国被普遍采用。此后几百年时间里，虽然我国翻译了很多带有印度-阿拉伯记数法的国外著作，但是大多数也都采用我国的文字数字来替代它们。直到 20 世纪初期，随着国外数学著作在我国的大量翻译，才逐渐采用了印度-阿拉伯记数法，中间经历了近 700 年的时间，这与我国的记数法比较完善有关。因为我国的记数体系和印度-阿拉伯记数体系是一致的，大的数和小的数都能表示，方法也基本一样，就是在书写方面稍微麻烦一些，所以我国已有的记数法能满足生活和社会发展的需要，改变记数法的愿望就没有那么迫切。当然，也有不少人反而觉得用我国文字所写的数字更漂亮，不愿意去改。但是，总的来说，印度-阿拉伯记数法的书写更简便，随着国家之间交流的增多，采用统一的记数法也会更加方便。所以，现在我们都采用了这种记数法。

第六节　历史上的数都记在哪里？

现在我们都是把数字写在纸上，这得益于我国古代造纸术的发明。

但是,造纸术是在我国西汉时期才出现,东汉时期的蔡伦大约在公元 105 年进行了改进,直到公元 3 世纪才在我国逐渐普及,然后逐步流传到东南亚、朝鲜半岛、日本和中亚等地,此后由阿拉伯人带入欧洲。1150 年,欧洲才有了第一个造纸厂,直到 19 世纪造纸才在世界普及。那么在此之前,人们已经有了记数的符号,都记在什么地方呢?或许有很多,但是由于年代久远,很多记录数的物品已经被破坏,我们现在就把目前所知道的几种常用记录数的物品进行简单介绍。

一、动物的骨头和甲壳

当人们有了表示数的符号后,需要记录在一个比较方便记录,又不容易被破坏的物品上。对于早期以狩猎为生的人来说,动物的骨头是最好的选择之一。他们在动物的骨头上刻下相应的符号代表需要记录的数。图 2-13 所示的就是发现于捷克,大约在 3 万年前留下的狼的骨头(一根骨头,3 个侧面),在上面刻着长短不一的条痕。从条痕的分布可以看出,基本是以 5 条一组的形式排列。这种记数载体和记数方式既符合早期人类的生活习性(以狩猎为生),也符合人们最初对数的认识(与 5 根手指有关)。

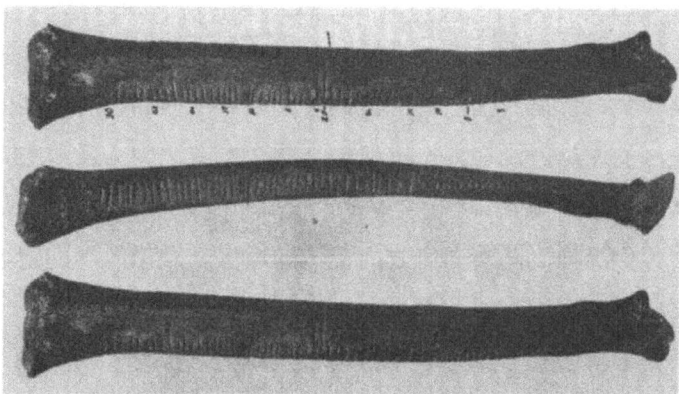

图 2-13 狼骨上的"刻痕记数"

我国古代的甲骨文也是记录在龟甲和动物的骨头上的,这也是"甲骨文"名称的由来。虽然石头、泥土等大自然的很多地方都可以刻下数的符号,但是它们没有骨头这么容易保存,也不如骨头容易携带。因此,把数的符号记录在动物的骨头上,可能是早期大多数人类的选择。

二、植物

动物和植物都是早期人类接触最多的物品,大多数植物都不易留下记号,即使留下了符号也不容易保存。但是,仍然有少量的植物得到了保存,而且在上面发现了很多记数的符号。古埃及人发现纸莎草压制成片可以在上面留下符号,也比较容易保存,被人称为纸草书。比较有名的数学纸草书是目前保存在伦敦的莱因德纸草书(图 2-14)和保存在莫斯科的莫斯科纸草书,上面都记录了很多数学问题,当然也有很多记录数的符号。这两份纸草书也是人们了解古埃及数学的重要来源,其中莱因德纸草书也被称为阿默斯纸草书。据说是公元前 1650 年左右,一位名叫阿默斯(Ahmes)的古埃及抄写员抄写了一份数学纸草书,3000 多年后的 1858 年,苏格兰的埃及学家莱因德(A. H. Rhind)在埃及得到了它,后来收藏在大英博物馆。

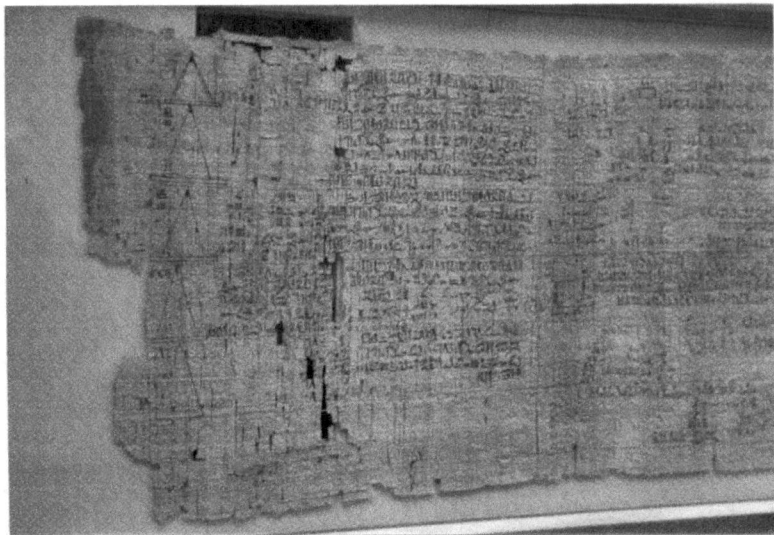

图 2-14 莱因德纸草书

古印度人还在桦树皮上记载了很多数的符号，从"巴克沙利手稿"上面还可以看出，他们已经用黑点来表示 0 了。古代中国将竹子或木头削成长片，可以在上面写上文字和符号，包括数的符号，人们称之为简，或者称为牍。这是纸出现以前，我国比较常用的书写工具。我国一些生活在边远山区的少数民族（例如生活在云南澜沧拉祜族自治县的拉祜族、生活在云南福贡地区的傈僳族、生活在西藏南部的珞巴族），到了 20世纪还将数字刻在木板或竹子上。

三、泥版

两河流域的古巴比伦是四大文明古国之一，人们用尖芦管在湿的泥土上写上记号，这些符号都是楔形的，所以形成的文字称为楔形文字，数的符号也称为楔形数字。然后将这些泥土晒干或者烘干，带着符号的泥土就会变硬，变得不易涂改，也容易保存，人们把这种称为泥版，带有字符的泥版也称为泥版书（有些文献也将其称为泥板书），如图 2-15所示。

图 2-15　泥版书

由此可见，早期人们都是选择自然界现成的物品来记数，如动物的骨头和甲壳等；此后人们对自然界物品进行简单加工，形成便于书写的物品来记数，如纸草、泥版、器皿、竹子和木头等；随着人类技术的进步，记数物品也越来越好，直到纸张的出现。当然，随着科技的发展，现在我们也可以在电子产品上记数了。

第七节　小　　结

从数的发展历程中我们可以发现，数学和生活密切相关，生活的需要导致了数的产生和发展。为了更好地认识世界需要数，为了更好地记录思考需要数，为了更好地与别人交流需要数，为了更好地发展也需要数……

由于生活经历的丰富，也是生存的需要，人们开始对"多"与"少"有了初步的感觉，然后逐步发现一座山、一棵树、一只羊等事物都有着共同的数量特征，数的概念也就开始形成了。于是，慢慢有了各种记录数的符号，从象形符号到文字符号，从单一符号到进制，以十进制为基础的记数体系慢慢形成，并不断发展，最终印度-阿拉伯记数法在全世界获得了广泛的认可。

那么从数的发展中，我们可以回答"数学是被发现的还是被发明的？"这个问题吗？发现是指某个事物（或规律）本来就有，但是人们还不知道，如果有一天知道了，那么就是发现了它；发明是指某个事物本来就没有，如果有人创造了它，这就是发明。从数的发展中我们可以认为，数学既是被发现的也是被发明的。我们生活的世界中，数的现象与发生规律是本来就存在的。例如，一座山、一棵树、一只羊等事物都有着共同的数量特征；你有了一支笔，别人再给你一支笔就有了两支笔，这是数的运算规则，也是客观存在的。所以，我们知道了这些现象与规律，属于发现的过程。但是它是不是叫"数"，这种规则是不是叫"加法"，是不是一定要采用十进制，是不是一定要用印度-阿拉伯记数法，这就不一定了，说不定还有更好的进制和记数法。也许有人会说，十进制是因为人有 10 根手指，但这只能说明十进制大家比较容易理解，如果历史上有一个不采用十进制的国家，它有很强的实力征服了全世界，说不定后来大家都采用了那个国家的进制和记数符号，久而久之大家也可能就会习惯这种称呼和用法了。这就像我们现在如果把"桌子"叫作"椅子"，把"椅子"叫作"桌子"，开始可能不习惯，但是如果久了，而且大家都这么叫，也就习惯了。

由此可见，数学所具有的某种规律和特性是客观存在的，但是采用哪种符号来表示，采用怎样的约定，这是人类自己发明的。所以，数学既是被发现的也是被发明的。数的产生与人类在生活中的各种需要是分不开的，它是人类对自然和社会认识不断深入的结果，记数系统和记数符号在此过程中也不断改进，这个过程中有很多规律是发现的，也有很多符号是发明的。

第三章

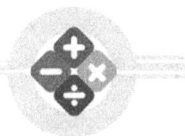

什么是分数？

　　要更好地生活，人们需要知道数，能用符号记录数，所以数的概念、记数符号和记数的方法伴随着人类的进步逐渐发展。但是，在生活中仅仅有正整数是不够的，尤其是在分配物品时需要弄清每一个人平均可以分到多少，但是物品的分配并不是每次都刚好能完整地、平均地分完。或许每个人还可能会分到不是完整的物品，比如半个西瓜，那么这些物品的数量该怎么表示？表示这些数量的数又是什么数？于是，在形成正整数的概念不久后，分数也随着人们生活的需要而产生了。分数是小学数学学习的难点之一，学生会疑惑：这是一个数，还是两个数的除法运算？为什么我们需要分数？它是怎么来的？在分数相加的时候为什么不可以分子和分子相加，分母和分母相加？等等。本章我们将对分数的发展历程进行介绍，读者可以带着这些疑问，从分数的发展过程中找到答案。

第一节　从数的产生到数的运算

　　数的概念的产生，给人们的生活带来了很大的便利。但是，人们不仅在记录和交流的时候需要用到数，在思考的时候也需要用到数，尤其是对数进行各种运算的时候。在早期，人们只能对数进行一些简单的运算，也就是加减乘除这四种基本的运算。例如，如果我已经有了 2 个物品，再给我 3 个物品，这种数量的变化过程称为"加法运算"，用符号

"+"表示"加"，最后我就有了 5（2+3=5）个物品了；如果已经有了 5
个物品，被拿走了 2 个物品，这种数量的变化过程称为"减法运算"，
用符号"−"表示"减"，最后我还有 3（5−2=3）个物品；如果有一堆
物品，3 个 3 个地数，一共数了 4 次，就有 12（3×4=12）个物品，这
种数量的变化过程称为"乘法运算"，用符号"×"表示"乘"；如果
3 个人一起获得了 12 个物品，那么每个人就可以平均分到 4（12÷3=4）
个物品，这种数量的变化过程称为"除法运算"，用符号"÷"表示"除"。
由此也可看出，乘除法的本质是特殊加减法的简便运算。

当然，在最开始的时候，人们肯定不是用这些符号的，也不是采用
这些名称和读法的，我们现在采用的这些符号、名称和读法都是在发展
过程中逐步完善和统一的。随着需要计算的数越来越大，人们也从借助
手指来表示和辅助计算，过渡到借助树枝和石头等实物来帮助记录和计
算，然后逐步过渡到用符号来计算。当脱离了实物，仅仅运用抽象的符
号对数进行运算时，就表示人们对数已经有了更深刻的认识，人们的抽
象思维能力也变得更加发达了。此时数也将迎来新的发展阶段，分数就
是在这个背景下产生的。

第二节　从分配不尽到分数的产生

早期人类在表示数和数的运算的时候，无论是用手指、实物还是符
号，进行的是加法、减法、乘法还是简单的除法运算，所面对的都是正
整数，运算的结果也都是正整数，已有的记数方法和记数符号都是能够
满足需要的。但是，如果对整数进行除法运算时，就会碰到除不尽的情
况，运算结果就不能用正整数来表示了，这种现象在生活中还是十分常
见的。由于人类早期的生产工具还比较落后，人们往往是几个人合作一
起劳动的，这就涉及要在多人中分配劳动果实，也就是要运用除法进行
运算，分配不尽的情况就会经常遇到。

通常来说，在分配物品的时候，最常用的方法是每人先拿一份，如
果刚好拿完，说明刚好可以分完，如果还有多余就每人再拿一份，以此

类推。如果剩下的物品数不够每人刚好拿一份,而且这种物品刚好可以分割,就对剩下的物品再进行分割,分割到每个人刚好可以平均分。那么这样把整体物品分割后,每一个部分肯定是连数量 1 都不到了,也就不能再用正整数来表示了。例如,4 个人分 5 个西瓜,首先每人拿 1 个西瓜,然后还剩下 1 个西瓜,这个时候只能把剩下的西瓜平均切成 4 个部分,每人拿 1 个部分。所拿走的这个部分,只是 1 个西瓜的一部分,无法再用正整数来表示了。于是人们需要创造出新的数来刻画它,用新的符号来表示它,这个数就是我们现在所说的分数。

我们现在的分数符号中,将分数写成上面和下面各一个数字,中间用横线隔开的形式,上面的数字称为分子,下面的数字称为分母。例如,分数 $\frac{1}{2}$ 读作"二分之一",分子是 1,分母是 2,可以表示一份物品被两个人平均分,每个人可以分到这份物品的二分之一。很显然,如果两个 $\frac{1}{2}$ 相加,就等于 1。同样地,分数 $\frac{1}{3}$ 读作"三分之一",分子是 1,分母是 3,可以表示一份物品被三个人平均分,每个人可以分到这份物品的三分之一。例如,1 个西瓜被平均切成 3 份,每一份就是整个西瓜的 $\frac{1}{3}$。分数 $\frac{2}{3}$ 读作"三分之二",分子是 2,分母是 3,可以表示两份物品被三个人平均分,每个人可以分到全部物品的三分之二。

由于生活的需要,分数的概念在很早以前就产生了,但是分数的符号肯定和现在不一样,但都和当时已有的记数符号有关。考古学家和数学史家在历史材料中,发现了很多分数的痕迹。在古埃及的象形数字中,发现古埃及人常用一个长的椭圆 ⬭,放到正整数符号的上面,表示分子是 1 的分数。例如,▦ 表示 $\frac{1}{8}$,⌒ 表示 $\frac{1}{10}$,⋒ 表示 $\frac{1}{20}$。对于分母符号较多的,也放到边上,例如 ⌒‖ 表示 $\frac{1}{15}$。古巴比伦的楔形数字中也有了表示分数的符号,虽然表示的形式还比较混乱,也容易引起误解,但至少表明在此期间,古巴比伦已经掌握了分数,也有了记录分数的符号。例如，**◀◀** 在古巴比伦表示正整数的时候是 20，如果联系上下文，觉得它应该表示的是分数，那就表示 $\frac{20}{60}$。但是，对于一些特殊的分数，古巴比伦人则用了专门的符号来表示。例如，**◀** 表示 $\frac{1}{2}$，**◀◀** 表示 $\frac{1}{3}$，**◀◀** 表示 $\frac{2}{3}$。

这些都表明，人们很早就发现了分数，也发明了记录分数的符号，这些都与生活中需要用到分数有关。值得一提的是，早期人们比较喜欢分子为 1 的分数，我们现在将其称为单位分数，他们在运算和记录的时候，比较喜欢写成单位分数的形式。例如，在古埃及的数学中，如果要计算将 9 个面包平均分给 10 个人，他们不是写成 $9 \div 10 = \frac{9}{10}$ 的形式，况且 $\frac{9}{10}$ 大小的面包也比较难切出来。他们采用这样的方式：

（1）先拿出 5 个面包，每一个切成两半，每一份就是 $\frac{1}{2}$，一共有 10 个 $\frac{1}{2}$，每个人可以刚好拿到一份，也就是 $\frac{1}{2}$；

（2）然后把剩下的 4 个面包，每一个都平均切成 3 份，每一份就是 $\frac{1}{3}$，一共有 12 个 $\frac{1}{3}$，每个人拿走一份后，还剩下 2 份 $\frac{1}{3}$；

（3）然后把剩下的 2 份 $\frac{1}{3}$，每份再平均切成 5 份，也就是一个面包的 $\frac{1}{15}$，一共有 10 个 $\frac{1}{15}$，刚好可以每个人拿一份，这样刚好分完。

所以，10 个人平均分 9 个面包，最后每个人可以分到 $\left(\frac{1}{2} + \frac{1}{3} + \frac{1}{15}\right)$ 份的面包，如图 3-1 所示。

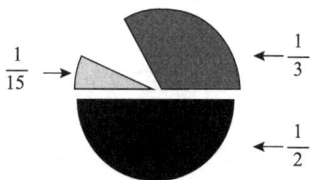

图 3-1　每个人分到面包数的示意图

从史料看，$\frac{1}{2}$、$\frac{1}{3}$ 和 $\frac{2}{3}$ 这 3 个分数在古埃及出现得比较多，说明他们比较擅长对物品进行对半分和三等分。为了便于将一般分数分解为单位分数，他们还编制了分解的对照表。在莱因德纸草书中，出现了一个分子全部是 2，分母为从 5 到 101 奇数的分数，该如何分解为单位分数的对照表（博耶，2012）。例如，分数 $\frac{2}{5}$ 被分解为 $\frac{1}{3}+\frac{1}{15}$，分数 $\frac{2}{11}$ 被分解为 $\frac{1}{6}+\frac{1}{66}$，分数 $\frac{2}{13}$ 被分解为 $\frac{1}{8}+\frac{1}{52}+\frac{1}{104}$，分数 $\frac{2}{15}$ 被分解为 $\frac{1}{10}+\frac{1}{30}$，而表格的最后一个分数 $\frac{2}{101}$ 被分解为 $\frac{1}{101}+\frac{1}{202}+\frac{1}{303}+\frac{1}{606}$。可能有人会说，这么分解太麻烦了，要把一个不是单位分数的分数分解为几个单位分数相加，只要分子是几就分解为几个同分母的单位分数相加就可以了。例如，$\frac{3}{5}$ 的分子是 3，就可以分解为 3 个 $\frac{1}{5}$ 相加，变成 $\frac{1}{5}+\frac{1}{5}+\frac{1}{5}$，这样不是更简单吗？从计算的角度看，非单位分数分解为相同分母的若干个单位分数确实最简单，但是大家知道，数学的出现和发展都是由于生活中有需要。在分配物品时，要面对的往往是不能等分的情况，也就是分母不同才能刚好解决，就如同上面提到的分配面包的例子。所以，分数分解为若干分母不同的分数相加在生活中更常出现，为了解决在计算方面比较复杂的问题，他们往往会编制分数计算的分解表来帮助解决。或许这种分解还隐藏着某些规律，因此这种分数的计算对于当时的古埃及人来说，还不是问题。随着社会的发展，商品交流的增多，分数的应用也越来越广泛。

从史料中还可看出，早期人们并不是单纯地把分数看作是整体的一个部分，也就是数字 1 的几分之几，也不是把它们看作是一个除法的运算过程，而是把它们看作是一个独立的数，并且在语言交流和文字记录时运用这些数。这些都说明了，和正整数的出现一样，由于生活的需要，尤其是分配物品的需要，产生了分数。当然，无论是正整数还是分数，在人类的早期，这些数都是和现实事物相对应的，分数从分配物品中产生，与整体物品的一个部分相对应。例如，$\frac{1}{2}$ 个西瓜就是指半个西瓜。

随着他们对这些分数的概念有了较深刻的认识，就逐步脱离了具体实物，把它们抽象出来进行运算和思考，对数的认知也进入了抽象思维阶段。

人类对分数的认识是在生活实践中逐步深入的，从分数的产生到分数运算体系的完善和分数表示符号的统一，经历了很长的时间。这也就意味着小学生在学习分数时，并不会自然而然地接受，因为他们的生活经历还不够，抽象思维能力也不足。生活的经历可以帮助他们比较准确地理解"一半"，因为平时家长可能会要求他们只能吃"半个"苹果，喝"半杯"水之类的。但是，这个"一半"为什么要用 $\frac{1}{2}$ 来表示，而不可以用和 1、2、3 等类似结构的符号来表示，为什么把这种数叫作分数等，小学生在认识过程中可能会产生困惑。教师要从分数的发展过程中获得必要启示，通过适当的情境创设、鼓励学生"发明"符号，然后通过比较和解释帮助学生理解分数，而不是过于直接地呈现给学生，告诉学生就要这么表示，就这么读，就叫分数等。要真正体现以学生的理解为中心，只有真正地理解了分数的内涵，才能学得好、记得牢。

第三节　分数符号的演变

有了分数的概念后，为了便于记录和交流，需要运用某种符号来表示。而这是一种新的数，自然需要采用新的符号来表示，于是各地相继出现了记录分数的符号。早期的分数符号大多从正整数的符号演化而来，都具有较为明显的象形文字特征。例如，在埃及古王朝时期（约公元前2700—约前 2200），产生了记录 $\frac{1}{2}$、$\frac{1}{4}$、$\frac{1}{8}$、$\frac{1}{16}$、$\frac{1}{32}$ 和 $\frac{1}{64}$ 等分数的符号，这些符号还有一个神秘的传说，被称为"荷鲁斯之眼"（The Eye of Horus）。据说荷鲁斯是埃及古王朝时期的一位神灵，一半是人一半是鹰，他的父亲死于另一个儿子塞斯（Seth）之手。荷鲁斯决定替父亲报仇，但是在战斗中，荷鲁斯被塞斯挖掉了象征月亮的左眼，并被撕碎了，散布在埃及的各个地方。而诸神都站在荷鲁斯这边，大家帮助他把眼睛碎片收集起来，希望能重新组合起来。他们把荷鲁斯的眼睛看作一个整体，眼睛的每一个部分自然也就是整体的一部分，那么每个部分分别是整体的多少呢？于是，他们把眼睛的符号整体看作 1，然后右边眼角符号表示眼睛的一半，也就是整体的 $\frac{1}{2}$；眼球符号表示右边眼角的一半，也就是整体的 $\frac{1}{4}$；眉毛表示眼球的一半，也就是整体的 $\frac{1}{8}$……每一个部分都是前面的一半。具体如图 3-2 所示[①]。

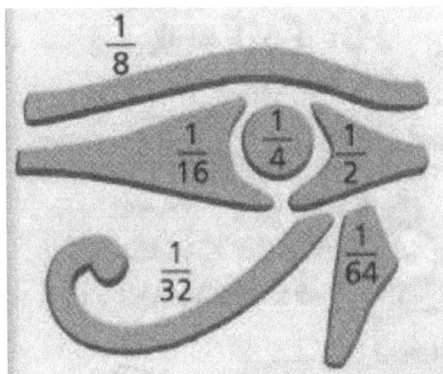

图 3-2　"荷鲁斯之眼"的分数示意图

由此可见，此时不但有了分数的概念，还有了分数的符号，只不过早期的分数符号还是比较复杂的，运用不太方便，尤其是在区域之间交流的时候。随着数的符号的发展，书写更为方便，更能体现分数特征的符号逐渐受到了推崇。由于分数与分配有着密切的联系，所以上下结构的分数符号能更好得到人们的理解。例如，在古埃及，⫿⫿⫿⫿ 表示分数 $\frac{1}{8}$，⨌ 表示分数 $\frac{1}{20}$；后来在古埃及的僧侣文中，分子的椭圆演化成了点，分母的数字也得到了简化，$\frac{1}{8}$ 的符号变成了 ⫶，$\frac{1}{20}$ 的符号变成了 ⫶。这种在数字符号上增加一个小黑点来表示的方式，也出现在分母不是 1

---

① 汪晓勤.HPM：数学史与数学教育.北京：科学出版社，2017：326.

的分数上。例如，$\dfrac{2}{5}$ 的符号为 3 15，因为 $\dfrac{2}{5} = \dfrac{1}{3} + \dfrac{1}{15}$，当然当时的 3 和 15 不是现在的阿拉伯数字写法，而是僧侣文的正整数符号，而且中间用空格代替 "+"。对于常用的分数，也会有专门的符号来表示。例如，在古巴比伦曾用 ✈ 表示 $\dfrac{1}{2}$，在古埃及曾用 X 表示 $\dfrac{1}{4}$。对于分子不是 1 的分数，古埃及人习惯把它们写成几个单位分数相加的形式，这种记数方式也对古希腊人的分数记数产生了很大影响。这种记法对于擅长单位分数计算的古埃及人来说或许更为习惯，但是如果缺乏计算的对照表，或者进行更为复杂的运算，这种分数记数法就会更为麻烦。这也是古埃及人未能把算术和代数发展到更高水平的原因之一。

早期的分数符号带有很强的象形文字特征，虽然很容易理解，但是写起来不太方便，往往分子或者分母中的数越大，符号就会越复杂。随着人类语言和文字符号的进化，各地的分数符号也变得越来越简单。例如，在古希腊的字母记数法中，用各种希腊字母来表示数（具体可见表 2-1），然后在字母右上角加上一撇或两撇来表示分数。例如，δ 表示的是数字 4，则用 δ′ 表示分数 $\dfrac{1}{4}$。对于 $\dfrac{1}{2}$，他们有专门的符号 L″ 来表示，它与其他字母的组合则可表示成其他的分数。例如，αL″ 表示 $1\dfrac{1}{2}$；βL″ 表示 $2\dfrac{1}{2}$；γL″ 表示 $3\dfrac{1}{2}$。有的时候也以分子写前面并在字母上加一撇，分母写后面并在字母上加两撇来表示（有时候以同样的字母写两次表示这是分母）。例如，α′β″β″ 也是表示 $\dfrac{1}{2}$，ιγ′κθ″κθ″ 则表示的是 $\dfrac{13}{29}$（ι 表示 10，γ 表示 3，κ 表示 20，θ 表示 9）。但是，这种符号也容易造成误解，例如，由于当时还没有括号的用法，这就会导致 λδ′ 既可以被认为是表示 $\dfrac{1}{34}$，也可以被认为是表示 $30\dfrac{1}{4}$。由此可以看出，这种字母记数法虽然比起早期的象形记数法在书写方面要简便，但是记法的规则还不太明确（例如有时候用一撇，有时候用两撇），也容易引起误解，而且在分数运算的时候，这种记法也不太方便。为此，古希腊人还采用了古巴比伦人的六十进制分数，在不同位置之间用空格区分。例如，古希腊作品中曾出现"31 25"所表示的分数，这就是六十进制的分数，它的大小是 $\frac{31}{60} + \frac{25}{60^2}$，也就是 $\frac{31 \times 60}{3600} + \frac{25}{3600} = \frac{1885}{3600}$，约分后等于 $\frac{377}{720}$。这种方法在计算上稍微有点优势，因为大家的分母比较一致，但总体上也是比较烦琐的。当时，在天文学和商业领域已经比较多地用到分数了，但是复杂的记数方法，在很大程度上影响了天文学的研究和商业的发展。由于分数有着较大的社会需求，这促使学者们对分数的记数符号进行了改进。

其中最值得一提的是古希腊数学家丢番图（Diophantus，约 240—约 330），他不仅在数学上做出了很多成绩，在数学符号的改进方面也做了很大贡献。丢番图对数和运算符号都进行了改进，据说他将古希腊写成一排的分数符号改成了上面和下面分开的形式，当然这时候还没有用一横将上下区分开。这种形式的分数写法，与最初的象形文字符号分数记法类似，都比较好理解。但是，比起象形文字，用字母来表示会更简洁，遇到很大数字的时候也不用写很多的符号，只要用对应的字母来表示就可以了。

根据史料记载，大约三四世纪的时候，印度人也将分数写成了分子在上面且分母在下面的形式，中间并没有用横线隔开，而且他们用这种形式不仅仅表示分子是 1 的分数，也表示其他类型的分数（卡约黎，1936）。例如，$\frac{1}{3}$ 表示 $\frac{1}{3}$，$\frac{3}{4}$ 表示 $\frac{3}{4}$，$\begin{smallmatrix}1\\1\\3\end{smallmatrix}$ 表示 $1\frac{1}{3}$。在产生于公元 7 世纪的文稿中还发现，如果是整数和分数相加的数，为了书写比较统一，印度人在写式子的时候还会把整数也写成分数的形式，这时候的分母就是 1。例如 $2 + \frac{1}{3} + \frac{1}{4}$，他们就写成 $\begin{smallmatrix}2 & 1 & 1\\1 & 3 & 4\end{smallmatrix}$（"+"号是省略的，需要读者自己体会），如果要计算，就把分母写成一样的，分子也增加相应的倍数，这个式子就会变成 $\begin{smallmatrix}24 & 4 & 3\\12 & 12 & 12\end{smallmatrix}$，当然计算的结果就是 $\frac{24+4+3}{12} = \frac{31}{12}$，这种分数的记法比较直观，也便于运算，与我们现在的记法已经很接近了。

　　不知道是学习了印度的分数记数法，还是自己独立发展的结果，在公元 12 世纪阿拉伯的作品中，也出现了分子在上面且分母在下面的分数记数形式。不过与印度的分数记数法不同，阿拉伯人在分子和分母之间，增加了一条横线。这条横线可以让分数看起来更像是一个整体，而不是两个数分开，于是这种记法逐步得到了流行，这条横线现在也被称为分数线。1202 年，意大利数学家斐波那契（L. Fibonacci，约 1170—约 1250）在《计算之书》中介绍了阿拉伯人的这种分数记法，并说明这种记法来自一位叫阿尔-哈萨（al-Hassar，约公元 12 世纪）的阿拉伯人。随着《计算之书》在欧洲的流行，这种记法也逐渐为人们所接受。当然，这个过程经历了好几百年，因为要让大众都能接受一个新的符号是需要时间的。在此之前，欧洲人大多用特定的记号表示特定的分数，影响最大的是古罗马人的分数记数法。他们喜欢运用分母是 12 的分数，还给每个分数一个独立的字母或符号。例如，uncia 表示 $\frac{1}{12}$，quincunx 表示 $\frac{5}{12}$，dodrans 表示 $\frac{9}{12}$。其实这种分数的记法和早期的希腊字母记数法没有本质的区别，不同的分数有不同的字母或字母组，这需要读者记住很多字母或字母组所表示的意义，较为烦琐，而且这种分数记法在运算方面会存在很大的不足，很难进行直观的计算。于是，进入 15 世纪后，随着经济的发展和文化的交流，在学者们的共同推动下，现代分数的记法逐渐被各地的人们所接受。

　　1845 年，英国数学家德·摩根（de Morgan，1806—1871）在《函数计算》一文中建议，为了排版方便，可以将上下结构的分数表示写成左右形式，分数线改成斜杠，这种记数方法现在还经常出现。例如，$\frac{1}{3}$ 可以写成 1/3。到了 20 世纪，随着各种书籍的流传、自然数记数法的统一和社会经济的发展，现代分数记法逐渐在各地普及，现在已成为世界通用的符号。它不仅简单，而且我们可以很直观地看出分子和分母之间的关系，也便于运算。

第四节 分数在我国的产生和发展

分数是由于生活的需要而产生的,我国是人类文明的发源地之一,随着社会的发展,我国也在很早之前就产生了分数。据考证,在商朝时期(公元前 12 世纪左右),我国就出现了分数的概念。或许在此之前,曾经用象形符号记录分数,但是由于年代久远,没有留下具体痕迹。自商朝后,我国的文字已逐步发展,在很多文字记录的材料中,发现我国古代都是用算筹或文字来记录分数的。在春秋战国时期,《四分历》、《管子》、《墨子》、《商君书》和《考工记》等书籍中都出现了分数。这些都表明,到了公元前 3 世纪左右,分数在我国已经有了广泛的运用。

大约形成于公元前 5 世纪中期的《四分历》中记载着一年为三百六十五又四分之一日,这里的四分之一日就是把一天的时间长度平均分为 4 份,只占其中一份的意思。在《考工记》的制作车轮部分,提到"十分寸之一为一枚",也就是表示十分之一寸等于一分。除了采用"几分之几"这种说法,对于常见的分数我国也给出了专门的名称。例如,在《考工记》中用"半"表示二分之一,"少半"表示三分之一(在《墨子》中称之为"小半"),"多半"表示三分之二(在《墨子》中称之为"太半")。有时也将"之"略去,直接称为"几分几"。例如,五分之三也被称为五分三。在一些书籍中,也对以 12 为分母的分数分别给出了特定的名称。在我国现存最早的数学著作《周髀算经》(大约公元前 2 世纪)中,也将二分之一称为"半"。例如,在卷上之二"陈子模型"中有一题为"日下至周二十一万四千五百五十七里半",用现代文表示就是"太阳落在距离周国 $214557\frac{1}{2}$ 里的地方"(吴文俊,1998a)。成书不晚于公元前 186 年的《算数书》中不仅提到了分数,还讨论了分数的性质。例如,在"增减分"条中提到:增分者,增其子;减分者,增其母。用现代文表示就是:要增大一个分数的值,可以通过增大它的分子来实现;要减小一个分数的值,可以通过增大它的分母来实现。

大约成书于公元 1 世纪的《九章算术》（张苍等，2006），是我国古代数学的经典作品，里面对分数也有着较为详细的记载。不仅有分数的约分（书中称之为约分术）、加法（称为合分术）、减法（称为减分术）、乘法（称为乘分术）和除法（称为经分术）等运算，还有分数之间比较大小（称为课分术），以及求分数之间的平均数（称为平分数）。例如，在卷一《方田》中，第五题和第六题都是约分的题目。其中，第五题为"今有十八分之十二，问约之得几何"，用现代文表示就是："现在有数 $\frac{12}{18}$，约分后等于多少？"第七题、第八题和第九题都是分数相加的题目。其中，第七题为："今有三分之一，五分之二，问合之得几何？"用现代文表示就是："现在有数 $\frac{1}{3}$ 和 $\frac{2}{5}$，问相加得多少？"具体运算规则是：每一个数的分子和分母同时乘其他数的分母，分母就会都变成一样大小的数（这种方法也称为"齐同术"，指分数的分子和分母都乘相同数，并把各分数的分母变成相同数的意思），然后接下来把分子相加，约分到最简单的分数就可以了。以下是运算过程：

$$\frac{1}{3} + \frac{2}{5} = \frac{1 \times 5}{3 \times 5} + \frac{2 \times 3}{5 \times 3} = \frac{5}{15} + \frac{6}{15} = \frac{11}{15}$$

如果是三个分数相加，则有两种处理方法：一是两个分数相加后再和第三个分数相加；二是每个分数的分子和分母都乘其他数的分母，变成同分母分数。例如，在第八题中，问题为："又有三分之二，七分之四，九分之五，问合之得几何？"答曰："得一、六十三分之五十。"用现代文表示就是："现在有数 $\frac{2}{3}$、$\frac{4}{7}$ 和 $\frac{5}{9}$，问相加得多少？"答："$1\frac{50}{63}$。"解法如下：

（解法一）

$$\frac{2}{3} + \frac{4}{7} + \frac{5}{9} = \left(\frac{2}{3} + \frac{4}{7}\right) + \frac{5}{9} = \left(\frac{2 \times 7}{3 \times 7} + \frac{4 \times 3}{7 \times 3}\right) + \frac{5}{9} = \frac{26}{21} + \frac{5}{9}$$

$$= \frac{26 \times 9}{21 \times 9} + \frac{5 \times 21}{9 \times 21} = \frac{234}{189} + \frac{105}{189} = \frac{339}{189} = \frac{113}{63} = 1\frac{50}{63}$$

（解法二）

$$\frac{2}{3}+\frac{4}{7}+\frac{5}{9}=\frac{2\times7\times9}{3\times7\times9}+\frac{4\times3\times9}{7\times3\times9}+\frac{5\times3\times7}{9\times3\times7}$$

$$=\frac{126}{189}+\frac{108}{189}+\frac{105}{189}=\frac{339}{189}=\frac{113}{63}=1\frac{50}{63}$$

第十题和第十一题为分数的减法，解决的方法和分数的加法类似，就是最后分子的相加变成相减。第十二题、第十三题和第十四题是分数之间比较大小，并问大多少。处理的方法和分数的减法类似。例如，第十二题为："今有八分之五，二十五分之十六，问孰多？多几何？"答曰："二十五分之十六多，多二百分之三。"用现代文表示就是："现在有数$\frac{5}{8}$和$\frac{16}{25}$，问哪个大？大多少？"答："$\frac{16}{25}$大，大$\frac{3}{200}$。"解法如下：

$$\frac{5}{8}=\frac{5\times25}{8\times25}=\frac{125}{200}，\quad\frac{16}{25}=\frac{16\times8}{25\times8}=\frac{128}{200}$$

因为128大于125，所以$\frac{16}{25}$大，大$\frac{3}{200}$（$\frac{128}{200}-\frac{125}{200}=\frac{3}{200}$）。

第十五题和第十六题为求分数的平均数，方法和前面的分数加减类似，都是先变成分母一样的分数，然后求此时分子的平均数。例如，第十五题为："今有三分之一，三分之二，四分之三，问减多益少，各几何而平？"答曰："减四分之三者二，三分之二者一，并以益三分之一，而各平于十二分之七。"用现代文表示就是："现在有数$\frac{1}{3}$、$\frac{2}{3}$和$\frac{3}{4}$，问它们各减少和增加多少才能持平？"答："$\frac{3}{4}$减去2份（也就是减去$\frac{2}{12}$），$\frac{2}{3}$减去1份（也就是减去$\frac{1}{12}$），把减去的都加到$\frac{1}{3}$，这样三个数都可以平均到$\frac{7}{12}$。"解法如下：

$$\frac{1}{3}=\frac{1\times4}{3\times4}=\frac{4}{12}，\quad\frac{2}{3}=\frac{2\times4}{3\times4}=\frac{8}{12}，\quad\frac{3}{4}=\frac{3\times3}{4\times3}=\frac{9}{12}$$

因为分子的平均数为$(4+8+9)\div3=21\div3=7$，所以三个分数的平均

数是 $\frac{7}{12}$，这需要从 $\frac{3}{4}$ 中减去 $\frac{2}{12}$，从 $\frac{2}{3}$ 中减去 $\frac{1}{12}$，$\frac{1}{3}$ 加上 $\frac{2}{12}$ 和 $\frac{1}{12}$。

　　第十七题和第十八题是分数的除法，在具体运算中只提到如果有带分数（带有正整数的分数）都要化成假分数（分子比分母大的分数），至于具体怎么进行除法，没有说明。例如，第十八题为："又有三人三分人之一，分六钱三分之一，四分钱之三，问人得几何？"答曰："人得二钱八分之一。"用现代文表示就是："又有 $3\frac{1}{3}$ 人，分 $6\frac{1}{3}$ 和 $\frac{3}{4}$ 的钱，问每人平均得钱多少？"答："每人得 $2\frac{1}{8}$ 钱。"解法如下：

因为 $6\frac{1}{3}+\frac{3}{4}=\frac{6\times3+1}{3}+\frac{3}{4}=\frac{19}{3}+\frac{3}{4}=\frac{76}{12}+\frac{9}{12}=\frac{85}{12}$，而 $3\frac{1}{3}=\frac{10}{3}$，所以可得

$$\frac{85}{12}\div\frac{10}{3}=\frac{17}{8}=2\frac{1}{8}$$

　　从第十九题开始到第二十四题都是两个分数的乘法，计算方法写得很明确，就是分子和分子相乘，分母和分母相乘，如果是带分数的都要先转化成假分数。例如，第二十二题为："今有田广三步三分步之一，从五步五分步之二，问为田几何？"用现代文表示就是："今有块田，宽 $3\frac{1}{3}$ 步，长 $5\frac{2}{5}$ 步，问这块田的面积有多大？"解法如下：

$$3\frac{1}{3}\times5\frac{2}{5}=\frac{10}{3}\times\frac{27}{5}=\frac{270}{15}=18$$

　　从第二十五题开始到本卷最后的第三十八题分别是三角形的田、梯形的田、扇形的田、弓形的田、环形的田的面积问题，这些计算都涉及分数的乘法，或者分数乘法与其他法则混合的运算。这些都表明，我国在大约公元 1 世纪就较为熟练地掌握了分数，不仅有了较为详细的分数记录，并且有了成熟的运算规则和较为统一的分数符号。此后，这种文字的记数体系在我国一直流传。在记录中，分数的分子也有称为"实"的，分母也有称为"法"的，如果有带分数，正整数部分也被称为"商"。例如，在《九章算术》的乘分术中写道："母相乘为法，子相乘为实，

实如法而一。"用现代文表示就是:"分母相乘作为分母,分子相乘作为分子,如果分母和分子一样,则结果为一。"

有了算筹作为运算工具后,也产生了用筹算记录分数的方法,由于筹算没有运算符号,就用符号在不同位置上的区别来表示不同的分数。如果算筹表示的是两行的,则第一行表示分子,第二行表示分母;如果算筹表示的是三行的,则第一行表示整数,第二行表示分子,第三行表示分母。例如,图 3-3 表示分数 $\frac{23}{61}$,图 3-4 表示分数 $2\frac{23}{61}$,其中 2 也被称为该分数的"商",23 也被称为该分数的"实",61 也被称为该分数的"法"。

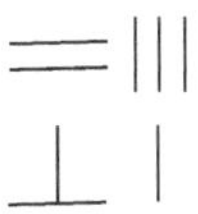

图 3-3　筹算数码的分数

图 3-4　筹算数码的带分数

在此后的很长一段时间里,我国一直是以文字的形式表示分数。受到筹算的影响,也采用上下结构的文字表示分数,但是还没有分数线,而且分子和分母位置是相反的,记录数的文字为一、二、三……而不是筹算符号。到了 19 世纪末,随着外国数学作品的流入,分数线也开始在我国逐步使用。

1897 年发行的我国近代第一份数学期刊《算学报》中,第一册的内容为"四则和分数运算",在其中记录了多种类型的分数运算(胡毓达,2011)。例如,图 3-5 中记载了对 $\frac{7}{8}$ 和 $\frac{2}{5}$ 进行通分,已经有了分数线,但是分子和分母的位置与现在相反,而且用的是汉字的数字。图 3-6 中记载了分数的约分,分数的乘号和现在的写法一样了: $\frac{8}{9}\times\frac{7}{8}\times\frac{5}{7}=\frac{8\times7\times5}{9\times8\times7}=\frac{5}{9}$。在图 3-5 和图 3-6 中还出现了分式,采用甲、乙、丙、丁等文字,代替了我们现在常用的字母 a、b、c、d 等。图 3-7 中记载了分数的四则运算，题目为 $4-\dfrac{2}{5}$（当时我国的减法符号都为"丁"，加法符号为"⊥"），运算过程为

$$4-\frac{2}{5}=\frac{4\times5-2}{5}=\frac{18}{5}$$

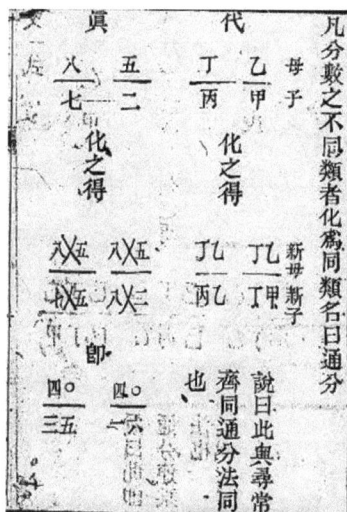

图 3-5 分数通分

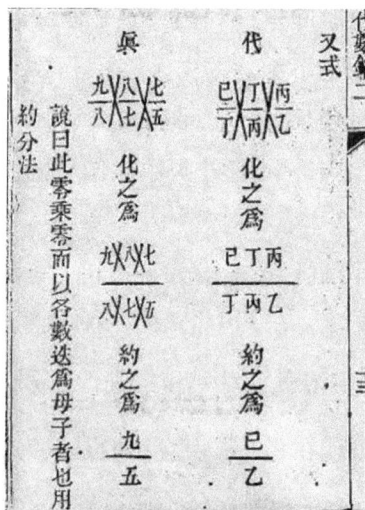

图 3-6 分数约分

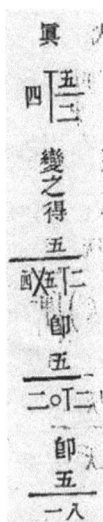

图 3-7 分数运算

进入 20 世纪后,随着新式学校的兴起,国外数学著作的传播和影响,现代的分数记法也在我国逐步流行。

第五节 小 结

从分数的发展历程可以看出,分数的产生是由于人类生活的需要,早期是为了物品能更好地分配,后来是为了商业活动能更公平,再后来就逐步脱离了实际背景,成了数系中的重要成员,为数学学科的发展提供了必要支持。

分数的发展过程主要围绕两个方面不断改进:一是符号的不断简化和统一;二是运算法则的不断完善。分数的符号和每个年代、每个地区的整数符号有着密切的关联。总体来说,分数的符号经历了从象形符号到字母符号,再到数字符号的发展过程。在大部分时间里,分数都被表示成上下结构,这与分数最初源于分配有关,后来虽然也曾被表示成左右结构的形式,但由于容易被误解,而且也不符合人们对分数的直观感知,又变回了上下结构的形式。然后,为了更为清晰地表示,引进了分数线，便于区分分数的分子和分母。在早期，单位分数运用较多，为了便于运算，人们还制作了分数之间如何转化的对应表，使得商人可以较为自如地进行转化。如今，我们都用阿拉伯数字来表示分数，写成 $\frac{a}{b}$ 的形式，a 表示分子，b 表示分母。如果分母比分子大，我们称它为真分数；如果分母比分子小，就称它为假分数。假分数可以化成带分数，就是将刚好是分母的几倍中的"几"用整数记录，放到分数的左边。例如，$\frac{2}{3}$ 是真分数，$\frac{7}{3}$ 就是假分数，可以化为带分数 $2\frac{1}{3}$。

分数的运算法则与分数在实际生活中的应用有关，各种运算都要能合理地解释各种实际现象，并符合分数运算的封闭性。从分数的发展历程来看，对于初学分数的学生，可以采用分配的例子来帮助他们理解分数的含义，然后再逐渐过渡到帮助学生认识到分数是独立的数；也可以在对现实生活中不完整事物的量抽象后，形成分数概念，再结合现实事物对分数的四则运算进行探讨。教师在进行分数运算法则的教学时要注重学生的理解，让学生意识到运算的合理性可以帮助他们更好地记忆，更为灵活地运用，而不能急于求成。如果仅仅简单地要求学生记住法则，然后通过练习巩固，虽然短时间内可以把运算法则都"讲完"，看似高效，但实则会导致做无用功，因为小学生如果缺乏理解，很快就会忘记，更谈不上灵活运用。当然，教学中可以结合分数的相关历史和文化进行讲解，这不仅可以提升学生的学习兴趣，扩大知识面，也能帮助他们更好地认识分数、理解分数。

第四章

什么是小数？

与分数相比，小数进入人们的生活要迟得多。在数的概念产生不久后，由于生活的需要，就产生了分数，否则很多与分配有关的事情就很难顺利完成。但是，小数在当时的生活中还没有迫切的需要，因为如果要表示比整数 1 还小的数或者不是整数的数，分数就可以满足。那么为什么还要出现小数呢？无论是在写法上还是在运算法则上，小数和正整数都比较接近，为什么正整数出现后，并没有很快出现小数？为什么要叫小数，是比较小的意思吗？等等，带着这些问题，我们进入小数的世界。

第一节　从十进制的数到小数

整数和分数的产生，是由于人们生活的需要，并随着运用的深入逐渐成熟和完善。但是，小数的产生并非如此，它的出现原因更多是来自数学内部，因为相比分数它的书写会更加工整，计算时与整数更加一致。分数需要写成上下的结构，小数则可以写成一行，与文字和整数在写法规格上是一样的，在页面上看着比较整齐；此外，相比分数而言，小数在进行加法和减法运算的时候不需要通分，在计算乘除的时候也不需要约分。所以，整数和分数是由于人们生活需要而产生的，而小数的产生则更多源于数学本身的需要。那么为什么在表示整体的一部分的时候人们最开始选择的是分数而不是小数呢？这既与分数的写法更形象（尤其是在分配的时候）有关，也与当时的十进制还不完善有关，直到十进制越来越被人们所熟悉，小数的产生也愈发变得自然。

有了整数和分数以后，如果要记录或表达的数是一个整的数和一个部分的数，就会用整数和分数的组合，例如 100 又 $\frac{1}{3}$，后来也写成 $100\frac{1}{3}$。但是这种形式的数在书写时是上下结构的，与其他文字和整数放在一起的时候显得不太协调。不仅如此，分数之间的运算也不是太方便，尤其是分母不同的分数的运算。在十进制逐渐被人们所熟知以后，人们逐渐习惯了用十进制来思考和运算。于是，有学者（主要是天文学家）就在书写以 10、100 和 1000 等为分母的分数时，将其转化为另外一种等量的形式，这种形式与整数的规则类似，而且只要一行，"完整"的数和"部分"的数可以融合在一起，它们之间只需要用一个符号区分开即可。这种数，就是我们后来所称的小数，这个区分的符号我们现在称为小数点。例如 $\frac{1}{10}$ 写成了 0.1，因为 10 个 $\frac{1}{10}$ 相加刚好等于 1，而 10 个 0.1 相加也刚好等于 1；同理，$\frac{2}{100}$ 写成了 0.02；$\frac{3}{1000}$ 写成了 0.003。后来发现，很多分母不是 10、100 和 1000 的分数也可以写成这种形式。例如，$\frac{1}{2}$ 可以分子和分母都乘 5，转化成 $\frac{5}{10}$，然后写成 0.5；$\frac{1}{4}$ 可以分子和分母都乘 25，变成 $\frac{25}{100}$，然后写成 0.25。

将上下结构的分数转化成并排结构的小数，而且大小不变，不仅在整体上更加一致、更加工整，而且它与十进制整数的进制规则是一样的，计算也更加方便，尤其是在对它们进行加法和减法运算的时候，不需要把分母变成一样的。例如，分数 $\frac{1}{10}$ 和 $\frac{1}{5}$ 相加的时候，如果按照分数的运算法则，要先把 $\frac{1}{5}$ 的分子和分母都乘 2，化成 $\frac{2}{10}$，然后再同分母分数相加得到 $\frac{1}{10}+\frac{2}{10}=\frac{3}{10}$。而如果将它们转化为小数的形式，$\frac{1}{10}$ 和 $\frac{1}{5}$ 就是 0.1 和 0.2，直接相加就是 0.3，很方便。如果是 $\frac{1}{2}$ 和 $\frac{1}{4}$ 相加，需要把它们的分母变成一样的，即 $\frac{2}{4}+\frac{1}{4}=\frac{3}{4}$，而若是小数形式的话直接相加即可，即 0.5+0.25=0.75，比起分数的运算方便了很多。于是，小数就逐渐得到了人们的认可，并逐步推广使用。

我国很早就有了小数的概念，但在当时多用文字或分数形式来表示，而且也不是采用"小数"这个名称，如以 10、100、1000 等数为分母的分数形式来表示，这种类型的分数和小数在本质上是一致的。例如，数学家刘徽认为如果一个数开方开不尽的，可以用某一类分数来近似，分数的分母位数越多，近似的程度就会越接近："微数无名者，以为分子，其一退以十为母，其再退以百为母，退之弥下，其分弥细。"（李迪，1964）按照这种方法，$\sqrt{2}=1+\frac{4}{10}+\frac{1}{100}+\frac{4}{1000}+\cdots$。这里的 $\frac{4}{10}$、$\frac{1}{100}$ 和 $\frac{4}{1000}$ 就是小数 0.4、0.01 和 0.004 的含义。

古印度也较早采用了分数和小数的记法，不知道是否受到了我国古代数学的影响，对于开平方开不尽的情况，他们也用这类分母是 10^n 的分数相加的形式来表示，说明其此时也具有了小数的概念。对于小数部分的数我国常用寸、忽等文字来表示，而印度则用圆圈圈出以示与整数的区别。例如，小数 1.23，在古印度将其记为 1②③。由于古印度和阿拉伯接壤，古印度的小数思想也逐渐影响了阿拉伯世界。大约 10 世纪，阿拉伯数学家乌格里狄西（al-Uqlidisi）认识到了小数的优越性，他在《印度算术》一书中指出，处理小于 1 的数时，可以采用和整数一样的方法，只是在运算后要处理一下小数的位置问题。他用一撇将整数与小数分开，例如，小数 1.23 被写成了 1'23 的形式（卡茨，2004）。但是，乌格里狄西对小数的论述和使用并不多，并不能判断他是否掌握了小数的意义，因为在当时小数的内涵和价值并未被人们所重视。直到后来阿拉伯数学家阿尔·卡西（al-Kāshī，1380—1429）在其重要著作《算术之钥》（1427年）中介绍并使用，小数才逐渐被人所熟知。

《算术之钥》是阿尔·卡西篇幅最大的著作，几乎网罗了当时的全部数学知识，堪称初等数学大全。书名本身就表明作者把算术看作解决一切问题的钥匙，该书除了满足一般学生的需要外，对天文学家、测量员、建筑师和商人等从事实际工作的读者也很有帮助。全书共分为5卷，其中第2卷是分数的算术，第3卷是天文学家的计算法，在这两卷中阐述了十进制的分数和小数，建立了一套和六十进制并列的运算法则，两者可以互换，这样不懂六十进制的人也容易掌握小数的方法。因此，这本书很快传播开来，对阿拉伯国家和欧洲都产生了深远的影响。但是，阿尔·卡西所叙述的都是有限小数，还没有涉及无限小数和循环小数。

例如，在计算圆的周长时，阿尔·卡西根据公式算出，如果圆的半径为1，那么它的周长是

$$6°16'59''28^{\mathrm{III}}1^{\mathrm{IV}}34^{\mathrm{V}}51^{\mathrm{VI}}46^{\mathrm{VII}}14^{\mathrm{VIII}}50^{\mathrm{IX}}$$

这是六十进制的小数，他将其转化为了十进制小数，就是6.2831853071795865（博耶，2012），转化规则为：

（1）6就是整数部分，十进制下还是整数6；

（2）16′转化为分数为$\dfrac{16}{60}$，转化为小数就是$16 \div 60 = 0.266\cdots$；

（3）59″转化为分数为$\dfrac{59}{60 \times 60}$，转化为小数就是$59 \div 60 \div 60 = 0.016388\cdots$；

（4）28^{III}转化为分数为$\dfrac{28}{60 \times 60 \times 60}$，转化为小数就是

$$28 \div 60 \div 60 \div 60 = 0.0001296296\cdots$$

以此类推，然后把各个小数相加就得到最终的小数，尽管只精确到小数点后16位，但在当时已经是很了不起的成就。因为如果把这个周长除以直径2，就得到了圆周率为3.14159265358979325。这打破了我国古代数学家祖冲之（429—500）在900多年前的圆周率精确值纪录，祖冲之将圆周率精确到小数点后7位数。

除此之外，阿尔·卡西还创立了一些小数的记法，他要么用一条竖线来分隔整数部分和小数部分，如3.14写成3|14，要么用不同颜色来区分整数部分和小数部分。

第二节　近代欧洲小数写法的演变

文艺复兴后，阿拉伯世界的很多文献传到了欧洲。由于此时的欧洲还流行着六十进制的记数法，而六十进制的分数在运算中尤为复杂，因此他们接触到十进小数后，很快感受到了计算的便捷，于是逐渐开始使用，并逐步将小数的表示形式完善。例如，约1530年，奥地利数学家鲁道夫（C. Rudolff，约 1500—1545）在编写的习题集中使用了小数，就是用竖线将整数部分和小数部分隔开的形式。

在小数发展过程中，最值得一提的西方学者是出生于比利时、后来定居于荷兰的数学家斯蒂文（S. Stevin，1548—1620）。1585年，斯蒂文出版了《十进小数》（也被翻译为《数学简论》或《论十进》）一书，他在书中除了论述小数的各种理论，还创立了小数的写法（王青建，1994）。从小数点之前那个数字开始，他会在这个数字后面再写一个带圆圈的数字，来表示这个数是在小数点后面的第几位。例如，小数 12.345，他当时写为 12⓪3①4②5③。在计算时，他把这些记录位置的符号写在数字的右上方变成 $12^{⓪}3^{①}4^{②}5^{③}$，有时也放在数字的正上方。此后，他还尝试其他更简洁的符号来表示小数，但是事与愿违，一些他认为更简洁的符号，在他人看来反而更复杂，并没有得到认可。

1592年，瑞士数学家布尔基（J. Burgi，1552—1632）对此做出较大的改进。他用一个空心的小圆圈（类似于我们现在用的句号）把整数部分和小数部分隔开，比如把 21.357 写成 21。357，这与现代的表示法已经很接近了。大约过了一年，德国数学家克拉维斯（C. Clavius，1537—1612）在他出版的《星盘》一书中用小黑点将整数和小数分开，这个就是现在我们所运用的小数的写法。到了1608年，克拉维斯出版了《代数学》一书，更为明确地使用这种方法来表示小数，并将这一点称为小数点（徐品方，张红，2006）。而且，如果整数部分是零，有时也可以省略不写整数部分，直接从小数点开始。例如，0.123 也可以直接写成.123，这种记法现在在一些领域仍在使用。我们现在把整数部分是 0 的小数称为纯小数，把整数部分不是 0 的小数称为带小数。

但是，新的符号得到普及是需要一个过程的。在克拉维斯采用小数点的形式表示小数后，有一部分人发现了它的方便之处，采用了这种表示方法，而大部分人还没有接触到或者并没有接受它，他们还是继续采用原来的小数符号，或者采用其他符号表示小数。例如，1617 年英国数学家纳皮尔（J. Napier，1550—1617）在《拉布多洛基亚》（*Rabdologia*，也被译为《小数的计算法》）一书中，曾采用逗号表示小数点，也就是将小数 1.23 表示成 1,23 的形式。同年，德国数学家开普勒（J. Kepler，1571—1630）曾在文献中用括号表示小数，也就是将小数 1.23 写成 1（23）的形式。1624 年，英国数学家布里格斯（H. Briggs，1561—1630）采用下划线的形式来表示小数，也就是将小数 1.23 写成 1<u>23</u>。也有学者采用冒号的形式表示小数，也就是将小数 1.23 写成 1:23 的形式；或者将小数部分写在整数的右下方，也就是 1.23 写成 1_{23} 的形式。总之，无论怎样表示，都表明了一个事实，那就是小数越来越被人们所接受，在数学和生活中的应用也越来越广泛。

简洁方便的符号总是能经得起时间的检验，此后在较长的一段时间内，小数的记法主要被集中为两种类型：一种是以小黑点的形式表示小数点，主要以英国和美国学者的运用居多；另一种是以逗号的形式表示小数点，主要以欧洲大陆的学者的运用居多。随着社会的发展、交流的增多，不仅小数的运用越来越广泛，小数的符号也逐渐统一。目前，我们大多都是采用小黑点的形式表示小数点。

由此可见，小数的产生更多是为了使用简便，相较于分数，小数和文字、整数写在一起的时候会更工整，而且计算会更方便，尤其是在进行加法和减法运算的时候。因此，美国数学史家卡约黎（F. Cajori，1859—1930）将十进小数称为近代计算基础的三大发明之一（其他两个发明是阿拉伯数字和对数，这些都大大方便了人们的计算）。小数也被分为有限小数（小数点后面的数字个数是有限的）、无限循环小数（虽然小数点后面的数字是无穷多个的，但是它们是有规律循环出现的）和无限不循环小数（小数点后面的数字是无穷多个的，而且大多是没有规律的)。有限小数和无限循环小数都可以化成分数,它们也被称为有理数(整数和分数统称有理数);而无限不循环小数是不能化成分数的,如圆周率 π,它们也被称为无理数。小学生遇到的小数,主要是有限小数,大家在对小数进行计算的时候,方法和整数的计算是一样的。但千万不要忘记小数的小数点是在哪里的,计算的时候不仅要对齐,而且在得出计算结果的时候,要在相应的位置标出小数点。如果你把小数点的位置放错了,往右错放一个位置,就相当于把这个小数扩大到它的 10 倍(相当于乘 10),往左错放一个位置,就相当于把这个小数缩小它的十分之一(相当于除以 10)。所以,学习和运用小数的时候,最重要的就是要记住小数点的位置在哪里。

第三节 小数在我国的产生与发展

我国很早就使用了十进制的记数方式,也很早就有了分数的概念,并较为广泛地使用了分数,有一些数学史家认为我国是最早使用十进制小数的国家。我国古代小数的发展,与长度的测量有很大的关系,如果所记录的数值不是整数,而对精确程度的要求又不是太高的时候,就在该整数后面加上"有余""有强"等词来表明该数量与实际数量之间的差异情况。如果要求比较精确,就用分数来表示。由于我国采用的是十进制记数方式,也就自然产生了十进制分数(欧洲在很长时间都是采用六十进制分数),因此我国在很早就具有"逢十进一"的转化思想,这种思想对后续小数的产生具有重要的推动作用。

在长度的测量中,随着精度要求的提高,需要刻画越来越细小的长度单位,于是以十倍为转化关系的各种长度单位就逐渐在生活中出现。例如,西汉刘向《说苑》中写道:"度量权衡以黍生,一黍为一分,十分为一寸,十寸为一尺。"西汉贾谊《新书》中也写道:"立一毫以为度始。十毫为发,十发为厘,十厘为分。"(眭秋生,1985)这些都表明在公元前我国就形成了完备的十进制长度单位系统,并且有了初始单位的概念，十个初始单位就用一个紧挨着的上位长度单位来表示，这时候表示出来的就是初始单位的整数倍；如果不足初始单位，就需要用紧挨着的下位长度单位来表示，如果还没有这种长度单位，就用这种单位的一部分来表示，在古代也被称为"微数"，这种记法就蕴含了十进制小数的思想。

以贾谊《新书》中的长度记录方法为例，初始单位称为"毫"，如果一个长度记为"一发六毫"，实际上就是 16 毫；如果长度记为"十分之三毫"，实际上就是 0.3 毫。随着社会的发展，对长度的精度要求越来越高，用于表示长度单位的名称也不断增加。例如，我国古代著名数学家刘徽在《九章算术注》（公元 263 年）中将"忽"视为初始长度单位，"忽"以上的长度单位分别为"秒、毫、厘、分、寸、尺、丈"。《孙子算经》（约 4—5 世纪）中写道："十忽为一丝，十丝为一毫，十毫为一厘，十厘为一分。"这里提到了忽、丝、毫、厘和分等长度单位，它们之间就是以"十"为转换，其中也将"忽"视为初始长度单位。到了清代，在被誉为初等数学百科全书式著作的《数理精蕴》中列出了 24 个长度单位，从大到小分别为"丈、尺、寸、分、厘、毫、丝、忽、微、纤、沙、尘、埃……"，其中也是以"忽"为初始单位。其实，在实际生活中，"毫"以下的长度单位是很少用到的，之所以产生了这么多长度单位，更多应该是为了满足运算的需要。在实际运用中，只要确定了某个量为初始单位，这个量的一部分都可用小数来表示。例如，某物长度为"一丈二尺三寸四分五厘"，将"厘"视为初始单位，就是 12345 厘；如果将"寸"视为初始单位，就是 123.45 寸；如果将"丈"视为初始单位，就是 1.2345 丈。

随着这种小数思想逐渐深入人心，对其应用也从长度测量的使用拓展到其他领域。在刘徽的《九章算术注》中，对小数的思想有较多记载。该书的卷一《方田》和卷四《少广》中都多次用到了小数的思想，主要体现在开平方开不尽的时候，可以用 10^n 为分母的十进制分数或分数的相加来近似。该书提到若开之不尽者为不可开，当以面命之，"不以面命之，加定法如前，求其微数。微数无名者，以为分子，其一退以十为母,其再退以百为母。退之弥下,其分弥细"。也就是,当开平方开不尽的时候,可先用十分之几表示,如果还不够,就再加上百分之几,如果还不行,就再加上千分之几,以此类推。这里虽然提到的都是分数,但是体现的都是小数的思想,刘徽将其称为"求微数"。例如,按照刘徽的思想,4 开平方等于 2,也就是 $\sqrt{4}=2$;但是 3 开平方就开不尽,所以刘徽就用 10^n 为分母的十进制分数相加来表示:

$$\sqrt{3}=1+\frac{7}{10}+\frac{3}{100}+\frac{2}{1000}+\cdots$$

这个就相当于 $\sqrt{3}=1+0.7+0.03+0.002+\cdots=1.732\cdots$,充分体现了运用小数的思想来解决问题。由于刘徽和《九章算术注》在我国古代数学发展中有着重要的影响,这种求微数的思想和方法也在我国普遍运用,并对我国小数的发展起到了重要的推动作用,不仅体现在用于表示小数的数名越来越多,而且也体现在化成小数型分数的记法越来越普遍。例如,在《孙子算经》卷下第 2 问中提到:现有 1500 万位士兵,如果 40 万位称为一丁,一共有几丁?答案为:三十七丁五分。这里的五分就是 0.5 的意思。因为 $1500\div40=37.5$。唐中宗时期天文学家南宫说在《神龙历》中以"二十七日,余五十五,奇四十五,小分五十九"来记录一个近点月的天数,也就是一个近点月的天数为 27.554559 天,其中的"余"、"奇"和"小分"都是表示小数单位的词。

但比较遗憾的是,虽然十进制小数在我国出现得比较早,但是没有快速发展成现代小数的形式;多用文字来描述小数,没有小数点记号,也没有形成系统的理论。出现这种现象,或许与三个方面的因素有关:首先,我国很早就采用了十进制记数法,以十进制为基础产生的整数和分数能满足生活的需要,也能满足数学发展的需要;其次,我国的分数运算比较完备,运用起来并没有觉得特别不方便,这是六十进制分数所不具备的;最后,我国古代主要采用文字记录数,在书写分数的时候,并没有显得不工整,也自然没有产生改变的迫切愿望。而古埃及和古巴比伦等国家主要采用单位分数运算,中世纪的欧洲主要采用六十进制的分数，这些记数方式都给运算带来了很大困扰，改进的愿望更为强烈，十进制小数的产生则可以大大减少人们的计算工作量。

尽管进展较为缓慢，但是小数在我国的运用还是逐渐增多，小数的表示方式也在逐步改进。尤其到了唐朝，随着商业的发展，涉及很多非整数的计算问题，促进了小数的发展。因此，到了宋元时期，很多作品中都记录了小数的运用。例如，元朝数学家朱世杰（1249—1314）在《算学启蒙》（1299 年）中，给出了以分母为 16 的分数转化为小数的歌诀：

"一退六二五，二留一二五，三留一八七五，四留二五，五留三一二五，六留三七五，七留四三七五，八留单五，……"

其含义就是

$$\frac{1}{16} = 0.0625，\quad \frac{2}{16} = 0.125，\quad \frac{3}{16} = 0.1875，\quad \frac{4}{16} = 0.25$$

$$\frac{5}{16} = 0.3125，\quad \frac{6}{16} = 0.375，\quad \frac{7}{16} = 0.4375，\quad \frac{8}{16} = 0.5，\cdots$$

值得一提的是，在这个时期的文献中出现了将小数和整数分隔开的符号。例如，南宋数学家秦九韶（1208—约 1261）在《数书九章》（1247 年）中采用筹算记数法来表示包括整数与小数的数。他在某个记数符号（也就是个位数）下方写上文字，表示从这里开始将整数与小数隔开。例如，数字表示的 6.35 寸（我国古代大多用文字或筹算数码表示数，还没有用现代通用的数字表示数）在我国古代就表示成 ⊤三⫴₍寸₎，0.5 尺表示成 ○₍尺₎⫴（此时，已在筹算数码中用圆圈表示数字 0）。有时候也会用"余"、"忽"和"分"等词语来代替单位用词，将整数和小数分开。例如，在《数书九章》卷六中出现了"三十二万四千五百六步二分五厘"，用现代数字表示就是 324506.25 步，在文中用筹算数码表示为

三⏐⏐三⫴○⊤二⫴
　　　　余

元朝的刘瑾在《律吕成书》（约 1300 年）中不仅以"忽"字写在个位数下方，将整数与小数分开，还将小数部分低一行来写，例如，106368.6312 用筹算数码表示成

由此也可以看出，当时的"0"是用"□"来表示的，在小数部分也有"十、百、千"等位置名称，这表明他们已经熟练掌握了十进制小数的记数法。虽然是用文字而不是其他符号将整数和小数分开，但是这种文字起到了现在小数中小数点的作用，这在当时是十分先进的，充分体现了我国古代的数学成就。

到了清代，我们的数学文献中出现了现代通用小数点的作品。例如，在数学家梅瑴成（1681—1763）主编的《数理精蕴》（也被称为《御制数理精蕴》，1723 年）中，采用了小黑点将整数和小数分隔开。但是，这时候小数的数字依然是用汉字表示，这种写法也很特殊，是中西结合的产物。例如，文中写道：

有金三百四十五两六钱七分，命两为单位，则于五上作点志之，得下式：

三四五˙六七

用现在小数表示就是 345.67。但是这种写法在当时并没有引起广泛注意，这个时期我国的小数写法还比较多样，但大多是中西混合，大家也都能看得懂。在 19 世纪后半期，我国学者在翻译西方数学著作时还大多采用汉字与小数点的组合来表示小数。例如，1859 年李善兰和伟烈亚力合译的《代数学》中，采用了汉字与小数点的组合来表示小数，将圆周率表示为：三˙一四一五九二七。进入 20 世纪后，随着新式学校的开办，一些现代数学符号也得到了推广，印度-阿拉伯数字与小数点组合来表示小数的方式逐步得到普及。这种表示法简洁、方便，也得到了大家的广泛接受。

第四节　小　　结

小数的产生是数学发展史上的一件大事，它是在十进制数的体系下发展起来的，也被称为十进制小数。一个小黑点可以把整数部分和小数部分连在一起，不仅书写十分工整，而且在计算上也较为便利，小数部分的运算法则与整数部分是一样的，尤其是在进行加法和减法运算时，只要对应的数字进行加和减就行了。这也是虽然分数比小数出现得早，但有的数学教科书会让学生们先学小数再学分数的原因。而且，从整数的加减运算到小数的加减运算，过渡会比从整数到分数更加自然。由此可以看出，小数的产生和发展，更多是数本身发展的结果，小数的产生可以让数的表示和运算更加丰富，有了更多的选择，而且比起分数，小数也有自己独特的优势。例如，相比分数，小数之间的大小比较会更直观；分数只能表示有理数，而小数还可以表示无理数，当然无限不循环的地方要用省略号来表示；等等。在十进制的整数写法和运算深入人心后，分数在运算上的不足逐渐凸显，与整数体系较为类似的小数在各地逐步出现，并被人们广泛接受。如今，小数在生活中有着广泛的运用，尤其是在各种计量单位中，所采用的就是十进制小数的思想。例如，十元三角，其实就是 10.3 元；165 厘米，其实就是 1.65 米。

小数的思想在我国由来已久，但是由于我国的十进制系统比较完善，多采用算筹或算盘来辅助运算，在运算方面已较为便捷，而且我国古代基本是用文字或筹算数码记录数，所以对小数的需求还不是很迫切。也就是虽然小数思想产生较早，但是小数在我国的发展较为缓慢。然而，这些并不妨碍对我国古代小数成就的评价，我国不仅在 2000 年前就有了小数的记录和运用，而且在 700 多年前就采用了独特的符号将整数与小数分开，起到了现在小数点的作用，这些都是十分了不起的成就，充分体现了我国古代人民的智慧。

第五章

有 趣 的 数

数的产生给我们的生活带来了很大的方便，我们可以用它记录，也可以更准确、有效地表达。数并非凭空产生，而是从生活的需要开始，之后产生了记数的符号和计数的方法，符号越来越方便、易懂，计数的方法也越来越合理。数的产生是人类文明的一大进步，它不但有很强的实用价值，还能给我们展现一种简洁、工整的数学美，而且数中还蕴藏着很多意想不到的奥秘，具有很强的趣味性。

第一节　数的有趣象征

在生活中，很多人会把某个数字当作自己的幸运数字，认为它会给自己带来幸运。其实，历史上也有很多民族把数字看作是某种象征。最值得一提的是古希腊的毕达哥拉斯（Pythagoras，约公元前 580—约前 500），他和他的学派（被称为毕达哥拉斯学派）的基本信条就是"万物皆数"，认为人们所知道的一切事物都包含数；没有数就不可能很好地理解这些事物的本质。毕达哥拉斯赋予了数很多的含义：

1 被认为是所有数的起源，命名为"原因数"，它的地位等同于古希腊神话中的太阳神（阿波罗）和主神（宙斯）；

大于 1 的奇数象征男性，大于 1 的偶数象征女性，所以 2 也用来代表古希腊神话中的母神（瑞亚），由于 2 和 1 产生了第一个数 3，所以 2

也被认为是数的创造者；

5 是第一个男性数与女性数之和，象征结婚与结合；

4 是一个完全平方，代表公正；

10 象征着完美、和谐，因为它是前 4 个自然数的和（1+2+3+4=10），也被认为是最神圣的数；

36 是最特殊的数字，它是前 8 个自然数的和（1+2+3+4+5+6+7+8=36），同时又是前三个自然数的立方和（$1^3+2^3+3^3=36$）；

毕达哥拉斯还认为 6，28，496，…这些数象征着完美，因为它们中每个数的真因数相加刚好等于这个数，他把这些数称为完美数（perfect number，也称为完全数、完备数）。

例如，如果一个正整数乘另一个正整数等于 6，那么这两个数都是 6 的因数，不包括该数本身的全部因数称为这个数的真因数。所以，1，2，3，6 都是 6 的因数，但只有 1，2，3 是 6 的真因数，而 1+2+3=6，毕达哥拉斯认为 6 是很特殊的数，可代表完满的婚姻、健康、美丽。与 6 相邻的完美数是 28，它的真因数分别是 1，2，4，7，14，它们相加也刚好等于 28，而比 28 稍大一些的完美数是 496。

如果一个数的真因数相加大于这个数，那么称这个数为过剩数，如果和小于这个数就称为不足数。例如，8 的真因数是 1，2，4，它们相加等于 7，比 8 小，所以 8 是不足数；12 的真因数是 1，2，3，4，6，它们相加等于 16，比 12 大，所以 12 是过剩数。

这些数中，如果一个数的真因数相加等于另一个数，而另一个数的真因数相加等于这个数，毕达哥拉斯就把这两个数称为亲和数，表示它们有着亲密的关系。例如，220 的真因数分别为 1，2，4，5，10，11，20，22，44，55，110，它们相加等于 284；而 284 的真因数分别为 1，2，4，71，142，它们相加等于 220。因此，220 和 284 就是一对亲和数。如果两个同学关系很好，可以说"他们的关系就像 220 和 284 一样"。自从毕达哥拉斯找出了 220 和 284 这对亲和数后，经过了 2000 多年才由法国数学家费马（Fermat，1601—1665）找到第二对亲和数 17296 和 18416，后来法国数学家笛卡儿（Descartes，1596—1650）找到了第三对亲和数

9363584 和 9437056，虽然此后瑞士数学家欧拉（L. Euler，1707—1783）找到了几十对,但是数量上第二小的一对亲和数却是在 19 世纪后期才由一个 16 岁的意大利中学生帕格尼尼发现，它是 1184 和 1210。

除此之外，毕达哥拉斯还认为 $1, 3, 6, 10, \cdots, \dfrac{n(n+1)}{2}, \cdots$ 这些数代表着三角形，因为它们可以有规律地摆放成三角形，所以也称这些数为三角形数（图 5-1）（克莱因，2002）。

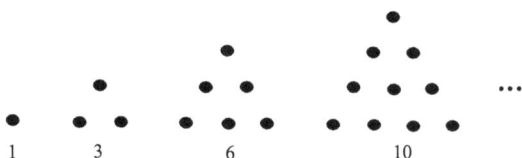

图 5-1　三角形数

$1, 4, 9, 16, \cdots, n^2, \cdots$，这些数代表着正方形，因为它们可以有规律地摆放成正方形，所以也称这些数为正方形数（图 5-2）。

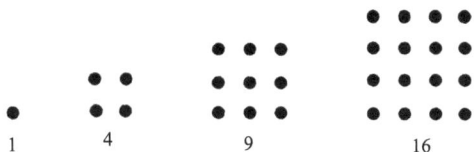

图 5-2　正方形数

同样地，$1, 5, 12, 22, \cdots, \dfrac{3n^2 - n}{2}, \cdots$ 被称为五边形数，代表五边形；$1, 6, 15, 28, \cdots, 2n^2 - n, \cdots$ 被称为六边形数，代表六边形……

在我国古代，人们也有很多偏爱的数字，最为明显的是在建筑的设计和物品的摆放中，很多建筑和物品都是以 2、4、6、8 等偶数形式出现的。例如，一般会在建筑物中心两边设计相对应的柱子、建设对应的走廊、摆放相对应的物品，显得对称。对于一些事物，也习惯用偶数来归类，如四大名著、四大才子、八卦、桂林八景、沪上八景、羊城八景、黄山八景等。《周易》每卦有六爻，音声有六律，古代士大夫有六卿。

秦始皇统一全国后，"数以六为纪"，帽子六寸，车六尺，用六匹马驾车等（赵焕光，2008）。除此之外，10、12 等偶数在我国古代经常出现。数字 10 在我国古代一般象征着完美、圆满，例如，有成语"十全十美"；一些评选也希望能评出 10 个名额，如"某某十大人物""十大名校"等等。数字 12 多与天文有关，如一年有 12 个月、十二生肖、十二时辰、十二地支等。36 与 72 这两个数字在我国古代也经常出现。例如，《孙子兵法》中有 36 计，孔子的弟子中有 72 贤人，《水浒传》中将 108 位好汉分为 36 天罡和 72 地煞（据说这种分类来自道教，我国的道教认为北斗星丛中有 36 颗天罡星，每颗天罡星上各有一个神，合称 36 天罡；北斗丛星中还有 72 颗地煞星，每颗地煞星上也有一个神，合称 72 地煞），《西游记》中孙悟空有 72 变，武夷山有 36 峰，黄山有 72 峰等。由此可以看出，数字 36 和 72 应该也和 12 一样，受到天文的影响比较大，12 也是古代历法中的基本数，与社会生产、生活息息相关。

在奇数中，我国古代对 1 和 9 情有独钟，1 象征着起源，9 象征着多。例如，老子《道德经》第四十二章中写道："道生一，一生二，二生三，三生万物。"清代文字训诂学家朱骏声的《说文通训定声》中写道："古人造字以纪数，起于一，极于九，皆指事也。"1 有时候也被用来表示全体、整体的意思，如统一；9 有时候也虚指有很多的意思，古代数学著作中有不少是带数字 9 的，象征着多而全，如《九章算术》《数书九章》等。生活中也有很多词语用数字 9 表示很多的意思，例如，九州、九鼎、九重天、九霄云外、九牛一毛等。5 在我国古代也出现较多，由于方位的东西南北中、五行的金木水火土，以及五官和五脏都涉及数字 5，所以 5 也被认为是吉祥、和谐和圆满的象征。含有 5 的词语也有很多，例如，五岳、五谷、五光十色、五味杂陈等。

在古代，数字被赋予了很多象征意义，这与古代社会科学技术不发达也有关系，人们会把愿望和期盼寄托于很多事物，希望获得好的运气。虽然有一些数字是源于天文，或者是为了体现对称美，但是它们在生活中应用后逐步脱离了本意，被人寄予了期盼，是一种对美好愿望的向往。

第二节 数的有趣运算

正整数的加减乘除运算看似很平常，但是很多数的运算如果排列在一起，会有一种特殊的美感。最值得一提的是被称为数字宝塔的运算组合（方延明，2007）：

$$1 \times 1=1$$
$$11 \times 11=121$$
$$111 \times 111=12321$$
$$1111 \times 1111=1234321$$
$$11111 \times 11111=123454321$$
$$111111 \times 111111=12345654321$$
$$1111111 \times 1111111=1234567654321$$
$$11111111 \times 11111111=123456787654321$$
$$111111111 \times 111111111=12345678987654321$$

这些数字的运算如果单纯看某一个，没有什么特殊的地方，但是如果把它们放在一起，就会发现奇妙之处，体现了数学之美。这种数字宝塔的运算组合还有很多，例如，运算后有很多个1：

$$0 \times 9+1=1$$
$$1 \times 9+2=11$$
$$12 \times 9+3=111$$
$$123 \times 9+4=1111$$
$$1234 \times 9+5=11111$$
$$12345 \times 9+6=111111$$
$$123456 \times 9+7=1111111$$
$$1234567 \times 9+8=11111111$$
$$12345678 \times 9+9=111111111$$
$$123456789 \times 9+10=1111111111$$

运算后数字会按照一定的顺序排列：

$$1 \times 8+1=9$$
$$12 \times 8+2=98$$
$$123 \times 8+3=987$$
$$1234 \times 8+4=9876$$
$$12345 \times 8+5=98765$$
$$123456 \times 8+6=987654$$
$$1234567 \times 8+7=9876543$$
$$12345678 \times 8+8=98765432$$
$$123456789 \times 8+9=987654321$$

运算后会有很多个 8：

$$9 \times 9+7=88$$
$$98 \times 9+6=888$$
$$987 \times 9+5=8888$$
$$9876 \times 9+4=88888$$
$$98765 \times 9+3=888888$$
$$987654 \times 9+2=8888888$$
$$9876543 \times 9+1=88888888$$
$$98765432 \times 9+0=888888888$$

运算后结果很有规律：

$$9 \times 9=81$$
$$99 \times 99=9801$$
$$999 \times 999=998001$$
$$9999 \times 9999=99980001$$
$$99999 \times 99999=9999800001$$
$$999999 \times 999999=999998000001$$
$$9999999 \times 9999999=99999980000001$$
$$99999999 \times 99999999=9999999800000001$$
$$999999999 \times 999999999=999999998000000001$$

运算后结果都是相同数字：

$$12345679 \times 9 = 111111111$$
$$12345679 \times 18 = 222222222$$
$$12345679 \times 27 = 333333333$$
$$12345679 \times 36 = 444444444$$
$$12345679 \times 45 = 555555555$$
$$12345679 \times 54 = 666666666$$
$$12345679 \times 63 = 777777777$$
$$12345679 \times 72 = 888888888$$
$$12345679 \times 81 = 999999999$$

有一些数的运算存在规律，不知道你能否发现？

$$5 \times 5 = 25$$
$$15 \times 15 = 225$$
$$25 \times 25 = 625$$
$$35 \times 35 = 1225$$
$$45 \times 45 = 2025$$
$$55 \times 55 = 3025$$
$$65 \times 65 = 4225$$
$$75 \times 75 = 5625$$
$$85 \times 85 = 7225$$
$$95 \times 95 = 9025$$

它们相乘的结果最后两位都是 25，是两个乘数中最后一个数相乘的结果；而 25 之前的一位数或者两位数，分别是乘数第一个数与第一个数加 1 后相乘的结果。

有一些数的运算存在着一些有趣的巧合：

$$12 \times 12 = 144，而 21 \times 21 = 441$$
$$13 \times 13 = 169，而 31 \times 31 = 961$$
$$112 \times 112 = 12544，而 211 \times 211 = 44521$$
$$113 \times 113 = 12769，而 311 \times 311 = 96721$$
$$1112 \times 1112 = 1236544，而 2111 \times 2111 = 4456321$$
$$1113 \times 1113 = 1238769，而 3111 \times 3111 = 9678321$$

第三节　数在文学中的妙用

很多文学作品中都有数字，不仅简洁，而且可以准确表达含义，甚至能达到意想不到的意境。例如，1 到 10 这十个数字都有很多成语或词语。

1：一帆风顺、一本万利、一心一意……

2：梅开二度、双喜临门、独一无二……

3：三思而行、三阳开泰、三三两两……

4：四面楚歌、四海为家、家徒四壁……

5：五花八门、五官端正、五颜六色……

6：六根清净、六神无主、六亲不认……

7：七情六欲、七上八下、横七竖八……

8：八面玲珑、八面威风、四通八达……

9：九霄云外、三教九流、一言九鼎……

10：十全十美、五光十色、十拿九稳……

在古代的诗词中，也有很多数字，有的还成了千古佳句。例如，唐诗《题百鸟归巢图》："一只一只复一只，五六七八九十只，凤凰何少鸟何多？食尽人间千万石。"

传说郑板桥见人赏雪吟诗，戏作："一片二片三四片，五六七八九十片，千片万片无数片，飞入梅花总不见。"①

清代华广生编撰的《白雪遗音》（1804 年）卷三《艾叶重发》中写道："走过一去二三里，又过烟村四五家，瞧见亭台六七座，又看八九十枝花。"

还有李白的"飞流直下三千尺，疑是银河落九天""千里江陵一日还""白发三千丈"；岳飞的"三十功名尘与土，八千里路云和月"；陆游的"三万里河东入海，五千仞岳上摩天"；柳宗元的"一身去国六千里，万死投荒十二年"；等等，这些都体现了数学的简洁美。

---

① 方延明. 数学文化. 北京：清华大学出版社，2007：191.

广为传诵的《秀才进京赶考》讲的是明朝的一位穷书生，历尽千辛万苦赶往京城考试，由于交通不便，赶到京城时，考试时间已经过去。于是他苦苦哀求考官给个机会，考官出题让他从一到十，再从十到一作一副对联。秀才想起自己一路的艰辛，一气呵成，不仅把数字用活，也体现了数字别具一格的神韵美（方延明，2007）：

> 一叶孤舟，坐着二三个骚客，启用四桨五帆，
>
> 经过六滩七湾，历尽八颠九旅，可叹十分来迟。
>
> 十年寒窗，进了九八家书院，抛却七情六欲，
>
> 苦读五经四书，考了三番二次，今天一定要中。

西汉时，蜀中才子司马相如赴长安考试，他的妻子卓文君苦等丈夫五年，没想到只盼来了一封信，写着"一二三五六七八九十百千万"，文君明白了，当了新贵的丈夫已有弃她之意，这是在变着法儿刁难她，一时悲愤交加，立刻给司马相如写了如下文书，也就是著名的《文君复书》，把数字用活，令人拍案叫绝（方延明，2007）：

> 一别以后，二地相悬。
>
> 只说三四个月，又谁知五年六年。
>
> 七弦琴无心弹，八行书无可传。
>
> 九连环又从中折断，十里长亭望眼欲穿，
>
> 百思想，千思念，万般无奈把郎怨。
>
> 万语千言说不完，百无聊赖十依栏。
>
> 重九登高看孤雁，八月中秋月圆人不圆。
>
> 七月半烧香秉烛问苍天，
>
> 六月伏天人人摇扇我心寒，
>
> 五月石榴火红偏遭阵阵冷雨浇花端，
>
> 四月枇杷未黄我欲对镜心意乱。
>
> 忽匆匆，三月桃花随水转，
>
> 飘零零，二月风筝线儿断，
>
> 噫！郎呀郎，巴不得下一世你为女来我为男。

文学中带有数字的语句还有很多，大家可在看书的时候想想：如果没有这些数字，是不是有可以替换的词，而替换过后读起来是不是就没有那么优美、那么准确了？

第四节　身份证中数的奥秘

我们每个人都有身份证，也可能有的同学还没有去办理，但是你一定会有一个属于你自己的身份证号码，我们现在的身份证号码是由 18 个数字或字母组成的。其中，前 6 个数字表示所在地区：第 1 个数字表示来自我国的哪个地区，第 2 个数字表示来自该地区的哪个省份，根据前两个数字就可确定具体的省份。

第 1 个数字如果是 1 就表示是华北地区，具体为：北京市是 11、天津市是 12、河北省是 13、山西省是 14、内蒙古自治区是 15。

第 1 个数字如果是 2 就表示是东北地区，具体为：辽宁省是 21、吉林省是 22、黑龙江省是 23。

第 1 个数字如果是 3 就表示是华东地区，具体为：上海市是 31、江苏省是 32、浙江省是 33、安徽省是 34、福建省是 35、江西省是 36、山东省是 37。

第 1 个数字如果是 4 就表示是华中和华南地区，具体为：河南省是 41、湖北省是 42、湖南省是 43、广东省是 44、广西壮族自治区是 45、海南省是 46。

第 1 个数字如果是 5 就表示是西南地区，具体为：重庆市是 50、四川省是 51、贵州省是 52、云南省是 53、西藏自治区是 54。

第 1 个数字如果是 6 就表示是西北地区，具体为：陕西省是 61、甘肃省是 62、青海省是 63、宁夏回族自治区是 64、新疆维吾尔自治区是 65。

从第 3 位到第 6 位分别表示省（自治区、直辖市）下面的市、区、县等。例如，前 6 位如果是 310101 则表示上海市黄浦区，310104 表示上海市徐汇区、310105 表示上海市长宁区、310106 表示上海市静安区、

310107 表示上海市普陀区、310110 表示上海市杨浦区、310112 表示上海市闵行区。前 6 位如果是 650100 则表示新疆乌鲁木齐市、650200 表示新疆克拉玛依市、650400 表示新疆吐鲁番市、650500 表示新疆哈密市、652300 表示新疆昌吉回族自治州、652700 表示新疆博尔塔拉蒙古自治州、652800 表示新疆巴音郭楞蒙古自治州、652900 表示新疆阿克苏地区、653000 表示新疆克孜勒苏柯尔克孜自治州、653100 表示新疆喀什地区、653200 表示新疆和田地区、654000 表示新疆伊犁哈萨克自治州、654200 表示新疆塔城地区、654300 表示新疆阿勒泰地区。

身份证的第 7 位到第 14 位数字是每个人的出生年月，例如，如果是 2021 年 12 月 15 日出生的，就会写成 20211215，如果是 2021 年 12 月 5 日出生的，就会写成 20211205，如果是 2021 年 7 月 1 日出生的就会写成 20210701。

身份证的第 15 位到第 17 位数字表示的是同一地址所标示区域范围内，对同年、同月、同日出生的人编定的顺序号，其中第 17 位如果是奇数则表示是男性，如果是偶数则表示是女性。而身份证的第 18 位是校验码，它有可能是 0 到 9 中的一个数字，也可能是英文字母 X，到底是哪个数字或字母，和身份证的前面 17 个数字有关。每个位置的数字都对应一个权重，具体如表 5-1 所示。

表 5-1　身份证各位置数字与权重对应表

位数	1	2	3	4	5	6	7	8	9	10	11	12	13	14	15	16	17
权重	7	9	10	5	8	4	2	1	6	3	7	9	10	5	8	4	2

然后进行以下几个步骤：

第一步，每一位置的数字与权重相乘；

第二步，把上一步得到的 17 个乘法结果相加；

第三步，把相加的数字除以 11，得到一个余数；

第四步，在表 5-2 中找出余数对应的校验码，这个校验码就是身份证的第 18 位。

表 5-2　余数与校验码对应表

余数	0	1	2	3	4	5	6	7	8	9	10
校验码	1	0	X	9	8	7	6	5	4	3	2

例如，如果有人的身份证号码前 17 位数字为 65310120211001234，那么我们可以通过计算得到这个身份证的第 18 位校验码，步骤如下。

第一步，把各数字与相应位置的权重相乘，结果如表 5-3 所示。

表 5-3　身份证数字与权重相乘结果对应表

位数	1	2	3	4	5	6	7	8	9	10	11	12	13	14	15	16	17
权重	7	9	10	5	8	4	2	1	6	3	7	9	10	5	8	4	2
数字	6	5	3	1	0	1	2	0	2	1	1	0	0	1	2	3	4
相乘结果	42	45	30	5	0	4	4	0	12	3	7	0	0	5	16	12	8

第二步，把以上相乘结果相加，得到

$$42+45+30+5+0+4+4+0+12+3+7+0+0+5+16+12+8=193$$

第三步，把 193 除以 11，得到余数为 6。

第四步，在表 5-2 中找到余数 6 对应的校验码是 6，因此这个身份证的第 18 位就是 6，完整的身份证号码就是 65310120211001234 6。

之所以采用校验码，是因为可以起到很多作用。例如，人们在输入的时候输错了，系统可以马上判断，另外也可以防止有人随便编造身份证号码。其实，商品的条形码、书的 ISBN 等用数字或字母编的顺序码，它们的原理和身份证号码的编排原理是差不多的，都设有校验码。

例如，每一本正式出版的书都有一个书号，也称为 ISBN，现在这个号码是由 13 个数字组成的（2007 年以前是由 10 个数字组成的），前 3 个数字代表全球通用图书代码，目前的代码是 978（之所以说目前，是因为这个代码有可能会被用完，如果用完了，就需要启用新的代码，例如 979）；第 4 位数为国家代码，我国的代码是 7；然后是出版者号，以及出版者为这本书所编的书序号。前 12 个数字都是固定的，第 13 个数字是校验码，它是由前面 12 个数字决定的。前面 12 个数字在奇数位置的，权重是 1，在偶数位置的，权重是 3，每一个数字乘对应的权重后相加，得到一个数字后除以 10，如果刚好整除，校验码就是 0，如果有余数，那就把 10 减去余数所得到的数当作校验码（蔡天新，2021）。例如，如果一本书的 ISBN 编码为 978-7-0306-6826-4，前面 12 个数字分别乘对应权重，结果如表 5-4 所示。

表 5-4　ISBN 数字与权重相乘结果对应表

位数	1	2	3	4	5	6	7	8	9	10	11	12
权重	1	3	1	3	1	3	1	3	1	3	1	3
数字	9	7	8	7	0	3	0	6	6	8	2	6
相乘结果	9	21	8	21	0	9	0	18	6	24	2	18

然后把相乘结果相加得到

$$9+21+8+21+0+9+0+18+6+24+2+18=136$$

136 除以 10 后得到的余数是 6，于是 10−6=4。所以第 13 个校验码就是 4。

第五节　幻方中数的奥秘

我国古代的《洛书》中留下了如图 5-3 所示的一幅图。

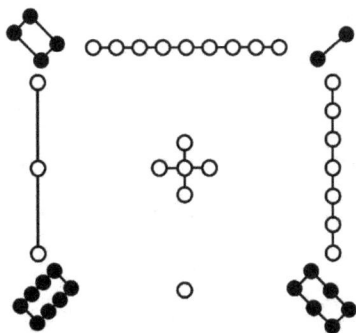

图 5-3　《洛书》中的一幅图

据说，在大禹治水的年代，陕西洛书这个地方经常洪水泛滥，危害百姓生活，给广大人民造成了很大的危害。其间，总有一只乌龟出现在岸上。人们发现乌龟背上的壳被分为了九块，排成了三行三列，每一块都由不同的圆点构成，就如同图 5-3 所示。大家都不理解这个图是什么意思，直到有一天有人发现了其中的秘密，大禹也根据这个提示找到了治水的方法。

如果大家没有看出这幅图有什么数学奥秘，那我们把这些圆点的数量用数字写出来，就变成了这个排列：

$$4 \quad 9 \quad 2$$
$$3 \quad 5 \quad 7$$
$$8 \quad 1 \quad 6$$

我们可以发现：上面数字的排列，它的每一行、每一列、两条对角线，无论哪个方向，三个数字加起来，都等于 15；而且，数字是从 1 到 9，每个都出现一次，都不重复。

是不是很神奇？我们现在把带有这种数字特征的表称为幻方，加上表格后就是这样的：

4	9	2
3	5	7
8	1	6

这种幻方是由三行三列构成的，我们称为三阶幻方，也叫作九宫格。它一共有 8 种形式，但本质上都是一样的，都可以由旋转或对称变化而来。在我国古代，很多书籍上都有幻方的记载，幻方也会出现在一些物品和房子的装饰中。历史上，有很多数学家都对幻方进行了研究，南宋著名数学家杨辉就是其中一位。杨辉把幻方称为纵横图，他发现三阶幻方在本质上只有一种类型，而且也给出了构造的口诀，为"九子斜排，上下对易，左右相更，四维挺出。戴九履一，左三右七，二四为肩，六八为足"（吴文俊，2000a）。他不仅构造了四阶到十阶的幻方，还归纳出了构造幻方的一般规律，在国内外有着广泛的影响。

三阶幻方虽然在本质上只有一个，但是四阶幻方在本质上却有 880 个，有 7040 种不同的写法。杨辉能找到一般规律，是非常了不起的！杨辉还给出了五阶到十阶的幻方若干，并称十阶幻方为百子图，各行各列之和为 505（蔡天新，2012）。后人发现按照杨辉三阶幻方的“戴九履一，左三右七，二四为肩，六八为足”这十六字诀构造法推广，任何奇数阶幻方都可构造出来。

下面给出三种四阶幻方作为示例：

1	12	8	13
15	6	10	3
14	7	11	2
4	9	5	16

1	14	7	12
8	11	2	13
10	5	16	3
15	4	9	6

4	14	7	9
15	1	12	6
10	8	13	3
5	11	2	16

四阶幻方由四行和四列构成，从 1 到 16 这些数每个都出现一次，不重复。每一行、每一列、两条对角线，无论哪个方向，四个数字加起来都等于 34。教师可在教学中让学生尝试写出一个三阶或四阶幻方，这对提升他们的逻辑思维能力是十分有帮助的。

在我国古代，也把填幻方当作一种游戏，现在玩幻方的人虽然不多，但是却有一种游戏和幻方很像，那就是数独。常见的数独盘面是个九宫，每一宫又分为九个小格，如图 5-4 所示。在这 81 个格中给出一定的已知数字和解题条件，利用逻辑和推理，在其他的空格上填入 1—9 的数字。使 1—9 每个数字在每一行、每一列和每一宫中都只出现一次，所以也有人把这种数独称为“九宫格”。

1		8	6					7
			5	8	4			
3		5	1					
6	2	1					7	
	7			5			6	
	5					9	8	1
					8	7		6
			7	1	5			
7					3	8		5

图 5-4　数独“九宫格”

幻方和数独中的数字都按照一种神奇的规律排列着，这类游戏也很考验人的计算能力和逻辑推理能力，可以让学生试着填写，从中感受数学的美、数学方法的神奇，这些都是数学的魅力所在。

第六节　神奇的斐波那契数

1202 年，意大利数学家斐波那契出版了一本有着广泛影响的著作——《计算之书》，这本书虽然以介绍商业交易问题为目的，但是里面记载了很多来自印度和阿拉伯的记数法，包括分数、方程、货币的换算和利息的计算等内容。

其中，记载了一个兔子问题，为人们所熟知：

如果一对大兔子每月生一对小兔子；一对小兔子，从第二个月起就开始长成大兔子；假定每对兔子都是一雌一雄，试问一对小兔子，一年能繁殖成多少对兔子？

我们来看看每个月分别会有多少对兔子：

第一个月：1 对小兔子。

第二个月：1 对大兔子（由小兔子长大而成）。

第三个月：2 对兔子，1 对大兔子和它们刚生的 1 对小兔子。

第四个月：3 对兔子，2 对大兔子（原来的 1 对大兔子加上从小兔子长大而成的 1 对大兔子），还有 1 对由大兔子生出来的小兔子（大兔子每个月都会生 1 对小兔子）。

第五个月：5 对兔子，3 对大兔子（原来的 2 对大兔子加上从小兔子长大而成的 1 对大兔子），还有 2 对由大兔子生的小兔子。

第六个月：8 对兔子，5 对大兔子（原来的 3 对大兔子加上从小兔子长大而成的 2 对大兔子），还有 3 对由大兔子生的小兔子。

……

大家有没有看出什么规律？

如果还没有看出来，我们把上面的兔子数量列在表 5-5 中。

表 5-5 斐波那契兔子问题数量汇总表

月份	1	2	3	4	5	6	7	8	9	10	…
大兔	0	1	1	2	3	5	8	13	21	34	…
小兔	1	0	1	1	2	3	5	8	13	21	…
总数	1	1	2	3	5	8	13	21	34	55	…

由表 5-5 可以发现，第一个月和第二个月都是 1，但是从第三个月开始，每个月的兔子数刚好等于前面两个月兔子数相加，例如：

第三个月的兔子数 2，刚好等于第一个月的兔子数 1 和第二个月的兔子数 1 相加；

第五个月的兔子数 5，刚好等于第三个月的兔子数 2 和第四个月的兔子数 3 相加；

第十个月的兔子数 55，刚好等于第八个月的兔子数 21 和第九个月的兔子数 34 相加。

所以，我们也把 1，1，2，3，5，8，13，21，34，55，89，144，233，377，610，…这些数称为斐波那契数。它的各项关系可概括为

$$\begin{cases} a_1 = a_2 = 1 \\ a_{n+2} = a_{n+1} + a_n \quad n \geqslant 1 \end{cases}$$

斐波那契数是从兔子问题中抽象出来的，如果它在其他方面没有应用，它就不会有强大的生命力。令人称奇的是，人们在自然界和社会生活中也发现了很多斐波那契数。

例如，大多数植物的花，其花瓣数都恰是斐波那契数。兰花、茉莉花有 3 个花瓣（图 5-5），百合花花瓣有 3 个或 5 个（图 5-6），毛茛属植物有 5 个花瓣，翠雀属植物有 8 个花瓣，万寿菊属植物有 13 个花瓣，紫菀属植物有 21 个花瓣，雏菊属植物有 34、55 或 89 个花瓣（张顺燕，2003）。

图 5-5　兰花（两层花瓣，但每层都是 3 个）

图 5-6　百合花（5 个花瓣）

人们也发现向日葵花盘内，种子是按顺时针转和逆时针转的两组螺旋线排列的（图 5-7），两组螺旋线的条数往往是相邻的两个斐波那契数。例如，一般是 34 条和 55 条，大一点的向日葵是 89 条和 144 条，还曾发现分别有 144 条和 233 条螺旋线的向日葵，它们都是斐波那契数。

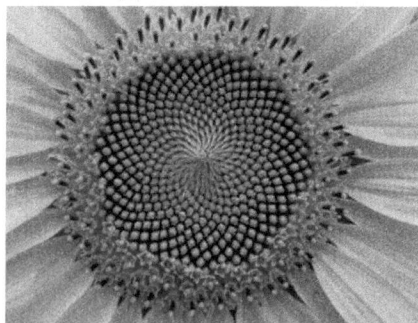

图 5-7　向日葵

其实，我们的游戏中也有斐波那契数。例如，如果我们要玩一个跳格游戏，规定是这样的（图 5-8）：

（1）从格子外面只能跳入第 1 格；

（2）在格子中每次只能往上跳 1 格或者 2 格。

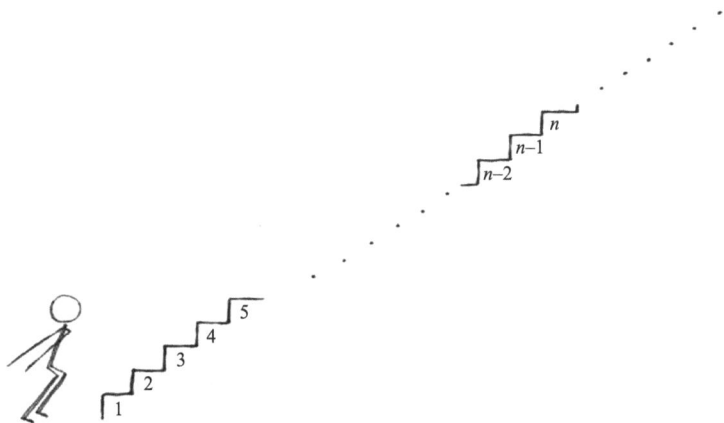

图 5-8　跳格游戏图

那么我们跳到第几格有多少种可能，就和斐波那契数有关（顾沛，2008）。

因为，如果要跳到第 1 格就只能从外面跳进去，如果要跳到第 2 格只能从第 1 格跳过去，所以要跳到第 1 格和第 2 格都是只有 1 种可能。

如果要跳到第 3 格，有 2 种可能，分别是从第 1 格一次跳 2 格，也可以是从第 2 格一次跳 1 格，所以跳到第 3 格的可能是跳到第 1 格的可能加上跳到第 2 格的可能。

如果要跳到第 5 格，可以是从第 3 格一次跳 2 格，也可以是从第 4 格一次跳 1 格，所以跳到第 5 格的可能是跳到第 3 格的可能加上跳到第 4 格的可能。

以此类推，可以看出，除了第一格和第二格，其他的跳到第几格有多少种可能等于跳到之前一格的可能加上跳到之前两格的可能。如果用 P_n 表示跳到第 n 格的可能性，则有

$$\begin{cases} P_1 = P_2 = 1 \\ P_{n+2} = P_{n+1} + P_n \qquad n \geqslant 1 \end{cases}$$

这就是斐波那契数列的表达。

此外，人们发现股票的上涨和下跌也满足斐波那契数的规律，当然斐波那契数存在的领域还有很多。例如，教师可以设计以下数学小魔术：

在斐波那契数 1，1，2，3，5，8，13，21，34，55，89，144，233，377，610，987，…中任选 10 个连续的数，只要告诉魔术师第 7 个数是多少，则魔术师就能马上知道这 10 个数的和是多少。

例如，若取的是：2，3，5，8，13，21，34，55，89，144，则总和为 374；若取的是 13，21，34，55，89，144，233，377，610，987，则总和是 2563。

大家发现奥秘了吗？它的总和就是第七个数的 11 倍。

如果把斐波那契数列的前一项都除以后一项，人们发现它越来越接近一个数：

$\dfrac{1}{1} = 1$，$\dfrac{1}{2} = 0.5$，$\dfrac{2}{3} = 0.6666\cdots$，$\dfrac{3}{5} = 0.6$，$\dfrac{5}{8} = 0.625$，$\dfrac{8}{13} = 0.6153\cdots$，

$\dfrac{13}{21} = 0.6190\cdots$，$\dfrac{21}{34} = 0.6176\cdots$，$\dfrac{34}{55} = 0.6181\cdots$，$\dfrac{55}{89} = 0.6179\cdots$

有没有发现，它越来越接近 0.618，这是黄金分割数的近似值。原来，斐波那契数列和黄金分割居然存在这种关联，这也体现了数学的统一美。

其实，如果把斐波那契数列的 $a_{n+2} = a_{n+1} + a_n$ 转化为 $\dfrac{a_{n+2}}{a_{n+1}} = 1 + \dfrac{a_n}{a_{n+1}}$，由于前后项之比接近于一个数，所以可令 $\dfrac{a_n}{a_{n+1}} = x$，当 n 很大的时候，上式就变成了

$$\frac{1}{x} = 1 + x \Rightarrow x^2 + x - 1 = 0$$

求解可得正根为 $x = \dfrac{-1 + \sqrt{5}}{2} \approx 0.618$。

根据斐波那契数列和黄金分割数的联系，还可以在斐波那契数列中改编一个数学小魔术：

随机选择两个数，将它们按照斐波那契数列的规则（第三个数是前面两个数之和）进行编排后，只要告诉我们一个数，我们就大致能知道这个数的前面一个数和后来一个数分别是多少。

例如，选择 2 和 5 作为初始的两个数，按照斐波那契数列的规则我们可得到一个数列：

2,5,7,12,19,31,50,81,131,212,343,555,898,1453,2351,3804,…

如果告诉我们的数是 2351，我们可利用黄金分割比，将其推导得到

$$2351 \times 0.618 = 1452.918 \approx 1453$$

$$2351 \times 1.618 = 3803.918 \approx 3804$$

斐波那契数列竟如此神奇！于是，1963 年，一群热衷研究兔子问题的数学家成立了国际性的斐波那契协会，并着手在美国出版了《斐波那契季刊》。同时，又两年一度地在世界各地轮流举办斐波那契国际大会，这在世界数学史上，也可谓一个奇迹了。

那么大家能从斐波那契数列的关系中推导出斐波那契数列的通项公式吗？

方法可能有很多，比如利用数学归纳法就可以求出，但是我们今天要介绍另外一种更有创造性的方法。

设 p, q 是方程 $x^2 - x - 1 = 0$ 的两个根，根据韦达定理则有

$$p + q = 1 \qquad\qquad （5\text{-}1）$$

$$pq = -1 \qquad\qquad （5\text{-}2）$$

如果数列 $\{a_n\}$ 有以下数量关系：

$$a_{n+2} = a_{n+1} + a_n \qquad\qquad （5\text{-}3）$$

则

$$a_{n+1} - pa_n = a_n + a_{n-1} - pa_n \text{（根据式（5-3））}$$

$$= (1-p)a_n + a_{n-1} = qa_n + a_{n-1} \text{（根据式（5-1））}$$

$$= qa_n - pqa_{n-1} \text{（根据式（5-2））}$$

$$= q(a_n - pa_{n-1})$$

$$= q^2(a_{n-1} - pa_{n-2})$$

$$\cdots$$

$$= q^{n-1}(a_2 - pa_1)$$

$$= q^{n-1}(1-p) = q^n \qquad （5\text{-}4）$$

同理，我们也可以得到

$$a_{n+1} - qa_n = p^n \qquad （5\text{-}5）$$

式（5-4）–式（5-5）可得

$$(q-p)a_n = q^n - p^n \Rightarrow a_n = \frac{q^n - p^n}{q-p}$$

因为 p, q 是方程 $x^2 - x - 1 = 0$ 的两个根，求解得

$$x_{1,2} = \frac{1 \pm \sqrt{5}}{2}$$

所以 $a_n = \dfrac{1}{\sqrt{5}}\left[\left(\dfrac{1+\sqrt{5}}{2}\right)^n - \left(\dfrac{1-\sqrt{5}}{2}\right)^n\right]$。

斐波那契数列的每一项都是自然数，但是其通项竟然要用无理数来表示，这是一件十分有趣的事情，数学真奇妙！

第七节　小　　结

数是因为人类生活的需要而产生的，但是除了解决生活现实问题，数学的出现也给我们带来了很多意想不到的"礼物"。例如，数的运算

中隐藏着很多奇妙的巧合，数的组合呈现了一种数学之美，这些都是数学文化性的一面。我们也会经常发现课文或其他文章中数字的巧妙运用，不同的数之间也存在一些奇妙的联系。这种现象在数学学习和生活中是比较常见的，教师和家长可以鼓励学生善于发现、善于思考，发现数之间的联系，更好体会数学应用的广泛性和趣味性，这样学生对数学也会有不同的认识，变得更有兴趣学习！

第六章

神奇的乘法

　　乘法是基本的运算法则之一，对后续知识的学习有着重要的影响。但乘法运算也是小学生学习数学的难点之一，学生从加减法过渡到乘法存在认知障碍，总会觉得计算很困难。其实，历史上有很多种乘法，教师可以了解这些乘法，在教学中适当向学生呈现不同的乘法，让学生一起分析和比较利弊，这样更能凸显现在乘法的优越性和普适性，学生的体会也将更加深刻。而且，了解了历史上的有趣乘法，学生对数学的了解会更加丰满，数学情感也会随之提升。本节我们就来看看，历史上一些巧妙的、十分神奇的乘法。

第一节　叠　加　法

　　由于生活的需要，人们在很早的时候就有了加法和减法的运算，但是如果需要加的数既有规律又比较多,这时候一个个地加就会比较麻烦，我们现在都是用乘法来计算。例如，5×6 表示 5 个 6 相加，也可以表示 6 个 5 相加，如果一个个相加就是 $6+6+6+6+6$，或者 $5+5+5+5+5+5$，这样就会比较麻烦，改成 6 个 6 个地数 5 次，或者 5 个 5 个地数 6 次，这样运算会比较快一些，这就是乘法的思想。如果掌握了乘法口诀，就可直接得出 $5 \times 6 = 30$。所以，乘法的本质是特殊加法的简便运算，有了乘法以后遇到既有规律又比较多的数相加时就很方便。但是在早期并没有乘法口诀，人们在计算乘法的时候，也摸索出了一些独特的方法。例如，古埃及就采用了把数的乘法转化为数叠加的方法。下面通过一个例子，来说明这种叠加法。

计算 15×13 时，选出其中较大的数 15，然后把 15 自身相加，也就是 15+15，得到了 30，这个 30 就相当于 15×2；如果再对 30 自身相加，就得到了 60（30+30=60），这个 60 就相当于 15×4；如果再对 60 本身相加，就得到了 120（60+60=120），这个 120 就相当于 15×8，以此类推，得到以下规律：

1   15   （15 的 1 倍）

2   30   （15 的 2 倍）

4   60   （15 的 4 倍）

8   120   （15 的 8 倍）

16   240   （15 的 16 倍）

到了 15×16 时就不必再翻下去了，因为 16 已经大于 15 要乘的数 13，然后从中选择，看最左边哪些数相加等于 13。因为 13=8+4+1，所以，只要把 8、4 和 1 所对应的 3 个数 120、60 和 15 相加就可以得到 120+60+15=195，也就是 15×13=195。

这种运算实际上就是运用了乘法分配律，把 15×13 变成 15×(8+4+1)，也就是

$$15×13$$
$$=15×(8+4+1)$$
$$=15×8+15×4+15×1$$
$$=120+60+15$$
$$=195$$

而 15×8、15×4 和 15×1 这些乘法的结果都可以通过 15 自身相叠加的方式得到，这样就把乘法变成了加法。对于刚接触乘法，对乘法的运算理解还不是很深，乘法口诀也还不熟练的同学来说，用这种叠加法来计算乘法更容易理解，也更好掌握。

同样地，如果要计算 53×29，这对于刚学乘法的同学来说，一般会

存在比较大的困难，但是用古埃及的叠加法就很容易掌握。我们只需要在两个相乘的数中选择一个进行叠加（一般选择较大的那个数），一直加到如果再翻倍，那个倍数就会超出另一个乘数，就可以停止了，我们得到以下式子：

1	**53**	**（53 的 1 倍）**
2	106	（53 的 2 倍）
4	**212**	**（53 的 4 倍）**
8	**424**	**（53 的 8 倍）**
16	**848**	**（53 的 16 倍）**

这时候就可以停止了，因为如果再叠加就相当于到了 53 的 32 倍，这个 32 超出了另一个相乘的数 29。

因为 29=16+8+4+1，所以，分别把 53 的 16 倍、8 倍、4 倍和 1 倍这 4 个对应的数 848、424、212 和 53 相加，就得到 848+424+212+53=1537，所以 53×29=1537。实际上它的运算是

$$53×29$$
$$=53×(16+8+4+1)$$
$$=53×16+53×8+53×4+53×1$$
$$=848+424+212+53$$
$$=1537$$

古埃及人不但把这种叠加法用在乘法方面，在除法方面也可以采用这种方法。只要对除数进行叠加，直到即将超出被除数为止，然后把对应的倍数相加，就是商，如果有剩余的，就是余数。

例如 231÷11，把除数 11 作为叠加的对象，得到

1	**11**	**（11 的 1 倍）**
2	22	（11 的 2 倍）
4	**44**	**（11 的 4 倍）**
8	88	（11 的 8 倍）
16	**176**	**（11 的 16 倍）**

这时候不能再叠加了，再叠加就会得到 352，超出了 231。然后把

231 减去与它最接近的倍数 176（对应的是 16 倍），得到 55，即

$$231-176=55$$

然后把 55 减去比它小的 11 的倍数中最大的数 44（对应的是 4 倍），得到 11，刚好是除数 11 的 1 倍，于是 11 刚好能整除 231，商为 16+4+1=21，所以 231÷11=21。

如果这个数除不尽，方法和过程都是一样的，就是多了一个余数。例如 233÷11，前面几步都是一样的：

233–176=57　　（得到商 16）

57–44=13　　（得到商 4）

13–11=2　　（得到商 1）

由于 2 比 11 小，比它小的 11 的倍数已经没有了，那么这个数就是余数，所以商还是 16+4+1=21，而余数就是 2，也就是如下算式：

$$233÷11=21\cdots\cdots2$$

第二节 交 叉 法

古印度也是四大文明古国之一，印度数学在历史上也取得了辉煌的成就。在乘法法则出现以前，印度也流传着一些比较先进的乘法，交叉相乘法（简称交叉法）就是其中一种。这种乘法比较多地出现在两位数与两位数相乘中，下面以 32×58 为例来说明它的运算规则。

第一步，把这两个数写成上下结构，并对齐；

3　　2
5　　8

第二步，把处于最右边的两个个位数相乘，相乘结果如果是一位数写在它们下方，如果是两位数，那么把个位数写在它们的下方，把十位的数写在个位数的左下方（十位数字要写得比个位数字小一些，方便区分）；

```
3        2
         |
5        8
        ₁6
```

第三步，每个数的十位乘另外一个数的个位，然后把这两个相乘的结果相加（24+10=34）；

```
3    ✕   2
5        8
        ₁6
```

第四步，这个相加的结果 34 再加上第二步中处于十位的数 1（写在之前左下方的数），如果相加的结果是一位数就写在第二步中个位数的前面，如果相加结果是两位数（35），个位数字按照前面方法写，然后把十位数字写在这个个位数字的左下方（这个十位数字写得小一些）；

```
3    ✕   2
5        8
      ₃5 6
```

第五步，十位数和十位数相乘（3×5=15），所得结果加上第四步中处于十位的数 3（写在左下方的数），然后把相加的结果（15+3=18）写在下方的最左边，得到结果为 1856。

也可以把上述结果写成以下格式：

```
3        2
5        8
  1 5 1 6
    2 4
    1 0
  1 8 5 6
```

第一行分别是十位乘十位，以及个位乘个位。

第二行和第三行分别是个位乘十位。

这种计算方法和现在的方法比较类似，它在计算某些数相乘的时候，还是比较方便的，而且古印度人还对这类数的交叉乘法进行了一些改进，使它变得更加便捷。

例如，97×94，如果直接口算很难，用上面这种类型的交叉法计算，过程为

$$
\begin{array}{cc}
9 & 7 \\
\underline{9 \quad\quad 4} \\
8\,1\,2\,8 \\
3\,6 \\
\underline{6\,3 \quad\quad} \\
9\,1\,1\,8
\end{array}
$$

这种算法比较简洁明了，借助可以书写的工具是可以计算的。但是，他们对此还进行了改进，得到了下面这种更简便的计算方法：

$$
\begin{array}{cc}
97 & 3 \\
\underline{94 \quad\quad 6} \\
9\,1\,1\,8
\end{array}
$$

也就是 $97 \times 94 = 9118$，大家能否看懂是怎么计算的？

具体的计算步骤如下。

第一步，写成上下结构，并对齐，然后在它们的右边写上另一个数，使得每一行的两个数相加都刚好等于 100，在这个题中右边两个数分别是 3（100–97）和 6（100–94），于是得到下式：

$$
\begin{array}{cc}
97 & 3 \\
\underline{94 \quad\quad 6}
\end{array}
$$

第二步，第一列的任何一个数，减去第二列不同行的那个数，在这个题中，得到的是 91（97–6 和 94–3 得到的结果一样，都是 91），把 91 写在横线下方的左边部分

$$
\begin{array}{cc}
97 & 3 \\
94 & 6 \\
\hline
91 &
\end{array}
$$

第三步，把右边列的两个位数相乘，得到 18，把它写在横线下方的右边部分

$$
\begin{array}{cc}
97 & 3 \\
94 & 6 \\
\hline
91 & 18
\end{array}
$$

这样就得到了最后的结果，为 9118。是不是觉得很方便？你能说说为什么可以这么做吗？

这种方法对于两个 100 左右的数的相乘很有效，尤其是八十几和九十几这些数，如果与 100 差得太多，计算起来就会比较麻烦。例如，96×88，计算起来还算方便。

第一步，列式为

$$
\begin{array}{cc}
96 & 4 \\
88 & 12
\end{array}
$$

第二步，选两个处于对角的数，左边减去右边，得到 84

$$
\begin{array}{cc}
96 & 4 \\
88 & 12 \\
\hline
84 &
\end{array}
$$

第三步，将两个处于右边列的数相乘，得到 48，结果即为 8448

$$
\begin{array}{cc}
96 & 4 \\
88 & 12 \\
\hline
84 & 48
\end{array}
$$

如果变成了 91×88，就需要计算 9×12：

$$
\begin{array}{ccc}
91 & \diagdown\diagup & 9 \\
\underline{88} & \diagup\diagdown & \underline{12} \\
79 & & {}_1 08
\end{array}
$$

需要把百位的 1 与前面的 9 相加，结果变成 8008。而如果两位数变成 81×88，就需要计算 19×12，这个时候很难通过口算直接得出，需要进行笔算（19×12=228）。虽然方法还是可以的，结果等于 7128（把 2 与前面的 69 相加，得到 71），但是就没有那么方便了。

$$
\begin{array}{ccc}
81 & \diagdown\diagup & 19 \\
\underline{88} & \diagup\diagdown & \underline{12} \\
69 & & {}_2 28
\end{array}
$$

这种方法对于乘数中有比 100 大一点的数也是可以的，如果两个数都比 100 大，那在计算时还比较方便，例如 103×106，按照以下方法，即可得到结果是 10918。

$$
\begin{array}{ccc}
103 & \diagdown\diagup & -3 \\
\underline{106} & \diagup\diagdown & \underline{-6} \\
109 & & 18
\end{array}
$$

如果一个数大于 100，一个数小于 100，那么按照这种方法运算时，需要在最后一步向前面借一个 1 来减去后面的数，当然此时的 1 转换成了 100。例如，103×96，在最后一步需要从 99 中借一个 1 来减 12，就变成了 100–12=88，于是结果就是 9888。

$$
\begin{array}{ccc}
103 & \diagdown\diagup & -3 \\
\underline{96} & \diagup\diagdown & \underline{4} \\
99 & & -12
\end{array}
$$

当然，如果比 100 大得比较多，那么也会面临右边两个数相乘的时候需要花费较多的时间，这就难以体现这种方法的方便之处了。不过，如果需要相乘的两个数都在 100 左右，计算起来还是十分方便的，甚至口算就可以马上得出答案。老师可在教学中展示，让学生体会数学的神奇和方法的精妙！

第三节 方 格 法

叠加法虽然比较好理解，但是在计算上还是需要多个步骤，而交叉法只对某些数的计算比较方便，其他数的计算还是需要花费一定时间的。但是，有一种方法，适合各种整数的相乘，也很好理解，便于掌握。它常需要画方格来计算，也被称为方格法，或者格子算法，在我国古代把它称为铺地锦。

下面以 123×45 为例，介绍它的基本步骤。

第一步，画出方格，把需要乘的两个数分别填进去，一个数写在行的一端（一般写在上端），一个数写在列的一端（一般写在最右端）。

1	2	3	
			4
			5

第二步，在每一个空白方格处，填入对应行和列的两个数的乘积，并用对角线隔开十位和个位，如果只有一位数，十位就用 0 补上。例如，第二行第一列的空白处，填上 4（1×4=4），对角线的前半部分写 0，后半部分写 4；第二行第二列的空白处，填上 8（2×4=8），对角线的前半部分写 0，后半部分写 8；第二行第三列的空白处，填上 12（3×4=12），对角线的前半部分写 1，后半部分写 2。

1	2	3	
0 / 4	0 / 8	1 / 2	**4**
0 / 5	1 / 0	1 / 5	**5**

第三步，这些对角线把上述对应行列数的乘积分成了若干部分，每个部分的数看作一个整体，把这个整体内的数都相加，得到的结果写在对应对角线的下面，如果首位是 0 的，可省略。例如，最右下的对角线中只有一个数 5，那么就在下方写出这个整体的结果 5；次右下的对角线部分有 3 个数，分别为 0、1、2，那么这个整体的结果就是 3，在对应的下方写出结果 3，以此类推。

1	2	3	
0 / 4	0 / 8	1 / 2	**4**
0 / 5	1 / 0	1 / 5	**5**
4	15	3	5

第四步，如果每一个部分的结果都是一位数，那么从左到右的组合就是计算的结果，如果某一个部分的结果有两位数，则需要把十位数字加到左边的数中。例如，例题中第二个部分的结果是 15，需要把十位上的数 1 加到左边的数 4 中，变成 5。

所以得到 $123 \times 45 = 5535$。

这种方法的计算量不大，只要熟练九九乘法表的内容，然后通过简单的加法就能得到乘法的计算结果，即使很大的数相乘，也可以通过这种方法比较容易地得到结果。例如，963×456，如果要列竖式计算会比较麻烦，用方格法就比较简便。按照上述四个步骤，就可以得到结果为 439128。

	9	**6**	**3**	
	3 ╱ 6	2 ╱ 4	1 ╱ 2	**4**
	4 ╱ 5	3 ╱ 0	1 ╱ 5	**5**
	5 ╱ 4	3 ╱ 6	1 ╱ 8	**6**

3 12 18 10 12 8

4 3 9 1 2 8

这个方法在我国、阿拉伯、印度和意大利的历史上都曾出现过，它不但可以计算两个整数相乘，也可以计算两个小数相乘，只需要分清小数点的位置就可以。我国古代的《指明算法》（1439 年，夏源泽撰写）、古代阿拉伯的《算术之钥》（1427 年，阿尔·卡西撰写）、古印度的《莉拉沃蒂》（1150 年，婆什迦罗第二（Bhāskara Ⅱ）撰写）、意大利的《特雷维索算术》（1478 年，特雷维索（Treriso）地区出版）等作品中都提到了方格法（潘红丽，潘有发，2010）。这说明这种方法得到了较为广泛的流行，表明相比较于其他方法，这种方法在计算上确实比较便利。值得一提的是，我国清代的文学作品《镜花缘》（李汝珍撰写），在第七十九回提到了铺地锦算法（于志洪，2013；赵建斌，2010）。米兰芬为了回答圆桌的周长是多少，用尺子量了直径是 3.2，然后将其乘 3.14，采用铺地锦的方法得出计算的结果。当然，我国古代还没有使用阿拉伯数字，计算的时候都是采用汉字数字。相比其他地方，方格法在欧洲运用得比较多，尤其是近代，随着数学在工业、天文学等方面的运用，学者们面临很多计算，有的计算量还比较大。于是，他们就根据方格法制作了计算的工具，具体如图 6-1 所示，这种工具也被称为纳皮尔筹。

图 6-1　纳皮尔筹

　　每一把尺子上都刻着一个固定数与 1 到 9 相乘的结果，如果是两位数的就用对角线隔开。计算的时候，人们就可以根据所乘的数选择相应的尺子放到木板上（如图 6-1 右上角所示）。例如，46785399 × 7，就把 46785399 这 8 条尺子放到木板上，然后将第 7 行的数采用方格法进行计算，就可得到相应的结果为 327497793，具体如图 6-2 所示。

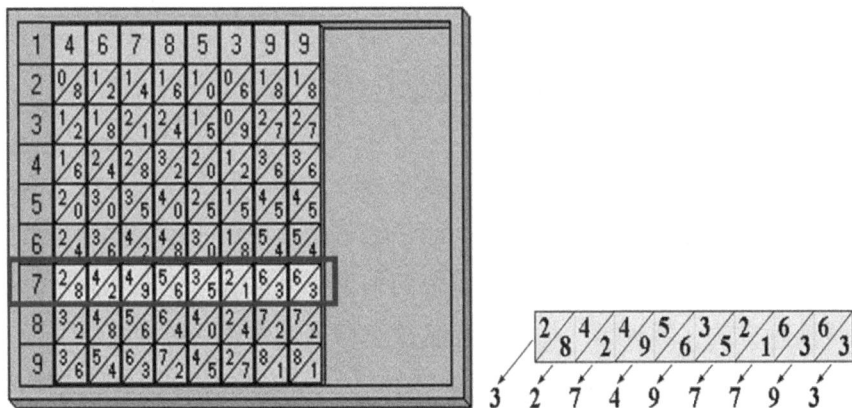

图 6-2　纳皮尔计算演示图

　　如果是多位数相乘也没有关系，只要用方格法把每个对应的计算结果按照顺序排列，然后按照加法进行计算就可以了。例如，46785399 × 96431，就可以按照图 6-3 所示的方格法计算，得到结果为 4511562810969。

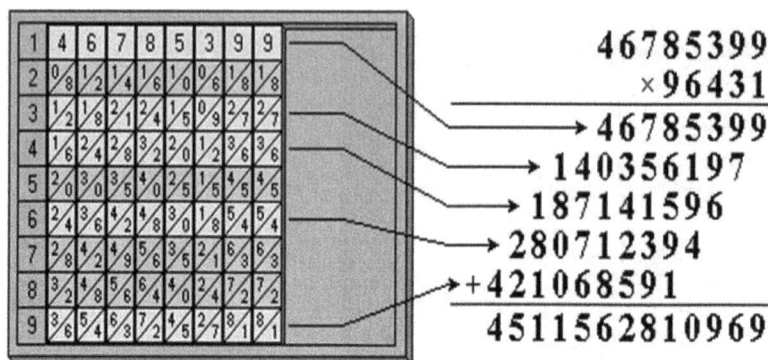

图 6-3　纳皮尔多位数相乘计算演示图

　　方格法有这么多优点，为什么后来没有成为通用的乘法呢？最主要的原因是现在的乘法更好。遇到两个整数相乘的时候，如果数比较小，我们可以直接口算，如果数比较大，我们一般列竖式计算，计算的过程和方格法是类似的，而且书写占用的空间也比较小。所以，方格法逐渐被列竖式的方法取代。当然，如果学生觉得计算起来更方便，采用方格法来计算乘法也是可以的，同时可以验算竖式计算是否准确。

第四节　画　线　法

　　上面所提到的三种方法都是用数字进行计算，其实在乘法中也有利用画出各种图形进行计算的方法，画线法就是其中的一种。这种方法来自哪里已经无从考证，但是各个国家的书中都有出现，它有正画线和斜画线两种方法，原理是一样的，而且这个原理和方格法很接近。

　　下面以 21×32 为例，来说明这种方法，如果是正画线，则分别用横着和竖着的线表示 21 和 32（图 6-4），具体步骤如下。

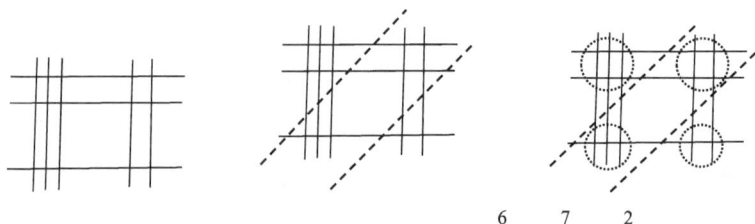

6　　7　　2

图 6-4　画线法两位数相乘计算演示图一

第一步，用 3 条线表示 21，十位和个位有一定的间隔，这 3 条线横着或竖着都可以，但是 3 条线需要是一个方向。

第二步，再用 5 条线表示 32，十位和个位有一定的间隔，这 5 条线和刚才的 3 条线要刚好垂直（也就是第一步的 3 条线如果是横着的，现在这 5 条线就竖着；第一步如果是竖着的，现在就横着），具体如图 6-4 最左边所示。

第三步，斜着画两条虚线，把刚才的图形分成 3 个部分，具体如图 6-4 中间所示。

第四步，在每一个部分中，数一下前两步画线的交叉点个数，分别为 6、7 和 2，因为每个部分的交叉点的个数都是一位数，不需要往前进一位，所以计算结果就是 672，具体如图 6-4 最右边所示。

如果是斜画线方法，步骤和刚才的一样，只不过把表示数的画线位置变成斜的，而两条虚线变成竖着的，具体如图 6-5 所示。

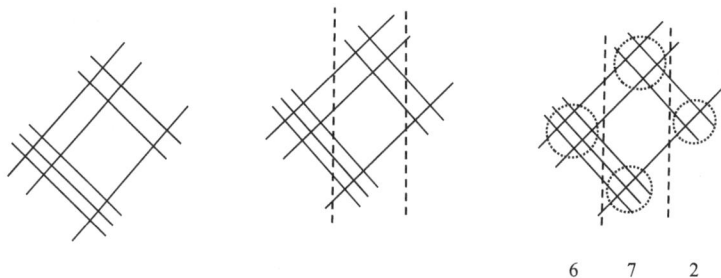

6   7   2

图 6-5　画线法两位数相乘计算演示图二

如果每个部分交叉点的个数出现了两位数，需要把十位往前进，加到上面一个数中，例如 23×32，正画线的方法如图 6-6 所示。

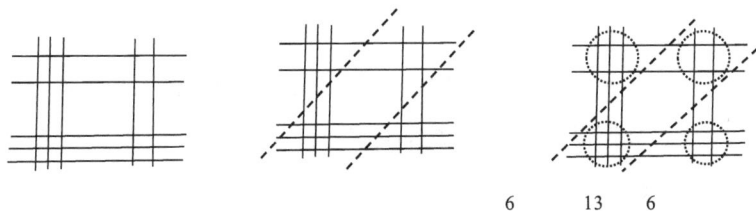

6   13   6

图 6-6　画线法两位数相乘计算演示图三

三个部分交叉点的个数分别为 6、13 和 6，因为第二个数字是两位数 13，需要把十位数 1 加到前面的 6 中，百位变为 7，所以乘法结果为 736。

其实，这种方法在数字比较小的时候，计算还是很方便的，也很形象，哪怕多位数也没有关系，例如，123×2132，只要画出 14 条线（虚线不算）就能很快得出结果。但是如果数字比较大，需要画的线就很多，数交叉点就会比较麻烦。例如，98×89，尽管只是两位数乘两位数，但是要画 34 条线（虚线不算），密密麻麻的线就很容易混淆，数交叉点的时候比较容易数错。所以这种画线乘法还不能普遍运用，但是大家在计算小的数字相乘时，运用它还是比较方便的。

第五节　数　圈　法

数圈法也是运用画图的方式来计算乘法，它的原理和画线法一样。同样以 21×32 为例，来说明它的计算步骤。

第一步，在第一行画两个同心圆，在第二行画一个圆，表示数 21；因为要乘另外一个两位数，所以同样的图形在右边也画一次，得到 4 个图形，具体如图 6-7 左边所示。

第二步，在图 6-7 左边第一列中的两个图形中，用线段把每一个图形分为 3 个部分，在图 6-7 左边第二列中的两个图形中，用线段把每一个图形分为 2 个部分，这表示所要乘的数是 32，具体如图 6-7 中间图形所示。

第三步，斜着画两条虚线，把刚才的图形分成 3 个部分，具体如图 6-7 右边图形所示。

第四步，在每一部分中，数一下图形被线段分开成几个部分，分别为 6、7 和 2，因为每个部分的数都是个位数，不需要往前进一位，所以计算结果就是 672。

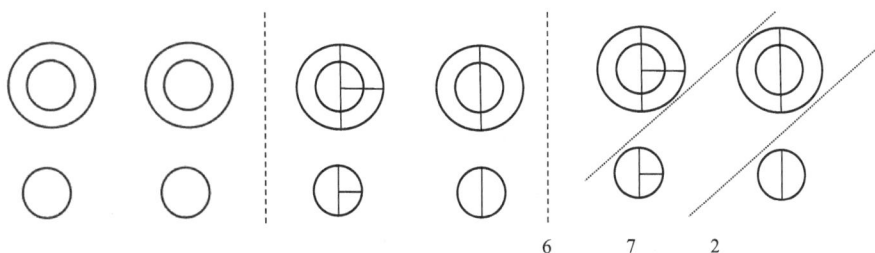

图 6-7　数圈法两位数相乘计算演示图

这种方法被称为数圈法，其实就是数一下所画的圈被分成几个部分。这种方法的优缺点和画线法一样，数字比较小的时候还比较方便，但是在数字比较大的时候，就会看着密密麻麻，比较容易数错。所以它也不能普遍运用，但是大家在计算数字比较小的数相乘时，也可以运用数圈法来试一试，你会发现还是比较方便的。

第六节　中国剩余定理

《孙子算经》是我国古代的一部启蒙算术，作者和编撰年代不详，估计在公元 4—5 世纪。全书分为上、中、下三卷，在下卷的第 26 题中记录了这样一个问题，用现代语言描述如下：

现在有一批物品，不知道有几个。如果每次 3 个 3 个地数，还剩 2 个；如果每次 5 个 5 个地数，还剩 3 个；如果每次 7 个 7 个地数，还剩 2 个。你知道这个物品有多少个吗？

答：23 个。

这类问题在我国古代的文献中出现了多次，据说在韩信点兵时也用到了这种计算方法。韩信在萧何的推荐下刚刚担任统帅时，士兵中有许多不服，在一次阅兵中士兵向韩信报告士兵人数时故意将士兵总数报错，说：三路纵队，多 2 人，五路纵队多 3 人，七路纵队多 2 人，总数 2336 人。韩信稍加思索说：差矣。

如果韩信只知道士兵数量大约在 2300 人，那么他怎么知道 2336 这个数字是错的呢？

要计算这个问题，需要用到乘法，但是这里的乘法和前面所介绍的不太一样，因为它在数的时候有剩余，也就表明除的时候会有余数，所以在运用了乘法以后还需要再加上这些余数。而且它是不同的数法，所以肯定不是简单乘法就可以解决这个问题。在国内外，也把这种问题称为中国剩余问题。

中国剩余问题的解决需要用到很多数论的知识，就不详细介绍了，这里只从解决上面两个问题来简单说明一下解题的基本思路。

对于《孙子算经》中的问题，解决步骤大致如下。

第一步，找出不同数法中最大的那个数，在这个题目中是从 3、5 和 7 中选择，那就选 7。

第二步，找出满足 7 个 7 个地数还剩 2 个的数，分别是 9、16、23、30……

第三步，把第二步确定的数，按照从小到大的顺序，一个个地检验，看是否满足 3 个 3 个地数和 5 个 5 个地数的要求，结果发现 23 满足了。

第四步，确定 23 是满足这种数法的最小数，除此之外，23 加上 3、5、7 的最小公倍数 105（3×5×7=105），整数倍的数也都满足，即 128（23+105）、233（23+210）、338（23+315）……，这些数也都满足。

所以这类题目的答案不是唯一的，具体答案是什么要根据题目的意思来确定。在《孙子算经》中，根据题意，最可能的答案是 23；在韩信点兵中，最可能的答案是 2333，所以韩信能说出 2336 这个数字是错的。

中国剩余问题有很多的研究，也有较为广泛的运用，我国南宋数学家秦九韶在其《数书九章》中推广了《孙子算经》中的"物不知数"问题，提出了"大衍求一术"，使解决这类问题的方法形成了系统化的数学理论，这是中国古代数学的精华之一，有兴趣的读者可以去阅读。在此只简单介绍中国剩余定理的一个妙用。

如果某单位有 100 把锁，管理员这里都有钥匙，可是为了安全起见，他不想把每一把钥匙都贴上 1 到 100 这种编号，否则有小偷过来找到钥匙后，很容易就能打开对应的锁。于是，他就用 3、5、7 这 3 个数来编写密码。具体规则就是，房间号分别被 3、5、7 除，把它们的余数作为编号。

例如，如果是 3 号门的锁，3 被 3、5、7 除的余数分别是 0、3、3，把对应的钥匙编号为 033 就可以了；如果是 23 号门的锁，23 被 3、5、7 除的余数分别是 2、3、2，把对应的钥匙编号为 232 就可以了；如果是 100 号门的锁，100 被 3、5、7 除的余数分别是 1、0、2，把对应的钥匙编号 102 就可以了。因为 3、5、7 的最小公倍数是 105，所以在 105 以内的每一个编号一定只对应一把锁，不会出现重复的情况。反过来，如果拿到的钥匙编号是 005，按照刚才的规则往回推，从满足除以 7 余数 5 的最小数开始，得到各数分别为 5、12、19、26、33、40、47、54、61、68、75，这时候的 75 就满足除以 3 和 5 的余数均为 0，所以对应的是 75 号门的锁；如果拿到的钥匙编号是 123，从满足除以 7 余数是 3 的最小数开始，得到各数分别为 3、10、17、24、31、38、45、52，这时候的 52 就满足除以 3 的余数是 1，除以 5 的余数是 2，所以对应的是 52 号门的锁。大家有没有发现，学好了数学可以帮助我们更好地工作，如果不具备刚才的能力，在应聘相关单位时，就可能会被拒绝。

第七节　小　　结

以上介绍的六种乘法在历史上都曾在不同地方流行过，这种计算方法在当时也是十分先进的。对于一些数的计算来说，一些方法在现在也是比较有效的。但是，现在的乘法更加一般化。如果是不大的整数，一般通过九九乘法表就可以直接口算出来，如果是比较大的数相乘，一般采用列竖式计算。而我国在先秦典籍中就见到零散的"九九"口诀，在战国时期"九九表"已经家喻户晓了（纪志刚，2000）。这表明对于个位整数的乘法，我国古代已经总结出了基本规律。列竖式计算乘法可能不是最方便的，但是它的运用很普遍，无论是整数、小数、正数或负数，以及它们混合起来的乘法，都可以用列竖式来计算，所以它才会在现在普遍使用。了解数学历史中的一些方法，可以丰富大家对数学的了解，这对于培养数学情感也是十分有帮助的。教师可在教学中介绍若干乘法，让学生体会古人智慧的同时，比较这些乘法与现在乘法的异同，更好体会现在乘法的特点和精妙之处，有利于知识的掌握。数学是十分巧妙而有趣的，还有一些乘法是很有规律的，可鼓励学生去探索发现。

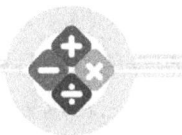

第七章

生活中的图与形

　　数和形都是生活中常用到的数学，相比较数的抽象，图形更加具体、直观，生活中各式各样的图形其实也有一定的规律。人类在很早的时候就有了形状的感觉，这种感觉来自他们生活的世界，太阳、月亮、山川、树木等等所具有的形状让人类印象深刻，他们将自己认为美的形状绘制在房子、器皿和各种装饰上。于是，圆、三角形、正方形等基本几何图形便很早就出现在了人们的生活中，全等、相似和对称等几何性质也在生活中逐步运用。随着运用的广泛和深入，人们对几何图形的认知也越来越深刻，几何学也随之产生。据研究，古埃及的几何学主要产生于尼罗河泛滥后沿岸土地的测量，"几何学"一词的希腊文就是"测地"的意思；古印度的几何学主要产生于祭坛和寺庙的建造，而我国古代的几何学主要产生于天文的观测（李文林，2011）。如今，图与形在生活中随处可见，不仅有规则的基本几何图形，而且各种不规则的图形也比较常见。这些图形的出现，如果是非自然形成的，必然有它的实用价值，如果是自然形成的，也蕴含了某些数学规律。本章主要就生活中常见的图与形进行介绍，分析其中的数学特性。

第一节　桌子中的图与形

　　桌子是一种常见的家具，上有平面，下有支柱。人们可以在桌子上面放东西、吃饭、写字等，那么大家有没有发现，桌面一般都做成圆形或者方形，而桌脚一般是四只脚，这些都与图形的特性有关。

圆形桌子有很多优点，第一，圆形桌子没有棱角，可以防止小朋友撞伤；第二，由于桌面是圆形，使得圆形桌子周围座位与座位的间隔是相等的，而且距离比较近，方便大家围在一起交流；第三，圆形桌面使得每一位坐在圆形桌子周围的人拿取桌子中心位置上的物品的距离都相等；第四，在中国人的传统观念中，圆形餐桌象征着团圆。那么圆形桌子有缺点吗？也是有的，例如桌子如果放在方形的墙角，就会有空隙，利用率就会相对低一些；屋里有很多桌子摆在一起的时候，圆形桌子和方形桌子所占的地方是差不多大的，但是圆形桌子与圆形桌子之间会有空隙，放东西容易被碰掉，空间的利用率也不够高。这时候，方形桌子的优势就体现出来了：如果方形桌子靠在墙角摆放，则与墙壁刚好吻合，没有空隙，而且方形桌子方便大家相对而坐，易于交流。那么方形桌子有缺点吗？当然有，最大的缺点就是有四个角，容易伤到小朋友。由此可见，圆形桌子和方形桌子各有优缺点，所以现在一些厂家就会制作既可以展开成圆形又可以折叠成方形的桌子。

生活中最常见的桌脚是四只，有时候也会设计成三只脚。少于三只脚就不稳定了，而一般来说多于四只脚也没有必要。因为不共线的三点可以形成一个平面，所以三只脚构成的三角形是稳定的。当然，这三只脚的长短要一样，不然就不在一个平面，桌子就会晃动、不稳定。那对三角形有没有要求呢？是不是什么样的三角形都可以呢？并不是的，对于桌子的稳定性来说，正三角形最稳定，否则一边稍微有人用力压，另一边就会翘起来。为了更好地稳定，人们也把桌子做成四只脚，这四只脚所形成的四边形与桌面相似，这样即使在不同角度下施加压力，桌子都会比较稳定。那会不会桌脚越多桌子越稳定呢？理论上是，但实际上增加稳定性的程度有限。所以，为了不浪费材料，又能比较好地稳定，现在把桌子做成四只脚的比较多。

第二节 井盖中的图与形

井盖是生活中常见的东西，只要细心留意，就会发现马路上的井盖的形状主要有圆形、长方形和正方形，其中圆形的井盖比较常见。为什么井盖要做成圆形的呢？这与圆形的井盖省材料、方便使用有关。由于人的体形接近圆柱形，圆形井口比正方形与正三角形井口更易于人在疏通下水道时上下，在井里面也比较方便转身。而且，在周长相等的平面图形中，圆的面积是最大的。

除此之外，圆形的井盖也比较安全。在人来人往的马路上，如果井盖丢失了，那么行人行走时就容易发生意外。因此，设计井盖时要注意行人的安全，不能让井盖掉进下水道里。如果将井盖设计成三角形（图 7-1）、正方形（图 7-2）、长方形（图 7-3），井盖会更容易掉进下水道。由图 7-1 至图 7-4 可知，如果井盖的形状设计成三角形、正方形或长方形，井盖虽然比井口大一些，但是四边形的对角线一定比井盖其他边都要长一些，那么井盖拿起来再盖上时就有可能掉进井里，三角形的井盖也容易大部分没入井中；如果是圆形的井盖，由于圆的无数条直径都是相等的，所以，井盖只要比井口略大一点点，就不会掉下去。而且在安装井盖时，圆形更容易安装，如果要把它放到井口，圆形井盖不必为了架在井口上而旋转它的位置。另外，相比较三角形和四边形，圆形有一个很重要的性质，就是可以滚动，把井盖做成圆形后，有利于短距离搬运，从运输的车子上搬到安装的地方，可以把井盖立起来滚动着推过去。

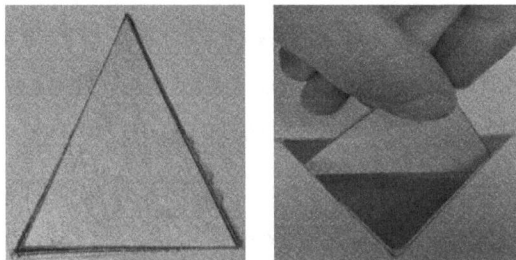

图 7-1 三角形井盖假设试验

图 7-2　正方形井盖假设试验

图 7-3　长方形井盖假设试验

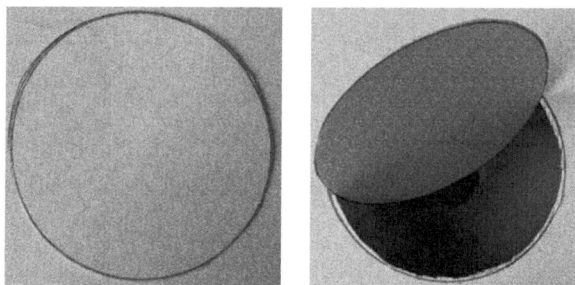

图 7-4　圆形井盖假设试验

除了圆形，方形的井盖也用得比较多，尤其是井盖比较大的时候，如果做成圆形，生产和搬运都会困难一些。尽管圆形的井盖可以滚动运输，但是盖上去后如果要搬开，太大的井盖是很费力的。如果是方形的，则井盖可做成若干个方形拼接在一起。这样在搬运的时候，只要搬动其中的一块就可以，相对较轻。而圆形的井盖如果做成几个部分拼接而成，就不如方形的方便和牢固了。所以，物体形状的特点会在很大程度上影响它的用途。

第三节　生活物品中的图与形

在生活中人们经常使用绳子或胶带捆扎物品，那么怎样捆扎物品绳长最短呢？这里我们用一个生活中的实例来解释捆扎物品的绳子长短问题。假设你去超市买牙膏，你已经选好了 4 支牙膏，售货员将 4 支牙膏捆在一起，怎样捆最节省胶带？牙膏的规格如图 7-5 所示，侧面图为边长为 4 厘米的正方形。我们发现有两种方式，一种是将 4 支牙膏排成一排（其截面如图 7-6（a）所示），另一种是将 4 支牙膏排成两排（其截面如图 7-6（b）所示）。通过截面图可以看出，捆扎胶带的长度就是侧面那些正方形拼成的长方形或正方形的周长。

图 7-5　牙膏规格

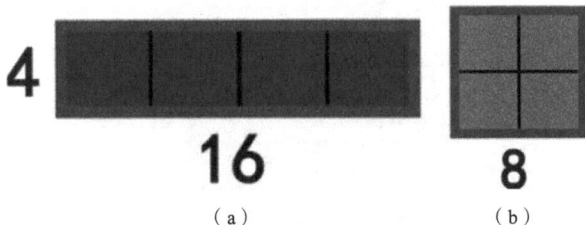

图 7-6　4 支牙膏捆扎方式截面图

同样的道理，如果购买 12 支牙膏，要捆在一起，怎样捆最节省胶带呢？我们还可以通过画捆在一起后的侧面图知道答案，一种是将 12 支牙膏排成一排（具体如图 7-7（a）所示），一种是将 12 支牙膏排成两排（具体如图 7-7 所示（b）），一种是将 12 支牙膏排成三排（具体如图 7-7（c）所示）。从几何的角度看问题，方案一为排成一行的胶带长，即其侧面图长方形的周长，该长方形的长为 4×12=48 厘米，宽为 4

厘米，所以该长方形的周长为（48+4）×2=104 厘米；方案二为排成两行的胶带长，即其侧面图长方形的周长，该长方形的长为 4×6=24 厘米，宽为 2×4=8 厘米，所以该长方形的周长为（24+8）×2=64 厘米；方案三为排成三行的胶带长，即其侧面图长方形的周长，该长方形的长为 4×4=16 厘米，宽为 3×4=12 厘米，所以该长方形的周长为（16+12）×2=56 厘米。显而易见，方案三的捆扎方案周长最短，也就是捆扎三排用的胶带最短。这其实就是求面积一定的情况下，怎样使图形的周长最短的问题。从数学角度分析，在理想状态下是圆形的周长最短；而在物品外形不能改变的情况下，越接近正方形，周长越短。同样，在捆绑 18 支、20 支牙膏的时候，所涉及的数学原理也是一样的。

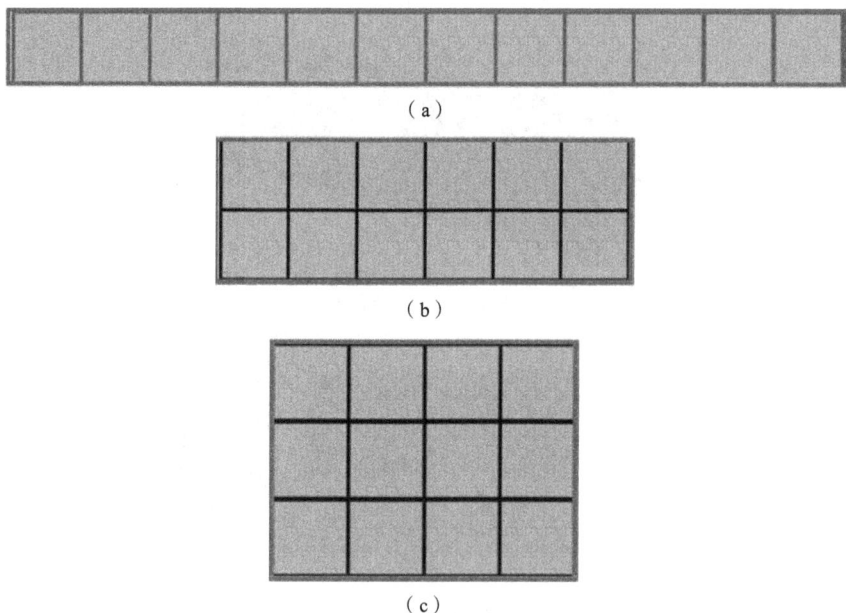

（a）

（b）

（c）

图 7-7　12 支牙膏捆扎方式截面图

吃饭的时候都要用到盘子，盘子都有什么形状的呢？如图 7-8 所示。现在盘子的形状越来越多了，从几何的角度看，利用率最高的盘子是圆形盘子，这是为什么呢？首先，正如餐桌是圆形的比较多的原理一样，圆形盘子能够照顾到各个方位的人，因为盘子四周的人距离盘子中心的距离相同；然后，相同表面积的材料，圆形盘子可以做成最大的容积。

盘子上的图案都有什么特点？如图 7-9 所示。从几何的角度看，盘子上的图案可以由简单的基本图形组合而成，其中基本图形包括三角形、正方形、长方形和圆等；盘子上的图案还可以由对称图形构成，其中包括轴对称图形和中心对称图形。

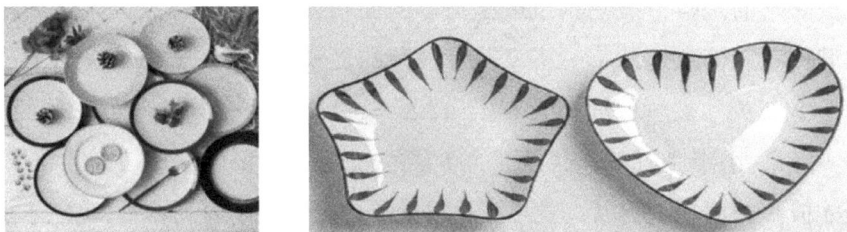

图 7-8　盘子的形状

图 7-9　盘子上的图案

很多商店都有出售披萨，披萨的大小和半径、高度有关系。那么如果同样的价格可以买一个9英寸[①]披萨和两个5英寸披萨，买哪种更划算呢？

假设这样一个现实情境，某天你突然想吃披萨，于是你走进披萨店，点了一个直径为 9 英寸的披萨并付了钱，经过几分钟的等待，店员突然

①　1 英寸=2.54 厘米。

走过来跟你说："抱歉，我们的 9 英寸披萨刚好卖完了，我能给您换成两个 5 英寸的吗？"于是，问题来了，这时候该不该接受店员的建议呢？按照常理推断，5+5=10>9，好像是合算的。但是真的是这样吗？我们来计算一下。首先，要明确 9 英寸或者 5 英寸指的是披萨的直径，而我们吃披萨吃的是整个披萨，也就是披萨的面积，圆的面积公式是 $S = \pi r^2$；然后，我们简单地计算一下 9 英寸披萨的面积，为 $S = \pi \times 4.5^2 = 20.25\pi$，而一个 5 英寸披萨的面积为 $S = \pi \times 2.5^2 = 6.25\pi$，两个 5 英寸披萨的面积才 12.5π，小于 20.25π，甚至 3 个 5 英寸披萨的面积也才 18.75π，小于 9 英寸披萨的面积。所以，学好数学很重要，这样就不容易吃亏和上当了。

第四节　七巧板的历史与图形

七巧板是一种古老的中国传统智力玩具，由七块板组成，分别是 5 块三角形、1 块正方形和 1 块平行四边形，而这七块板可以拼成 1600 多种图形，玩家可以拼出简单的几何图形、各种人物、动物、房子等，也可以拼出汉字、英文字母，如图 7-10 所示。

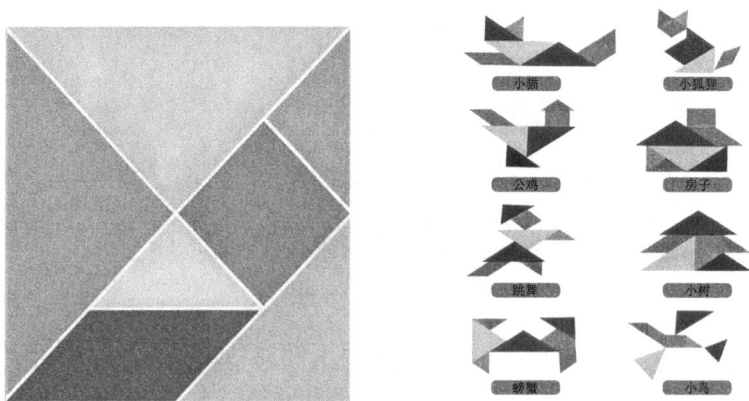

图 7-10　七巧板

在宋朝时期，黄伯思编写了《燕几图》一书，详细记载了"燕几"的构造与用途，这里的"燕几"就是七巧板的原型，"燕几"就是用来招呼客人的案几（黄伯思，戈汕，1984）。"燕几"由七张长方形的桌子组成，分散开的"燕几"可以用来摆放日常用品，拼合成的"燕几"可以形成多种形状，主要用来招待客人。"燕几"可通过拼合，产生不同形状的变化，如图 7-11 所示。我国明代的严澄编写了《蝶几谱》，详细记载了"蝶翅几"的构造与用途，这里的"蝶翅几"由十三件不同的案几组成，拼合起来呈蝶翅形，招待客人用的，如图 7-12 所示。后来，清代养拙居士编了一本书《七巧图》，使得七巧板广为流传。七巧板后来传入国外，成为男女老少、达官贵族都很喜欢的一种休闲游戏。现在，七巧板和七巧图被世界所熟知，更被称为"唐图"，意思就是来自中国的拼图。

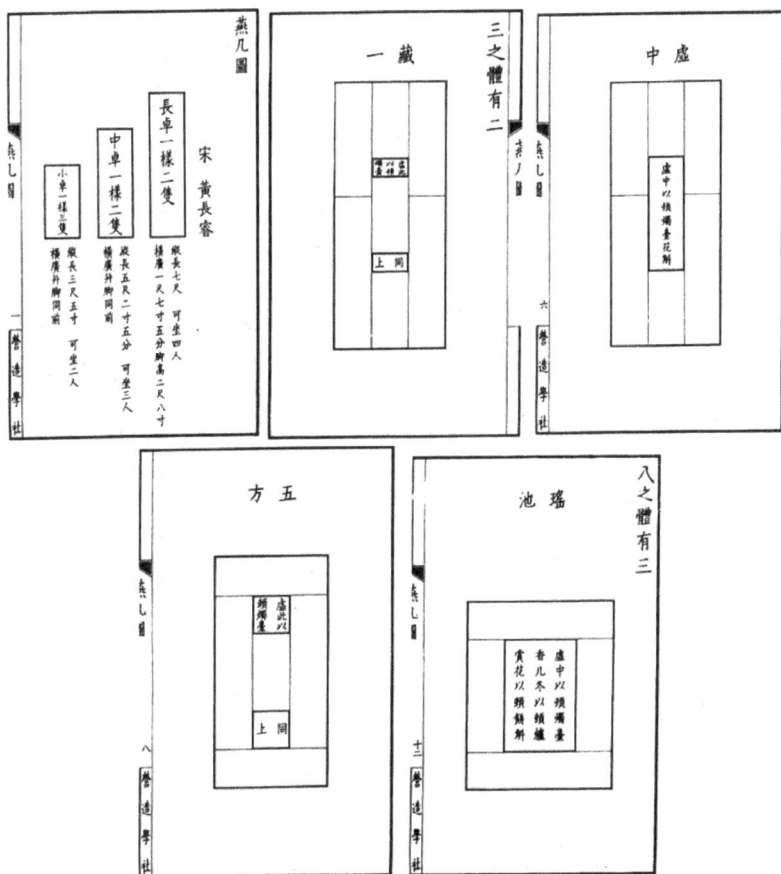

图 7-11　《燕几图》部分[1]

---

[1] 资料来源：黄伯思，戈汕. 重刊燕几图蝶几谱 附匡几图. 上海：上海科学技术出版社，1984：27-49.

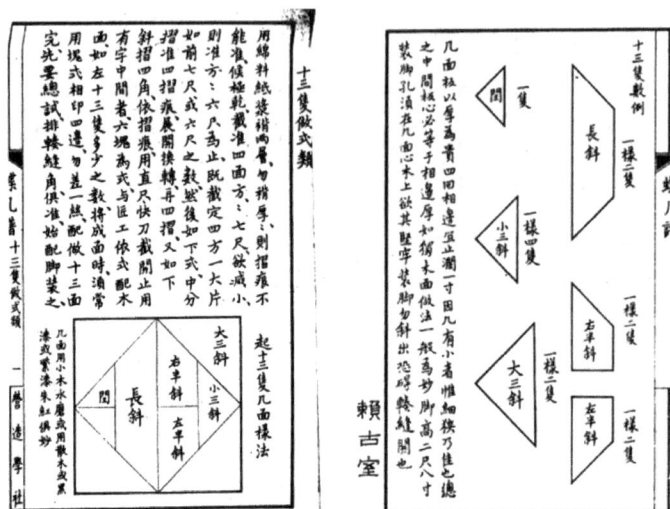

图 7-12 《蝶几谱》部分①

那么，七巧板可以怎么玩呢？用 7 块板，以各种不同的拼凑法来拼搭千变万化的形象图案，要注意的规则有：进行拼图时，不但只能用七巧板的 7 块组件，而且 7 块组件必须全部用上；只允许边边相连、边角相接，不允许组件重叠。试试能否用七巧板拼凑出如图 7-13 所示的形状。

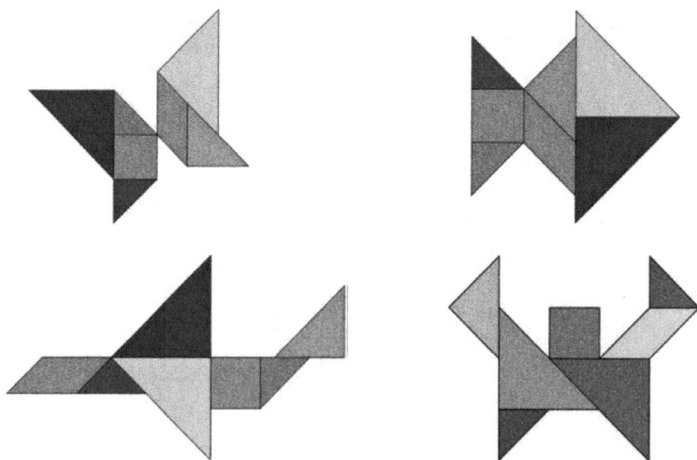

图 7-13 七巧板拼图

---

① 资料来源：黄伯思，戈汕. 重刊燕几图蝶几谱 附匡几图. 上海：上海科学技术出版社，1984：92-93.

简单的 7 块几何图板，就能拼凑出千变万化的形状，这就是数学几何的魅力，也是数学之美。

第五节　服饰中的图与形

爱美之心人皆有之，在很久以前人们为了美观，会在自己的服饰上设计一些图案，如果大家细心观察，就会发现衣服中的很多图案都是由基本几何图形构成的。通常我们把衣服上的几何图案称为几何纹样，即用抽象的几何图形以规律性的形式表现出来的图案。几何图案的构成如下。

点状：在几何纹样中，点会以不同大小和不同形状的形式出现，且大多会呈现有规律的分布。

线条：在几何纹样中，线条会以直斜、长短、粗细、虚实等形式出现，大多会呈现平行线条或格子纹样的效果。

组合图案：在几何纹样中，通过点、直线、曲线的不同组合形成各种图案，这些图案通过大小、虚实等变化，呈现较为强烈的秩序感。

几何图形多种多样，并且变化万千，但是它无论怎样变化都是基于 3 个基本图形，那就是三角形、圆形、方形。以这些基本图形作"变化"，可以得到很多单独的纹样，服饰中的图形也是这样的，如图 7-14 所示。

我们如何排列几何图案，才能让我们的衣服更好看呢？首先，用一个单独纹样向上下或左右连续复制形成组合纹样，我们叫它二方连续纹样，如图 7-15 所示。

用一个单独纹样作上下左右四面循环连续而成的组合纹样，我们叫作四方连续纹样，如图 7-16 所示。

图 7-14　单独纹样图案

图 7-15　二方连续纹样图案

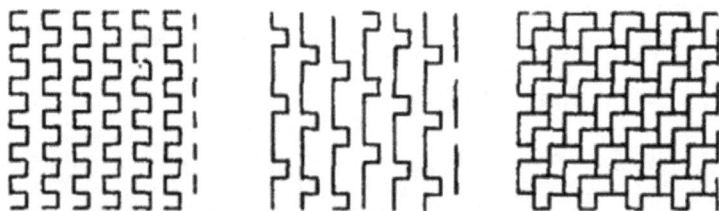

图 7-16 四方连续纹样图案

第六节 小 结

几何图案在生活中随处可见，总能为我们带来意想不到的美和惊喜，这就是数学的形式美。桌子、井盖、生活物品、游戏、衣服中都有几何，几何原理运用在桌子、井盖和生活物品上，给我们带来了生活上的便捷，几何图形运用在游戏、衣服中，给我们带来了数学的美。虽然数学中的图形和生活中的图形会略有不同，数学中的图形更抽象，例如点要看作是没有大小的，线要看作是没有宽度的，但是数学中的图形和现实生活中的图形所具有的性质都是十分接近的。所以学好数学，了解更多几何图形的特点，有利于我们更好地生活。

第八章

图形中的数学奥秘

在日常生活中，我们所能看到的各种物体都有自己的形状，这些形状之所以经常在生活中出现，不仅是因为它们具有美感，更是由于这些形状都有着良好的数学特性。例如，有的形状是周长相等的图形中面积最大的，有的是最牢固的，也有的图形是对称的……本章就图形中的数学奥秘进行分析，了解这些数学奥秘可以更好地理解一些物品为何采用这种形状。

第一节　长方形打印纸中的无理数

打印纸是生活中常见的物品之一，它有不同的型号，最为常见的是A4型号的纸，也被称为A4打印纸。平常我们的考试试卷，都是A4纸大小或者两张A4纸大小，而两张A4纸大小的打印纸被称为A3纸。同样地，两张A3大小的打印纸被称为A2纸，以此类推，目前常用的打印纸中最大的是A0型号，最小的是A8型号，具体如图8-1所示。既然有A系列的纸，那么也就有B系列和C系列，市面上的打印纸大多为A系列和B系列，尤其是A系列最为常见，而C系列的纸主要用于信封。B系列打印纸的大小编号原理和A系列是一样的，最大的是B0型号，它可以分为两张B1型号，而B1型号打印纸的大小可以分为两张B2型号大小的打印纸，以此类推，最小的是B8型号的打印纸。虽然A4打印纸是最常见的，但是很多书的纸张是A5或者B5大小，比如本书就是B5开本。

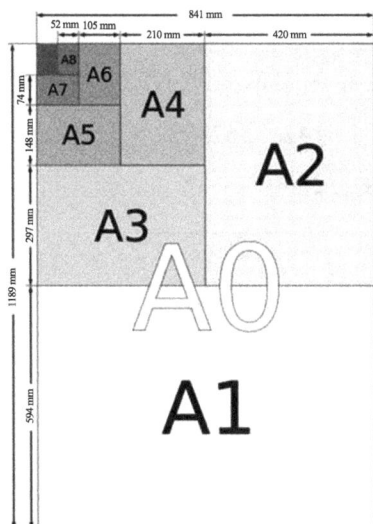

图 8-1　A 系列打印纸型号关系示意图

从这里我们可以看出，同一个系列打印纸的型号之间是有倍数关系的，这里面就隐含着数学的奥秘。

除此之外，打印纸中还隐含着无理数。大家可能认为我们平时接触到的数都是有理数，其实数学家已经证明无理数的个数比有理数多得多（周·道本，2008）。那么我们怎么感受不到呢？可能我们被"无理数是无限不循环小数"这里的"无限"给蒙蔽了。虽然无理数是不可能穷尽的，但是体现在长度中又是有限的。如果画一个边长为 1 厘米的正方形，那么对角线的长度 $\sqrt{2}$（厘米）就是个无理数，如图 8-2 所示。可能有人会说，这个长度是看得见的，一定是可以量出来的。事实上，要准确测量出这个长度是不可能的。我们现在所用的尺子，最小刻度是毫米，如果拿来测量的话，会发现这个长度在 14 毫米和 15 毫米之间，因为不是刚好落在刻度线上，所以不能准确量出长度到底是多少。如果再把 1 毫米平均分为 10 个部分，标上刻度后再来观察，会发现这个长度在 14.1 毫米和 14.2 毫米之间，也不是刚好在刻度线上。如果把 0.1 毫米再平均分为 10 个部分去测量的话，还会发现这个长度有一部分是不足 0.01 毫米的……所以，无论怎么分，都会有长度没有刚好在刻度上，它是无法准确量出来的。其实人们在最初也是不相信的，但是尝试了很久都没有成功，后来有数学家证明了这个长度是不能表示成分数的（用反证法即可证明），也就是 $\sqrt{2}$ 是无限不循环小数，我们如果需要用到这个量，只能取其近似值（如 1.4142135623731）。这表示，在正方形中，对角线的长度是边长长度的 $\sqrt{2}$ 倍。

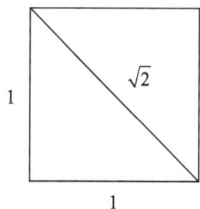

图 8-2　正方形的边长与对角线示意图

　　据说最早发现这类数的是毕达哥拉斯学派，这个学派认为"万物皆数"，但是他们所说的数是正整数和正的分数，也就是我们现在所说的正有理数。此后，毕达哥拉斯学派还发现一个直角三角形的三边存在两条直角边的平方和等于斜边的平方的关系，我国把它称为勾股定理，一般用 $a^2 + b^2 = c^2$ 来表示（a 和 b 表示直角边的长度，c 表示斜边的长度，如图 8-3 所示）。

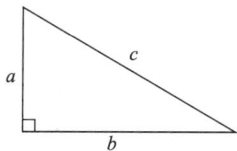

图 8-3　直角三角形示意图

　　那么，人们就会碰到一些直角三角形斜边长度的问题。例如，如果直角三角形两条直角边的长度都是 1，那么斜边的长度是多少呢？据说，毕达哥拉斯学派的希帕索斯（Hippasus，公元前 470 年左右）发现了这种斜边长度是不能用整数或分数来表示的，并在海上泛舟集会时说出了这个发现。如果这种事情是存在的，毕达哥拉斯学派作为数学和形而上基础的"万物皆数"信念就不成立了，因为存在实实在在的"物"不能被他们所认识的数来表示。于是，学派成员们都惊恐不已，把希帕索斯丢进了大海。不过这并不能解决问题，除了承认这是一类新的数，没有别的选择，数系就是这么逐步扩充的。

那么话又说回来了，这个无理数和打印纸有什么关系呢？我们就以A4纸为例，来说明打印纸中所蕴含的无理数。

如果用 A、B、C、D 分别表示长方形打印纸的四个交点，如图 8-4 最左边图所示，那么边长 AB 和 CD 的长度是一样的，边长 AD 和 BC 的长度是一样的。如果把长方形的一个角翻折，例如把图 8-4 最左边图的角 C 翻折，一直折到和边 AD 重合，这时候 AD 边上一点 E 和点 C 重合，这样 CD 的长度和 DE 的长度是一样的，$CDEF$ 就是一个正方形，DF 就是这个正方形的对角线，如图 8-4 中间图所示。根据上面的说明，我们知道了对角线 DF 的长度是边长 CD 长度的 $\sqrt{2}$ 倍。然后我们把 DF 沿着 DG 折叠，使得 DF 刚好和 AD 边重合，这个时候会神奇地发现 F 点和 A 点刚好重合，这就意味着 DF 的长度和 AD 的长度是一样的，如图 8-4 最右边图所示。因为 DF 的长度是边长 CD 长度的 $\sqrt{2}$ 倍，所以边长 AD 的长度也是边长 CD 长度的 $\sqrt{2}$ 倍。原来，长方形的 A4 打印纸中，长边长居然是短边长的 $\sqrt{2}$ 倍，这里竟然隐藏着无理数！

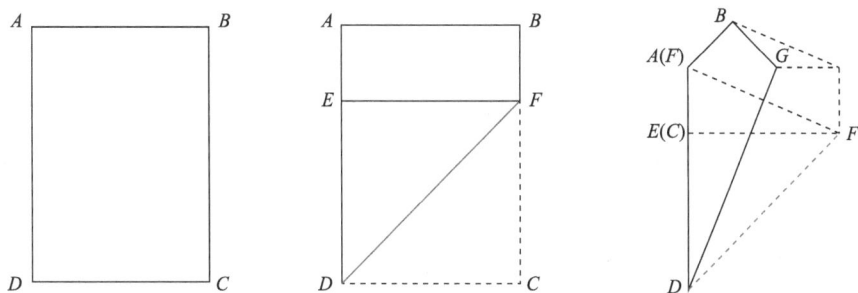

图 8-4 A4 打印纸

大家可以拿一张 A4 纸折着试试看，只要把长方形短的一条边（例如图 8-4 的 CD 边）沿着一个端点（例如图 8-4 的点 D）折两次，就会发现第一次的折痕（例如图 8-4 的 DF），在第二次折的时候和长的一边（例如图 8-4 的 AD）完全重合了。原来无理数是无处不在的啊！

如果还没有想到 $\sqrt{2}$ 是无理数的证明方法，那么下面给出一种证明，供读者参考。

假设 $\sqrt{2}$ 是有理数，那么可以设 $\sqrt{2}=\dfrac{a}{b}$，这里 a 和 b 是互质的；

于是两边平方可以得到

$$a^2 = 2b^2$$

如果 a 是奇数，那么上述等式的左边没有含有 2 的因子，而右边有含有 2 的因子，因此假设不成立；

如果 a 是偶数，由于 a 和 b 是互质的，所以 b 只可能是奇数，那么此时等式左边至少有两个含有 2 的因子，而右边只有一个含有 2 的因子，假设不成立；

由此可得 $\sqrt{2}$ 是有理数的假设不成立，从而可得出 $\sqrt{2}$ 是无理数的结论。

第二节　足球中的镶嵌

踢足球是一种常见的运动，甚至有人称它为世界第一运动，很多人喜欢踢足球，也喜欢看足球比赛。一般比赛所用的足球是用黑、白两种颜色的皮缝起来的一个球形。其中，黑色皮的是正五边形，白色皮的是正六边形，每块黑色正五边形周围紧紧贴着 5 块白色正六边形，每块白色正六边形中会有 3 条边紧紧贴着黑色正五边形。

如果一个平面图形的各边长度是相等的，各个角度大小也是相等的，我们称它为正多边形。如果正多边形一共有五条边，就是正五边形，如图 8-5 中间图形所示；如果一共有六条边，就是正六边形，如图 8-5 最右边图形所示；边数最少的正多边形是正三角形，我们也把它称为等边三角形，如图 8-5 最左边图形所示。

图 8-5　正多边形

值得一提的是，如果把正五边形各个点都连线，里面的图形就是一个五角星，而五角星的内部又是一个正五边形，如图 8-6 左边所示。

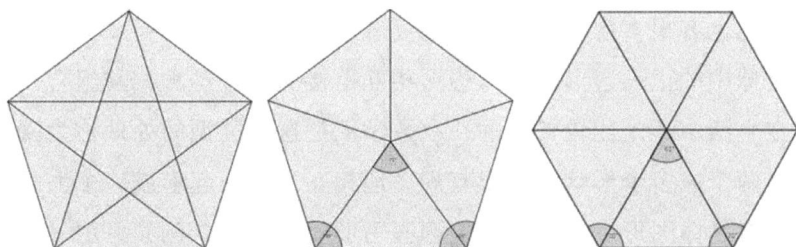

图 8-6　五角星

每个足球是由 12 个正五边形和 20 个正六边形组成的，因为正五边形和正六边形是紧挨着的，所以它们的边长是一样的。因此，只要把纸折成边长一样的正五边形和正六边形，就可以拼接成一个足球。图 8-7 就是用纸折出来的足球，有没有觉得很漂亮？

图 8-7　纸折的足球

当然，用纸折的过程并不简单，需要计算得很精准才能做到。正五边形的每一个内角都是 108 度，中心角的大小为 72 度，如图 8-6 中间图所示。所以，如果要用纸来折的话需要把边折出 108 度，或者沿着中心点折叠，折出 72 度。而正六边形的每一个内角都为 120 度，中心角的大小为 60 度，如图 8-6 右边图所示。一般来说，多边形都采用中心折叠后，用剪刀剪开的形式，网络上有很多视频教程，可尝试学着做。当然，仅仅折出正五边形和正六边形还是不够的，还需要折出一些可以相互衔接的小三角形，才能把这些正五边形和正六边形牢牢固定在一起。这类折法网络上也有很多视频，有兴趣的读者可去看看。

足球中的正五边形和正六边形相互衔接而成，这种相互组合而成的图形在生活中还是比较常见的，在数学上把这种类型的处理称为镶嵌，指的是两个或多个形状的图形有规律地相互嵌在一起形成一个大的平面图形或者立体图形。最为常见的镶嵌图形就是窗户，例如，图 8-8 就是不同风格的门窗，它们的图案就是由各种图形镶嵌而成的。

图 8-8　门窗中的镶嵌

除此之外，有很多地毯或地板的图案也都与镶嵌有关，例如，图 8-9 就是与镶嵌有关，又具有不同风格的地毯。

图 8-9 地板和地毯中的镶嵌

在艺术中也有很多镶嵌的作品，荷兰图形艺术家埃舍尔（M. C. Escher，1898—1972）就很擅长创作各种镶嵌图案的艺术作品（汪晓勤，2013；张维忠，2005）。如图 8-10 所示，埃舍尔给它起名为"白天和黑夜"。如果说哪边黑哪边白可以分得很清楚，但是仔细看看中间部分的鸽子，在四只黑鸽子之间镶嵌着一只白鸽子，而在四只白鸽子之间镶嵌着一只黑鸽子，这是多么地巧妙啊！

图 8-10 《白天和黑夜》

如图 8-11 所示，这也是埃舍尔的作品，三条白色的鱼中镶嵌着一条黑色的鱼，同样地，三条黑色的鱼中镶嵌着一条白色的鱼，这幅图也被称为《飞鱼》。这些镶嵌的图形，在数学上要计算得多么地精确啊！

图 8-11　《飞鱼》

其实，这个飞鱼可以由一个正三角形（也就是等边三角形）变化而来。台湾师范大学的许志农教授团队，对此做了一个动态演示，图 8-12 就是变化的过程。

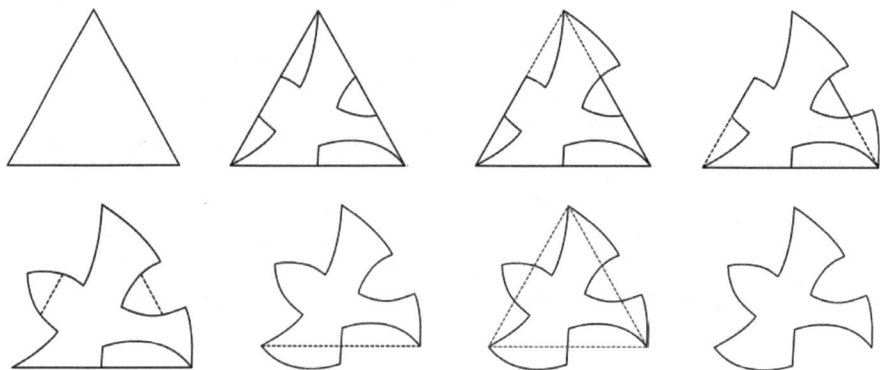

图 8-12　从正三角形到飞鱼的过程演示图

平面的镶嵌图形对边长的要求很高，要一模一样；而像足球这种立体的镶嵌图形，不仅要边长一样，角度也有要求，只有合适的角度才能刚好镶嵌成一个封闭的立体图形。

其实，足球中还有很多的数学，例如，多大的力气可以飞多远，从哪个角度去踢，球可以飞出怎样的路线，等等。这些既涉及数学知识，也要用到物理知识，甚至生物知识。可以以此为题材设计多学科融合的项目化学习作业，让学生以团队形式去探索。

第三节　建筑中的对称

我国的很多建筑物都是对称建造的，例如北京天安门、天坛和故宫，都是左右对称的，也就是从外观上看，它们的左边和右边是一样的。如果一个平面图形沿着图形中某一条线折起来，它的两边刚好完全重合，那么这个图形就是轴对称图形，这条折线被称为对称轴，或者中心轴。我们所认识的正方形、长方形、圆、等腰三角形等图形都是轴对称图形。如果将一个建筑物的外形简化为一个平面图形，然后沿着某一条线分隔开后，两边一一对应，那么这种建筑物就是轴对称的。这种左右呈现轴对称的现象在建筑物中有很多，这或许是因为对称的建筑物会给人一种平衡、和谐、稳定的美，而且对称的建筑物也有一种庄严肃穆的感觉。在我国古代宫殿的设计中，为了更好地营造这种庄重的感觉，不但会把宫殿建造成左右对称的，还会在宫殿中间建造一条直直的，但不是很宽的路，这样人们在走向宫殿的过程中就愈发能体会到这种庄严肃穆的感觉。

不但建筑物外部看着是对称的，而且建筑物内部的摆放也往往会呈现对称的布置，这种布置给人一种严肃、正式的感觉。我们现在房间的布局也会采用对称的形式摆放，这边放一个这个东西，那边也放一个类似的东西，会显得很和谐，有一种平衡的感觉。

这种对称的建筑物还有很多，除了轴对称以外，还有中心对称，就是如果把一个图形绕着某一点旋转 180 度后能与另一个图形重合，那么我们就说,这两个图形呈中心对称,这个点也被称为对称点。圆、正方形、长方形都是中心对称图形,图 8-13 的两种风车也是中心对称的。

图 8-13　风车

我们的生活中也有很多对称建造的建筑物,房间内的摆设也往往会有对称的布置,有了对称后,建筑物就会显得更有美感。数学真是无处不在!

第四节　图形中的黄金分割

有一些建筑物看着特别地美,一些经典的艺术品除了传递出一些文化特性,看着也特别和谐,一些人的身材和五官也特别漂亮。于是,有学者对此进行了研究,发现这些看着美的事物大多符合 0.618 这个比值,这个比值我们也称它为黄金比。黄金比也称为黄金分割,是指如果线段 AB 被点 C 所分割,使得线段 AC 的长度除以线段 CB 的长度刚好等于线段 CB 的长度除以线段 AB 的长度,那么这种分割就是黄金分割。这时候 $\dfrac{AC}{CB} = \dfrac{CB}{AB} \approx 0.618$,如果是大段长度比上小段的长度,比值约为 1.618,具体如图 8-14 所示。

$A \bullet \underset{C}{\rule{0pt}{0pt}\hspace{3cm}} \bullet B$

图 8-14　线段的黄金分割点示意图

如果说这个比值只在线段的分割中出现，它就不会有这么大的影响力了，人们发现这个比例在很多美的事物中都出现了。例如，希腊雅典卫城中心的帕特农神庙（Parthenon，也被称为巴特农神庙），它的高度与长度之比约等于 0.618。不仅外观，里面很多局部的比值也符合 0.618，具体如图 8-15 所示。

图 8-15　帕特农神庙

意大利著名画家达·芬奇（da Vinci，1452—1519）的很多作品中都用到了这个黄金比。例如，作品《蒙娜丽莎》，不仅在整体上蒙娜丽莎的宽度比高度约为 0.618，在蒙娜丽莎脸上的很多细节处也符合黄金比，具体如图 8-16 所示。

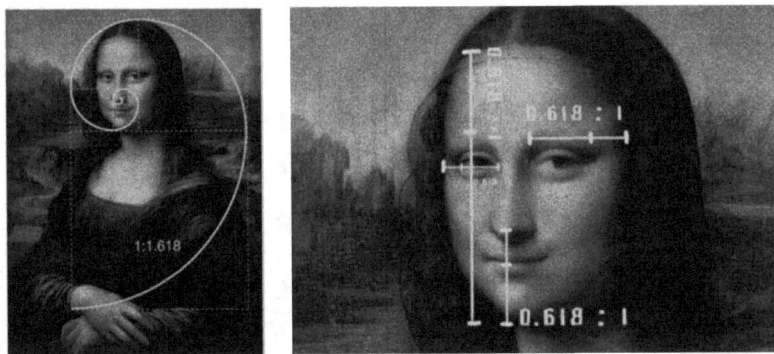

图 8-16　《蒙娜丽莎》

此外，《最后的晚餐》《圣徒杰罗姆》等作品中，达·芬奇也分别使主角犹大和杰罗姆处于整幅画的黄金分割处。

黄金分割之所以称为"黄金"分割，是比喻这一"分割"如黄金一样珍贵。黄金比例不仅在工艺美术、建筑、摄影等许多艺术作品中广泛使用，作为审美评判的因素之一，在人的身材和长相评价中也是评判因素之一，如果符合黄金比，就被认为达到了恰到好处的"和谐"。如图 8-17 中人的侧脸，最左边图的宽度与高度之比明显小于 0.618，给人瘦长的感觉；而最右边图的比例则明显大于 0.618，给人宽大的感觉；只有中间图的宽度与高度之比看着比较和谐，事实上它也刚好符合 0.618 这个比值。

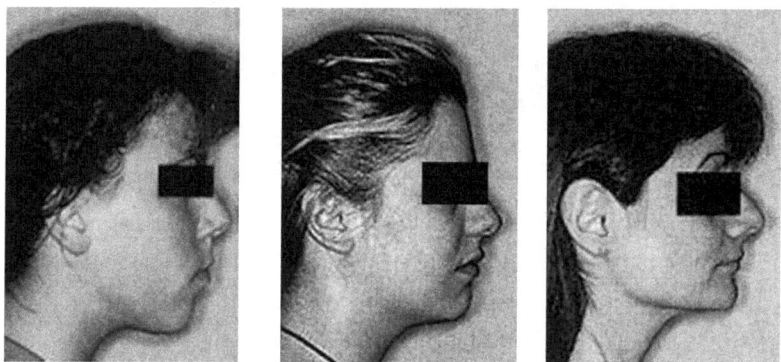

图 8-17　人的侧脸图

如果一个人的身材很有美感，那么从他的肚脐到脚的长度与这个人的身高之比大概是 0.618，也就是肚脐是人体的黄金分割点。所以一些女性为了身材更有美感，会选择穿上高跟鞋，而高跟鞋也不是越高越好，而是要使得肚脐到鞋底的高度刚好是头顶到鞋底的高度的黄金比，才会看着最为和谐。当然，怎么才是和谐的，怎样才是美的，每个人肯定有不同的喜好，我们这里谈论的是一般性的审美，一般来说，符合黄金比例的身材是比较具有美感的。除了身高以外，如果眉心刚好是口到头顶的黄金分割点，肘关节是肩到中指尖的黄金分割点，膝盖是髋关节到足尖的黄金分割点，一般来说看着会比较协调。当然，人的身体长成怎样都是自己的，健康是最重要的！

生活中还有很多事情是符合黄金比例的。例如，主持人在舞台上往往站在黄金分割点的时候比较多，把舞台正中间留给表演者；拍照的时候，主体和背景的比例也是黄金比会最协调；在自然界，蝴蝶身长与双翅展开后的长度比接近 0.618，普通树叶的宽与长的比也接近 0.618，而一根树枝上的各叶片按螺旋上升的距离刚好是按黄金比排列，因为这种排列，叶片的受光效果最好；人体感到最舒适的温度是 23℃，这个温度与人的体温的比恰好是 0.618；我国著名数学家华罗庚发现对某类单因素问题，用最少的试验次数找到"最佳点"的方法是每次取其 0.618 比例处试验，他也把这种方法称为优选法，并在全国推广，为国家节约了不少资源；等等。

黄金分割和我们前面介绍的斐波那契数有关联，体现了数学的统一美。而黄金分割的广泛出现也表明了科学与艺术的统一，感性与理性的统一，形象思维与逻辑思维的统一。

第五节　小　　结

图与形中隐藏着很多数学元素，人们在艺术创造、工程建造和生产生活中也会有意无意地运用数学知识来处理图形问题。例如，如果一个三角形物体的一个角被损坏了，只要知道其他两个角是多大的，就可以利用三角形内角和计算出损坏角的大小是多少；在一个直角三角形中，如果知道两边的长度，就可以利用勾股定理算出第三边的长度；在一段圆弧中，如果知道弧上三个点的位置就能利用中垂线找到这个圆弧所对的圆心在哪里。这类情况还有很多，图形中还有很多数学奥秘，我们上面所介绍的仅仅是其中的一小部分，可以让学生去看看周围有哪些图形，它们都隐藏着哪些数学奥秘，大家相互之间说一说，就会发现数与形是紧密联系着的。

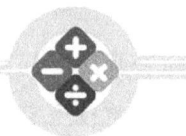

第九章

圆周率 π 的奥秘

　　圆形的物体在生活中很常见，太阳和月亮也都会出现圆形，这种形状看着十分和谐，所以很早就受到了人们的喜爱。在早期的器皿和建筑遗址中都发现了圆形的痕迹，说明圆作为基本图形很早就走进了人们的生活。提到圆，我们就会想起一个神奇的数 π，我们称它为圆周率。从它产生开始，几千年来人们一直在探索着它的奥秘，一直在计算着它，这是为什么呢？难道不知道它是不能算完的吗？是不是再计算下去有可能会发现一些规律呢？如果明知道没有意义为什么还要计算呢？这些是否说明了圆周率中存在着一些还有待挖掘的奥秘？带着这些问题，我们来看看圆周率的产生、发展与价值。

第一节　圆周率的起源与初步探索

　　圆的图形既看着美观，也很实用，例如古代在制造车轮、杯子和碗等物品时都采用了圆形，圆的车轮才能滚动，圆的杯子和碗使人们在使用时不会被尖锐的角割到。所以，很早人们就对圆形感兴趣。在实践过程中，人们发现圆的周长和直径成正比。例如，长度相差一倍的绳子，分别围成圆后，这两个圆的直径刚好也相差一倍，这就说明了圆的周长除以直径是一个定值。这个定值人们现在称它为圆周率，用希腊字母 π 表示，读作 pài。当然，最早的时候人们不是读这个音，也不是采用这个符号。但是人们在实践中知道了圆的周长和直径之间的关系（周长

$l = 2\pi r$，r 为半径），于是就开始探索这个比例到底是多少。相比较周长，人们对圆的面积更为关注，因为人们经常需要知道圆所围图形的大小。例如，多长的篱笆可以围起来多大的圆形土地。在探索过程中，人们也发现圆的面积与圆周率也有关系（面积 $S = \pi r^2$，r 为半径）。这表明，得出 π 的准确数值十分有必要。

或许是受测量工具和数学知识的限制，人们曾将这个比值定为 3。在我国古代数学著作《周髀算经》（约公元前 2 世纪）中记载有"圆径一而周三"，意思是说"直径为 1 的圆的周长约是 3"。这是我国最早使用的圆周率的值，后人称之为"古率"。虽然这个数值在现在看来还不够精确，但在 2000 多年前能知道存在圆周率，也能得到这个精确程度的数值已经很了不起了。因此 3 作为圆周率的近似值，在我国沿用了很长时间。

通过实践，人们发现用"古率"3 求圆的周长和圆的面积时，总是偏小，就逐渐意识到"圆径一而周三有余"，但究竟余多少呢？人们仍然充满疑惑。随着实用的需求，这推动了后人对圆周率值的进一步考究。譬如西汉末年，时任国师的刘歆（？—23）被王莽任命制造新莽嘉量（图 9-1），它是一种集"龠（yuè）、合（gě）、升、斗、斛"五量于一器的铜质圆柱形标准容器。刘歆在计算圆柱形容器的容积时，需要用到更为精确的圆周率值。中国数学史家、数学教育家钱宝琮根据刘歆为王莽造新莽嘉量，考证出刘歆得到了圆周率的近似值为 3.1547，这个值被称为刘歆率。这是中国圆周率发展史上第一个与"古率"不同的记载，虽然不是很准确，但在中国却是第一个打破"古率"3 而寻求更准确值的先导，所以在中国数学史上仍占有重要地位。

图 9-1　新莽嘉量

东汉著名科学家张衡（78—139），曾采用 $\frac{730}{232}$（约等于 3.1466）、

$\sqrt{10}$（约等于 3.1623）和 $\frac{92}{29}$（约等于 3.1724）作为圆周率的值。这些数值尽管比起 3 精确了许多，但还不是太准确，由于缺乏明确的推导记载，这些数值的采用更多是出于实践经验。在我国古代对圆周率的探索中，最值得一提的是刘徽。他也曾在《九章算术注》中，将 3 当作圆周率，称其为"周三径一率"（这也是"古率"的另一个名词），不过刘徽后来发现，这个数值不太精确，于是他对此进行了探索。刘徽主要从计算圆的面积入手，用正多边形的面积来近似圆的面积，我们称其为"割圆术"。他通过探索找到了正六边形及其倍数正多边形面积的计算规律，然后在圆内画一个半径为一尺①的正六边形，也称为圆的内接正六边形（吴文俊，1998b），并把它逐步加倍形成正 12 边形、正 24 边形……显然，正多边形的边数越多，与圆的大小就越接近，于是计算到正 192 边形时，它得出了圆周率的取值范围在 3.141024 与 3.142704 之间，按四舍五入，刘徽取两位小数即 3.14，或化为分数 $\frac{157}{50}$，后人称这两个数为"徽率"。在大多数情况下，我们在学习中所需要的圆周率准确度，就是徽率。

可能有人会说，为什么才计算到正 192 边形，再计算下去不是可以得到更准确的圆周率吗？确实，正多边形的边数越多，其与圆面积的误差也越小，但是在当时的条件下，能计算出正 192 边形的面积已经很了不起了。如果圆的半径为 r，则正六边形的边长也为 r，那么刘徽是通过以下方式求出正 12 边形的边长的。

如图 9-2 所示，因为 $\triangle OAB$ 为等边三角形，所以 $AB=OB=r$。因为

$$OD = \sqrt{OB^2 - BD^2} = \sqrt{r^2 - \left(\frac{r}{2}\right)^2} = \frac{\sqrt{3}}{2}r,$$

---

① 1 尺 ≈ 33.33 厘米。

所以 $CD = OC - OD = r - \dfrac{\sqrt{3}}{2}r$ ，则有

$$BC = \sqrt{CD^2 + BD^2} = \sqrt{\left(\frac{2r - \sqrt{3}r}{2}\right)^2 + \left(\frac{r}{2}\right)^2} = r\sqrt{2 - \sqrt{3}} = \left(\frac{\sqrt{6} - \sqrt{2}}{2}\right)r$$

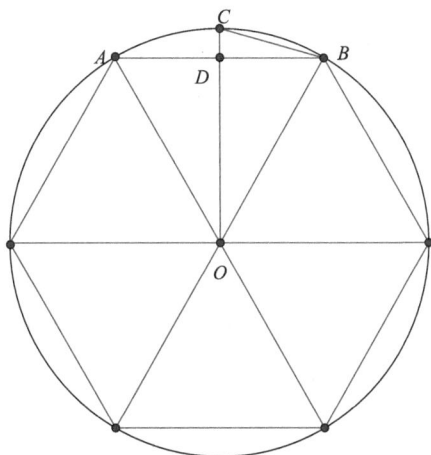

图 9-2　圆的内接正六边形

　　这个过程涉及了很多开根号，虽然刘徽已经掌握了开方术，但是计算量还是很大的，况且我们现在还只是求正 12 边形的边长，如果计算到正 192 边形的时候，已经需要很大的计算量了。当然，刘徽在《九章算术注》中也指出，如果需要更精确还可以再计算下去。由此可见，自《周髀算经》中将圆周率定为 3 以来，虽然也出现了一些其他数值，但是刘徽是第一位按照可靠理论推算出圆周率的数学家。

　　西方学者也对圆周率进行了探索，在古埃及的莱因德纸草书中记载了直径为 9 的圆的面积等于边长为 8 的正方形的面积。这相当于圆周率为 3.16，也是比较准确的。但是没有证据表明，他们已经有了明确的圆周率概念，即使有也不能表明这个圆周率是大家普遍采用的，因为在其他地方鲜有见到这种应用。但是在出土于公元前 550 年左右的《旧约圣经》中，记载了圆周率为 3（李大潜，2007）。早期的西方学者中，古希腊的阿基米德（Archimedes，约公元前 287—前 212）对圆周率的探究

最值得一提。他从圆的内接正三角形入手，边数逐次加倍，计算到正 96 边形，推算出圆周率比 $\frac{22}{7}$ 略小一些，但肯定大于 $\frac{223}{71}$，取二者之间的平均值，我们可知阿基米德把圆周率精确到了 3.14，这个比数值 3 精确了一大步。这个数值在很长一段时间里，成了计算圆周率最好的近似值。为了纪念他的这一伟大贡献，后人将 3.14 称为阿基米德（常）数或阿氏率。中国翻译家郑太朴在翻译《数论尺规作图及周率》一书时，根据读音将阿基米德译为亚几默德，并把 $\frac{22}{7}$ 称为亚氏率，表达的是同样的意思。

由此可见，在圆周率的探索中，东西方有着类似的发展路径。他们都意识到了圆周率的存在，并且在早期都将这个数值定为 3。随着对精度要求的增加，他们开始探索更为准确的圆周率，而且这种探索都是从圆的面积入手，用正多边形的面积近似圆的面积，也都得到了圆周率为 3.14，并较为普遍地使用该数值。

第二节　圆周率的深入探索与符号 π 的产生

还有不少学者对圆周率进行了探索，但是进展不大。例如，与刘徽同时期的王蕃大约在公元 250 年研究天文历法时曾得出圆周率值为 $\frac{142}{45} \approx 3.156$，所以这个值被称为"蕃率"。东晋、南朝宋著名天文学家和数学家何承天于公元 443 年创立《元嘉历》时，在《浑天象体》一书中提到了他在计算周天（天体）一周的长度时，曾使用 $\frac{111035}{35329}$，即 3.1429 作为近似值替代圆周率，有人称这个数为"承天率"。虽然这些圆周率比起以前有了很大进步，但是在一些精度要求较高的地方还是显得不够准确。

我国古代计量长短用的器具称为度，测定计算容积的器皿称为量，测量物体轻重的工具称为衡。在我国南北朝时期，由于圆周率的值不够精确，导致度量衡不够准确，于是数学家祖冲之为了改进度量衡，就对圆周率进行了较为深入的探索。祖冲之从刘徽的《九章算术注》中得到了启发，也采用割圆术对圆的内接正多边形面积和周长进行计算。不过祖冲之对算法进行了改进，将正 24576 边形的面积和周长等价于圆的面积和周长，得到了圆周率精确到小数点后 7 位的结果，认为圆周率在 3.1415926 和 3.1415927 之间。在祖冲之的一系列计算中，他还保留了两个美观而又便于记忆的近似分数值，一个是 $\frac{22}{7}$，称为"约率"，另一个是 $\frac{355}{113}$，称为"密率"。约率与阿基米德提出的 $\frac{22}{7}$ 相同，而密率 $\frac{355}{113}$ 的创造，在 π 的发展史上具有不凡的贡献，不仅更为精确，而且形式简洁，便于记忆。日本数学史家三上义夫（1875—1950）在 1913 年出版的英文著作《中日数学的发展》（*Development of Mathematics in China and Japan*）中建议将 $\frac{355}{113}$ 称为"π 的祖冲之分数值"，并称此率为"祖率"，以示纪念。祖冲之的这个成果保持了 900 多年的领先纪录，直到约 1427 年阿拉伯数学家阿尔·卡西求出圆周率的前 16 位小数，才超越祖冲之（吴文俊，1999）。

在阿基米德之后，西方也有很多学者对圆周率进行了探索。其中，古希腊天文学家托勒密（C. Ptolemaeus，约 90—168）大约在公元 150 年制作弦表时使用阿基米德的方法得到圆周率的近似值为 3.141552，在欧洲 16 世纪以前，再也没有比这个更精确的数值了，也被称为"托勒密之值"。

祖率则是在祖冲之之后一千多年，才被德国人奥拓（V. Otho，约 1550—1605）于 1573 年发现，所以德国人称这个值为"奥拓率"（华罗庚，1962）。此外，荷兰人安托尼兹（A. Anthonisz，1527—1607）在 1585 年也得到 $\frac{355}{113}$，所以这个值又被称为"安托尼兹率"。安托尼兹的儿子梅丢斯（A. Metius，1571—1635）也是数学家，他也用类似方法得到了 $\frac{355}{113}$，并精确到小数点后 5 位，所以也有些人称之为"梅丢斯数"。

而德国数学家鲁道夫·范·科伊伦（Ludolph van Ceulen，1540—1610）耗尽毕生精力去探究圆周率的值，终于在他生命终止的 1610 年，求得了圆周率小数点后 35 位数。他死后，为了歌颂和纪念他锲而不舍的精神，后人将 35 位小数的圆周率全部刻在他的墓碑上作为墓志铭，并将此圆周率称为"鲁道夫数"。

　　文艺复兴之后，西方的科技取得了快速发展，圆周率的使用越来越广泛，于是专门符号也显得越来越有必要。英国数学家奥特瑞德（W. Oughtred，1574—1660）在 1647 年出版的《数学指南》一书中，用 $\frac{\pi}{\delta}$ 表示圆周率，即圆周长和直径的比。因为 π 和 δ 分别是希腊文圆周长（περιφέρεια）和直径（διάμτρος）的第一个字母。尽管此后也有数学家采用 e、c 或者 $\frac{\pi}{\rho}$ 来表示圆周率，但是源自希腊文的 $\frac{\pi}{\delta}$ 还是在一定程度上得到了认可。

　　由于在求圆周率时，人们常取圆的直径为 1，即 $\delta=1$，这样 $\frac{\pi}{\delta}$ 就变成了 π。英国数学家琼斯（W. Jones，1675—1749）在 1706 年出版的《最新数学导论》一书中，最先使用 π 来表示圆周率。但是琼斯这一开创性的符号"首演"并没有立即得到广泛流传和使用。瑞士数学家欧拉在最初用的圆周率符号也不固定。1734—1739 年，欧拉用 c 和 p 表示圆周率，用 g 表示圆周率的一半。1736 年和 1737 年，他的作品中也使用琼斯提出的符号 π 表示圆周率。直到 1748 年，欧拉将 π 带进他的著作《无穷小分析引论》，此后 π 逐渐被众人所接受，便成了圆周率的代名词，沿用至今。

　　我国一开始也没有统一的名称和符号，而是使用"圆率""周率""周""圜（huán）率"等词。譬如，清代数学家李善兰在 1859 年出版的《代微积拾级》一书中用"周"表示圆周率。1885 年由狄考文等编译的《形学备旨》则是以"囗"（jiōng）表示圆周率。直到 20 世纪初，中国数学著作由竖排改为横排后，才比较统一地用 π 表示圆周率。例如，1932 年出版的《初级混合算学》一书中写道：圆周与直径之比，平常表

示以 π。不过随着国外文献的翻译，π 逐渐被大家所认可。目前 π 成为圆周率的符号已成为国际统一。

第三节 圆周率精确值的追求与意义

虽然在大多数情况下，我们都采用 3.14 作为圆周率的近似值，生产和生活中采用 3.1416 作为近似值，精度上也基本够用了。在科技领域，一般也只取到小数点后十几位。如果以 39 位精度的圆周率值，来计算可观测宇宙（observable universe）的大小，误差还不到一个原子的体积。即使是工程师或物理学家要进行较精密的计算，也只需取值至小数点后几百位。但是，一直以来各地的数学家对于圆周率精确值的追求持续不断，或许人们对数学的神秘充满了好奇。

早期人们对圆周率的计算主要采用几何法，因为十分直观，但是计算量也较大。祖冲之为了精确到小数点后 7 位，至少对 9 位数字反复进行了 130 次以上的各种运算，而在当时只有算筹这一计算工具，可见需要多大的毅力和决心。

随着新的数学工具的出现，圆周率 π 值的计算迎来了新的篇章。在文艺复兴时期，经过哥白尼（N. Kopernicus，1473—1543）和开普勒（J. Kepler，1571—1630）的努力，已经有了相当精确的三角函数表，在三角函数表达方式及性质的帮助下，割圆术的表达变得格外简洁，为 π 值的计算提供了另一个可能的途径。1593 年法国数学家韦达（F. Viète，1540—1603），由割圆术出发，利用三角函数得到一个用根式的无穷乘积来表示 π 的公式，给数学家们指出了一个新的计算 π 的方向，使 π 的计算第一次从"形"进入到"数"。但是早期的无穷级数收敛速度过慢，导致计算烦琐，而且精度不高。终于，在牛顿（I. Newton，1643—1727）和莱布尼茨（G. W. Leibniz，1646—1716）发明的微积分兴起后，π 值的计算迎来了又一个重要的转折点。微积分和幂级数展开的结合促使产生了用无穷级数来计算 π 值的分析方法，这就抛开了计算繁杂的几何法。其后，令人眼花缭乱的各种计算 π 的分析法如雨后春笋般涌现。1706 年，英国天文学家梅钦（J. Machin，1686—1751），发现了一个与圆周率有关的重要公式，即现以其名字命名的梅钦公式（$\frac{\pi}{4} = 4\arctan\frac{1}{5} - \arctan\frac{1}{239}$）。运用该公式可以较为快速地计算 π 的值，这在当时是一个飞跃，人们很快就可以计算到圆周率小数点后 100 位。这也是数学家们第一次将 π 算到小数点后 100 位。随后，1873 年，英国数学家香克斯（W. Shanks，1812—1882）花了 15 年时间，利用梅钦公式将 π 值计算到了小数点后 707 位。这是人工计算 π 值的最高纪录，可惜后人使用计算器发现这个结果从第 528 位开始出错了。

由于几千年来人们都不能计算出圆周率的精确值，于是人们就从另一个角度思考：π 的精确值是不是无法得到？这个疑问目前已经得到了解答。1761 年，德国数学家约翰·海因里希·兰伯特（Johann Heinrich Lambert，1728—1777）向柏林科学院提交论文，初步证明了圆周率是无理数。该论文于 1768 年发表。不过，兰伯特的证明并不十分严格。于是在 1794 年，法国数学家勒让德（A.-M. Legendre，1752—1833）在巴黎出版了《初等几何》一书，对兰伯特的不严格证明予以补证。此后，法国的埃尔米特（C. Hermite，1822—1901）在 1873 年，挪威的内格尔在 1941 年，英国的卡特赖特夫人在 1945 年（简化了埃尔米特证明的初等证明），加拿大-美国的尼文在 1947 年（初等方法），荷兰-美国的斯特洛研克在 1969 年，克尼格斯贝格在 1990 年，施罗德在 1993 年，斯带文斯在 1999 年都分别给出过 π 是无理数的不同证明，至今没有发现异议（陈仕达，陈雪，2016）。这表明，在理论上已经证明了圆周率是不能被算尽的。那为什么人们还对计算圆周率乐此不疲呢？

主要有以下两个方面的原因。

首先，计算圆周率的精确值代表了一个国家的数学水平。

如何可以更快地计算出圆周率更多位的精确值已经从几何问题转变为了代数问题，不同的算式中都含有 π，怎样使算式更为便捷，是数学水平的重要体现。德国数学家康托尔（G. Cantor，1845—1918）曾说：

"历史上一个国家所算得的圆周率的准确程度,可以作为衡量这个国家当时数学发展水平的指标。"（傅海伦，2001）

例如，数学家欧拉用分析的方法得到了恒等式：

$$\pi^2 = 6\left(1 + \frac{1}{2^2} + \frac{1}{3^2} + \cdots + \frac{1}{n^2} + \cdots\right)$$

只要求出这个级数就可以得出圆周率的精确值。而印度数学家拉马努金（S. Ramanujan，1887—1920）证明了恒等式：

$$\frac{1}{\pi} = \frac{2\sqrt{2}}{9801} \sum_{k=0}^{\infty} \frac{(4k)!(1103 + 26390k)}{(k!)^4 396^{4k}}$$

还有很多数学家证明了与 π 有关的式子，并从中分析哪个式子在计算 π 方面更有优越性，这种探索也推动了计算数学的不断发展。

其次，计算圆周率的精确值可检验计算机的性能。

进入 20 世纪后，随着计算机的发明，圆周率的计算迎来了春天。人们开始利用计算机来计算圆周率 π 的数值，从此，π 小数点后的数值长度以惊人的速度扩展着。1949 年，美国制造的首部电脑利用梅钦公式在计算机上进行编程，耗时 70 小时计算出 π 的小数点后 2037 位。五年后，海军兵器研究计算机耗时 13 分钟，计算出 π 的 3089 个小数位。至此，随着科技的不断进步，电脑的运算速度越来越快，π 的 "尾巴" 也越来越长。到 2022 年 6 月 9 日，谷歌云（Google Cloud）历时 157 天 23 小时 31 分 7.651 秒，计算出了 100 万亿位圆周率数字，创下了圆周率计算在当时的最新世界纪录。表 9-1 列出了近几十年来计算机计算圆周率精确位数的情况。

计算机计算圆周率，最大的挑战是它需要大量的存储空间。比如在电脑上安装一个 π 值运算程序，在规定时间内，计算出来的 π 值小数点后的位数越多，电脑的性能就越强。因此在计算机时代，人们执着于计算 π 值，或许是将其作为检验或证明计算机优良程度和计算机程序好坏的一种有效方法。屡次创造计算 π 值纪录的日本东京大学金田康正教授曾说："挑战圆周率的计算记录对于计算机的性能和改进是非常有益的。"（宋庆，2007）如 1995 年，日本东京大学开发了一个用来计算 π 的软件——"Super π"，可以用它来测试 CPU 的稳定性和运算速度（杨楠等，2010）。

表 9-1　计算机时期 π 值的精确位数表

年份	至小数点后位数	年份	至小数点后位数
1949	2037 位	1995	42.9 亿位
1954	3089 位	1999	2061 亿位
1957	10 021 位	2002	1.2 万亿位
1958	10 000 位	2009	2.5 万亿位
1959	16 167 位	2009	2.6 万亿位
1961	20 000 位	2010	5 万亿位
1961	100 265 位	2011	10 万亿位
1966	25 万位	2016	22.4 万亿位
1967	50 万位	2019	31.4 万亿位
1983	100 万位	2020	50 万亿位
1987	1 亿位	2021	62.8 万亿位
1989	10 亿位	2022	100 万亿位

在众多计算圆周率的方法中，有一个实验法独具特色，可向小学生进行介绍。1777 年，法国数学家蒲丰（C. Buffon，1707—1788）提出用投针实验的方法求圆周率 π。蒲丰在一张白纸上画满了等距离的平行线，再准备很多小针，针的长度是平行线间距的一半（图 9-3 左边），把针随意扔在纸上，然后计算与平行线相交的针的数量（图 9-3 右边）。神奇的是，用投针的总次数除以与平行线相交的针的数量，结果竟然是 π 的近似值，例如投针次数 2212 次，针与平行线相交 704 次，$\frac{2212}{704} \approx 3.142$。蒲丰投针实验是第一个用几何形式来表达概率问题的例子，这种形式也被称为几何概率。

这原本是一个概率学的基础实验，但冥冥之中却与圆周率发生了不可思议的关系。它为圆周率的计算提供了一个新的方法，使π值的寻求可以通过做实验得到。蒲丰实验引出了很多数学和其他学科的成果，例如统计学上著名的以赌城蒙特卡罗（Monte Carlo）命名的蒙特卡罗方法。

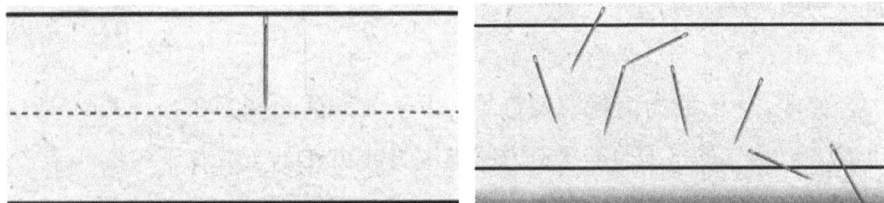

图 9-3　蒲丰投针实验图

　　值得一提的是，在课堂教学中，曾有小学生指出，如果以 1 厘米长的线段为直径，所画出圆的周长就是π厘米。用一根没有弹性的线条将该圆围住，然后将该线条摊开成线段，这时候只要量出该线段的长度就可得出π的大小。因为这根线段是事实存在的，长度也是看得见的，所以长度肯定可以量出来，这样π就不是无限不循环的。应该说这个小学生还是很喜欢动脑筋的，也很有想法，但是这句话前一半是对的，后一半是错的。也就是有的长度是看得见的，也是事实存在的，但不一定能测量出它的精确长度。就以刚才的例子来说，如果尺子的最小刻度是毫米，那么线段的末端会在 3.1 和 3.2 之间；如果尺子的精度再扩大 10 倍，那么线段的末端会在 3.14 和 3.15 之间；如果尺子的精度再扩大 10 倍，那么线段的末端会在 3.141 和 3.142 之间，以此类推，是永远也测量不出它的精确值的。这里已经涉及了对无穷的认识问题，主要可分为实无穷和潜无穷两种观点。实无穷论者认为，无穷是一个现实的、完成的、存在的整体；而潜无穷论者认为，无穷并不是已完成的，而是就其发展来说是无穷的，无穷只是潜在的（杜国平，2009）。教师应理解π具有实无穷和潜无穷的特性，它的无限不循环就属于潜无穷的特征范畴，而在该例中长度的事实存在就属于实无穷特征的范畴。这就是长为π的绳子看得见、摸得着但测不出来的原因了，了解了π的这些奥秘，教师也能较好地解答小学生的问题，教学也会更有自信。

第四节 圆周率有关的文化

一、圆周率日

如今，π已成为国际通用符号，由于π的前几位为3.1415926，所以也有人把每年的3月14日定为圆周率日（Pi Day），在下午的1点59分26秒开始庆祝，或者在15点9分26秒开始庆祝。据说国际圆周率日的起源可追溯到1988年3月14日，旧金山科学博物馆的物理学家拉里·肖（Larry Shaw），组织博物馆的员工和参与者围绕博物馆纪念碑做3又1/7圈（22/7，π的近似值之一）的圆周运动，并一起吃水果派。这是最早的一次以π为主题的大型庆祝活动。之后，旧金山科学博物馆继承了这个传统，在每年的这一天都举办庆祝活动。2009年，美国众议院通过一项无约束力决议，该决议认为，"鉴于数学和自然科学是教育当中有趣而不可或缺的一部分，而学习有关π的知识是一教孩子几何、吸引他们学习自然科学和数学的迷人方式……因此3月14日是纪念圆周率最合适的日子"（刘权华，2018）。于是，每年的3月14日设定为"圆周率日"，又称"π日"。2011年，国际数学联合会（International Mathematical Union，IMU）也宣布，将每年的3月14日设为"国际数学节"。

那么"圆周率日"的庆祝方式有哪些呢？主要的庆祝方式：π值背诵比赛和吃面包派；欣赏以"π"为主题的音乐，如圆周率之歌；阅读"π"相关的历史；学习有关"π"的数学知识；等等。

二、背诵圆周率

因为π是无限不循环小数，所以很多人通过背诵π小数点后面的数字来锻炼和表现记忆力。一般来说，我们在中小学学习的时候，只要取到小数点后两位，也就是 3.14 作为 π 的近似值就可以了。但是有人可以背出圆周率小数点后面几十位的数字，小朋友们如果有兴趣也可以试试，看看你的记忆力如何。

圆周率 π 小数点后 100 位如下：

π=3.14159　26535　89793　23846　26433　83279　50288　41971　69399　37510　58209　74944　59230　78164　06286　20899　86280　34825　34211　70679

如果是没有技巧地直接记，记不了几个数字，一般来说，人能一下子记住 7 个数字，记忆力比较好的，可以记到 11 位或再多一点，一般很难超过 15 位。但是，如果有记忆技巧，就不一样了。例如，如果把圆周率编成一些文字，对记忆会很有帮助，如小数点后 22 位可以编成：

山巅一寺一壶酒（3.14159），尔乐苦煞吾（26535），把酒吃（897），酒杀尔（932）！杀不死（384），乐而乐（626）。

这样就好记多了，大家可以发挥自己的想象力，只要能帮助自己记忆就可以，这也是训练记忆能力的重要方法。

三、与 π 有关的命名

2021 年 12 月 15 日，由华为公司和中国科学院数学与系统科学研究院（简称数学院）联合举办的"π 实验室"揭牌仪式顺利举行。为什么将实验室取名为 π 呢？因为他们认为，今天的 π 仍旧是一个有足够魅力和深刻内涵的符号，因此将华为和数学院的精神以及 π 的深刻内涵凝结在一起成立 π 实验室，愿它将来能深度发挥数学在我国国家建设中的作用。

设在中国数学家华罗庚先生的故乡江苏常州金坛区的华罗庚中学，它的大门从正面看，就是"π"字形。在上海市内热闹地段也有以 π 命名的酒店。

四、艺术中的 π

在法国巴黎的发现宫中，有一个关于 π 的大厅，门上方印着被称为宇宙最美公式之一的欧拉公式 $e^{\pi i}+1=0$（无理数 e、π，虚数单位 i，最小自然数 0 和 1，集中于一个公式），而厅内的圆筒形"π屋"的墙壁上镌刻着 707 位小数的 π，连接到弯顶状天花板。这是人工计算 π 值的最高纪录，由英国数学家香克斯花了 15 年时间，在 1873 年计算得到的，可惜后人使用计算器发现这个结果从第 528 位开始出错了。香克斯算出的圆周率，如图 9-4 所示。

图 9-4 香克斯算出的圆周率

设计师克里斯蒂安·瓦西里（Cristian Vasile）和马丁·科鲁兹文恩斯基（Martin Krzywinski）通过将圆周率前 10000 个数字用相对应的颜色连接，形成绚丽的可视化图形，将 π 转化成一组惊艳的作品，具体如图 9-5 所示。

作曲家大卫·麦克唐纳（David Macdonald）将圆周率的前 31 位数字，谱成《圆周率之歌》（"Song from π"），将冰冷的数字谱写成了美妙动听的钢琴曲，具体如图 9-6 所示。

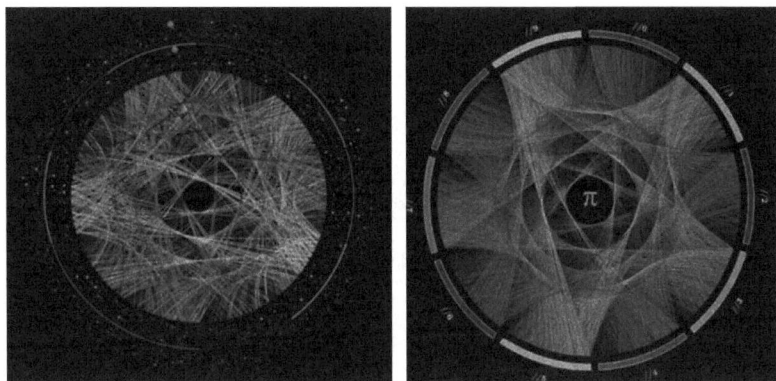

图 9-5　圆周率的视觉图

3. 1 4 1　5 9 2 6　5 3 5 8　9 7 9 3　2 3 8 4　6 2 6 4

图 9-6　《圆周率之歌》五线谱示意图

五、信息加密中的 π

互联网的出现和发展，为人们提供了快捷的通信服务，但同时还需要有效保障网络上交换信息的安全，如涉及军事、政治、外交、经济等领域的敏感信息，其中也可以用到 π 的值。具体而言，就是使用圆周率 π 的小数位数字作为加密的元素，由于圆周率 π 是无限不循环小数，所以加密后的密文没有任何规律性。对于密文接收者，只需要加密者和解密者约定取圆周率小数点后第几位数字开始，即可解密（陈世军等，2019）。

例如，如果解密者得到"15,6"这两组数字，根据阅读就知道从 π 小数点后面第 15 位开始，连续的 6 个数字就是密码，它就是：323846。当然，这个数字也可以是不连续的，只要约定好即可。

第五节　圆周率的神奇巧合

虽然 π 是无限不循环小数，但其中的某些数据段存在一定的规律，主要有以下几种。

一、同一数字连续出现

1. 同一数字连续出现 6 次

π 小数点后的前 1000 万位中，有 87 处同一数字连续出现 6 次。例如分别从 π 小数点后第 763 位、第 193304 位，连续出现 6 个 9（3.14…999999…）。

2. 同一数字连续出现 7 次

从 π 小数点后第 710100 位、3204765 位起，连续出现 7 个 3（即 3.14…3333333…）；从第 3346228 位起，连续出现 7 个 7。

3. 同一数字连续出现 8 次

从 π 小数点后第 46663520 位起，连续出现 8 个 8。

4. 同一数字连续出现 9 次

从 π 小数点后第 45681781 位起，连续出现 9 个 6；从第 24658601 位起，连续出现 9 个 7。

具体如表 9-2 所示（陈仕达，陈雪，2016）。

表 9-2　同一数字连续出现的位置序列

同一数字连续出现情况	从 π 小数点后哪一位开始出现
6 个 9	763
	193304
7 个 3	710100
	3204765
7 个 7	3346228
8 个 8	46663520
9 个 6	45681781
9 个 7	24658601

5. 同一数字连续出现 12 次

从 π 小数点后第 1041032609981 位起，连续出现 12 个 1；从 π 小数点后第 1221587715177 位起，连续出现 12 个 6；从第 368299898266 位起，连续出现 12 个 7；从第 1141385905180 位起，连续出现 12 个 8；从第 897831316556 位起，连续出现 12 个 9。具体如表 9-3 所示。

表 9-3　同一数字连续出现 12 次的位置序列

同一数字连续出现 12 次的情况	从 π 小数点后哪一位开始出现
111111111111	1041032609981
666666666666	1221587715177
777777777777	368299898266
888888888888	1141385905180
999999999999	897831316556

二、出现数字升序或降序序列

在某一段中会有 0123456789 连续出现，有时候是升序，有时候是降序，具体如表 9-4 所示。

表 9-4　数字升序或降序的位置序列

升序或降序序列	从 π 小数点后哪一位开始出现
	53217681704
	148425641592
	461766198041
	542229022495
01234567890	674836914243
	731903047549
	751931754993
	884326441338
	1073216766668
	123040860473
	133601569485
98765432109	150339161883
	183859550237

续表

升序或降序序列	从 π 小数点后哪一位开始出现
	42321758803
	57402068394
	83358197954
	264556921332
	437898859384
	454479252941
	614717584937
09876543210	704023668380
	718507192392
	790092685538
	818935607491
	907466125920
	963868617364
	965172356422
	1097578063492

三、位数与数字的巧合

从 π 小数点后第 16470 位小数开始出现的 5 个数字恰好就是 16470，真是奇妙的巧合！

四、圆周率中的素数

人们在对圆周率的研究中发现，其中也蕴含着有趣的素数。在还没有计算器的时期，人们通过验算发现 π 的前 6 位数字 314159 是六位数素数。1979 年，两位美国数学家发现并证明，在 π 的数序中有长达 38 位素数 31415926535897932384626433832795028841，并称之为"天文素数"，后来麦文在 π 的数序中，又发现存在长达 432 位的素数（杨旭，2013）。

五、π 与 e 的神秘关联

自然对数的底 e 的前 6 位数字 271828 在 π 的前 1000 万个数字中出现了 8 次，e 的前 8 位数字出现在 π 的第 1526800 位小数起的位置，而 e 的前 11 位数字则出现在 π 的第 45111908393 位小数起的位置。美国数学家肖姆贝特甚至猜想，π 的数字中必有 e 的前 n 位数字；同时，e 的数字中必有 π 的前 n 位数字。

由于 e 和 π 各自的小数点后第 12 位（9）、16 位（2）、17 位（3）、20 位（6）、33 位（2）…的数字都一样，所以有人猜测：e 和 π 的数字平均每 10 位就有一次相同。这一猜测至今没有被证实或被否定。美国应用数学家菲利普·戴维斯在论文《数学中究竟有没有巧合？》中说"据我所知，对于这个猜测，既不能证明，也没有否定"。或许，有序中存在无序，无序中蕴含有序。探索未知，本身就是意义。

第六节　小　　结

圆周率是人们在生活中不断实践总结出的经验，然后通过试验尝试和数学探索后，知道了圆的面积、周长与圆的直径都存在一个固定的比例值关系。后来又从经验上升到严格的数学论证，得到了一个数值，这个数值从 3 开始，到 3.14，然后不断推进，甚至可以计算到小数点后 100 万亿位了，而且全世界有了通用的符号 π。

虽然圆周率已经在理论上被证明是不能计算尽的，而且在实际生活中圆周率的精度也够用了，但是人们对圆周率的精确值还在持续不断地追求中。这是数学水平的体现，也表现了人类对这个谜一样的数值充满了敬畏与憧憬。或许对于未知的无限追求，是人类存在于宇宙中的终极意义。在追逐圆周率的过程中，人们也获得了很多，圆周率不仅可以应用于数学的发展，也能应用于人们的生活中。与圆周率有关的文化已经深深融入人们的生活。

第十章

概率与统计的发展和应用

生活中经常要遇到可能性的问题，决策时要对已有的经验汇总后再做出可能性的判断，还要能看懂各种数据。这类数已经在很大程度上影响了我们的生活，也是中小学数学课程中一个独立的学习领域，称为"概率与统计"。虽然概率与统计我们常合在一起说，但是它们两个既有联系也有区别。它们都和生活密切相关，也都和"可能性"有关，但概率偏重数学理论的分析，而统计偏重数据的整合和分析，统计虽然会以概率论的知识为基础，但也已发展成了一门独立的学科。本章就概率与统计的发展历程进行阐述，帮助教师和学生更好地体会数学是源于生活、服务于生活的。

第一节　骰子趣史与可能性的认识

在很早的时候，人们就从生活中归纳出，事情是否会发生是存在不同情况的，有的事情是一定会发生的，有的事情是一定不会发生的，也有的事情是可能发生的，在可能发生的事情中也分可能性很大的和可能性很小的。古希腊的亚里士多德（Aristotle，公元前384—前322）就把事情发生的可能性分为三种：一定会发生、很大可能会发生和很小的可能会发生。这就是现在我们所说的必然事件、大概率事件和小概率事件。我国在春秋时期，就有了必然性和偶然性的词汇（徐传胜，2010）。这表示，人们在很早的时候就有了"可能性"的概念。随着游戏和占卜的流行，人们对"运气"有了更多的关注，通常将抓阄或掷骰子结果的好坏归结为运气或神的指示。遇到一些难以抉择的事情时，古人也会用抓阄或掷骰子的方式维持制度的公平性。在古希腊神话中也有类似的内容：相传，奥林匹斯众神打败敌人后，以抓阄决定诸神统治的领域。按照抓阄结果，宙斯掌管天空，波塞冬掌管海洋，哈得斯成为冥王。但在生活中，人们发现投掷骰子的时候有的图案出现得会略多一些，有的则会出现得略少一些，它们出现的可能性并不是完全一样的。

骰子的诞生与演变在人类文明史上通常与游戏有关，它在最初也并不是我们所常见的正方体形状。通常认为骰子最初诞生于公元前 3500 年的古埃及，古埃及法老钟爱一种名叫塞尼特（Senet）的桌面游戏，将兽骨、象牙或木头制成扁平竖条状，投掷这些扁平竖条，计算竖条正面朝上的数量以决定棋子的前进步数。在公元前 2600 年的古代苏美尔，乌尔王族也热衷于投掷石头雕刻而成的金字塔状石块来玩博弈棋游戏。其后在世界各地又相继发现以动物的距骨（有蹄动物踝关节处长 3—4 厘米的近似立方体，坚硬耐磨，如图 10-1 所示）等制成的形状不一的骰子。古代人民对可能性的崇拜使得距骨成了占卜的工具，占卜者通过投掷距骨来揣测"神"的意志，从而降低应对不确定性的成本。虽然距骨相对其他骨骼较为工整，但是各个面朝上的可能性也是不一样的，为了体现可能性出现的公平性，人们将它逐渐改造成各边都很工整的立方体（图 10-2）。这说明，人们已经注意到用于占卜的器材各种情况发生的可能性要相等这个概率问题。

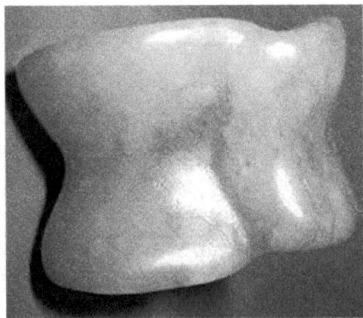

图 10-1　动物距骨

图 10-2　立方体骰子

　　由于掷出的骰子点数具有很大的偶然性，也会有不同的组合，这使得骰子从一产生就与赌博结下了不解之缘。据史料记载，我国在春秋战国时期就出现了骰子（张立辉，2010）。古代的博戏大多依靠骰子进行，有些直接采用掷骰子决胜负，有些则是骰子和行棋相结合。例如，六博就是比较典型的一种，因为投掷六支长条形箸所以称作六博，其中箸便是与骰子意义相似的器物。2015 年我国四川省什邡市元石镇城西村的一个汉代遗址中，出土了一枚长 3.2 厘米、直径 1.8 厘米的灰陶骰子，如图 10-3 所示。这枚骰子中间 6 个面，分别刻有 1 至 6 个小圆窝，呈陀螺状，可以旋转，是迄今为止我国发现的历史最悠久的骰子。我国考古发现的具有骰子功能的用具大致可分为三种形制：一是秦汉时期长条形的"箸"；二是战国秦汉时期的十四面体、十八面体的"凳"；三是东晋及唐宋以后的正六面体骰子。我国古人投掷这些形状各异的骰子，进行桌面游戏，这或许就是古代的桌游。

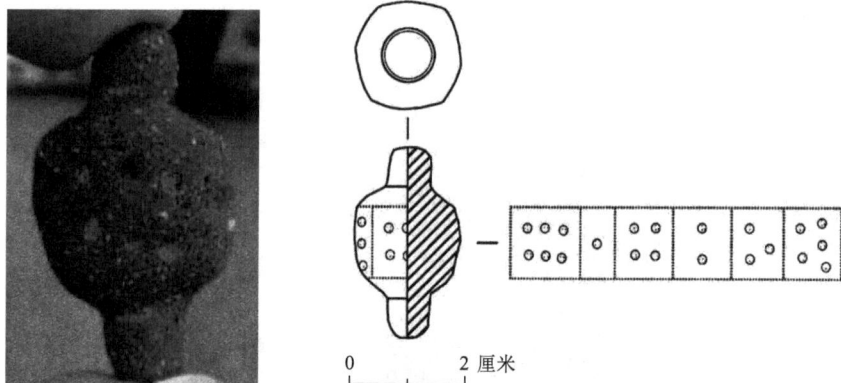

图 10-3　汉代陀螺状灰陶骰子

骰子的使用使得人们意识到，无论投出哪一种结果，都是有一定"可能性"的。为了在游戏中尽可能地赢，人们开始研究掷骰子所带来的结果有几种可能性。据记载，公元 960 年，也就是 10 世纪左右时，欧洲大主教怀博尔德（Wibold）已能够正确列举出掷两颗均匀六面体骰子可能出现的 21 种不同组合数和掷三颗均匀六面体骰子可能出现的 56 种不同组合数。13 世纪的拉丁诗歌《维拉图》（*De Vetula*）中，也出现了关于 3 枚骰子可以投掷出 56 种不同组合方式的内容。也就是说，中世纪的人们已经在使用骰子进行的游戏中产生了基本的概率问题。我们可以用列表格的方式来计算同时投掷两枚骰子可能出现的情形，如表 10-1 所示，共有 6×6=36 种组合，由于掷骰子时两枚骰子不排先后，所以括号内数字的顺序并不影响结果，如（1,5）和（5,1）是一样的，只算一个即可，因此共有 36–15=21 种情形。

表 10-1　投掷两枚骰子可能的情形汇总表

	1	2	3	4	5	6
1	（1,1）	（1,2）	（1,3）	（1,4）	（1,5）	（1,6）
2	（2,1）	（2,2）	（2,3）	（2,4）	（2,5）	（2,6）
3	（3,1）	（3,2）	（3,3）	（3,4）	（3,5）	（3,6）
4	（4,1）	（4,2）	（4,3）	（4,4）	（4,5）	（4,6）
5	（5,1）	（5,2）	（5,3）	（5,4）	（5,5）	（5,6）
6	（6,1）	（6,2）	（6,3）	（6,4）	（6,5）	（6,6）

在 15—16 世纪的欧洲，由于赌博的盛行，很多数学家都对赌博中掷骰子点数的问题进行了研究。其中，最有名的就是"点数问题"（problem of points）：A、B 二人赌博，技巧相当，约定谁先胜 S 局则获全部赌金，若进行到 A 胜 S_1 局、B 胜 S_2 局（$S_1 < S$，$S_2 < S$）时，因故停止，那么赌金应如何分配才公平？1494 年，意大利数学家帕乔利（Pacioli，1445—1517）的著作《算术、几何、比与比例集成》中，记载了一个 $S=6$，$S_1=5$，$S_2=3$ 的赌金分配问题，他在其中给出的解决方案是：根据所赢的局数，两人一共玩了 8 局，A 赢了其中的 5 局，应该分

得赌金的 $\frac{5}{8}$，而 B 赢了其中的 3 局，所以可得到另外的 $\frac{3}{8}$。1539 年，意大利数学家卡尔达诺（G. Cardano，1501—1576，也被译为卡丹或卡尔丹）在《实用算术与测量》中也探讨了该问题，并提出了不同的意见。他认为 A 只要再赢 1 局就可以获得全部赌金，而 B 则要再赢 5 局才能获得全部赌金，所以如果再玩 1 局，A 赢的话就结束了，如果 B 赢 A 也没有损失；同样，如果再玩 2 局，A 只要赢 1 局也就可以获得全部赌金；而如果再玩 3 局情况也一样；如果再玩 4 局，哪怕 B 赢了前 3 局，A 只要赢最后 1 局也可以获得全部赌金；如果再玩 5 局，哪怕 B 赢了前 4 局，A 只要赢最后 1 局也可以获得全部赌金。因此，A 和 B 的赌金分配应该是（1+2+3+4+5）：1，也就是 15：1。1556 年，意大利数学家尼科洛·方塔纳（N. Fontana，1499—1557，也被称为塔塔利亚）在《数量通论》中也对帕乔利的解决方案提出了不同意见。他认为如果 $S_1 > S_2$，那么 A、B 两人的赌金分配应该按照 $[S+(S_1-S_2)] : [S-(S_1-S_2)]$ 这个比例。

此后还有很多人加入了这个讨论，但是一直没有得到确切答案，这个问题也成为后来促使概率论创立的关键问题。数学家卡尔达诺本人也是一位狂热的赌徒，在赌博期间也一直在研究怎样能够增加获胜的概率，他的《机会游戏之书》（也叫《赌徒之书》）第一次提到我们今天意义上的概率计算问题。该书成于 1526 年，但直到一百多年后的 1663 年才出版。在此书中，他结合自己的实践给出了一些概率问题的推算，其中也给出了关于如何计算三个骰子的和的问题。卡尔达诺将概率定义为等可能性事件的比，这样的定义是人们对骰子问题由经验认识向理论探索转变，也是概率思想形成的重要标志。因此，也有人称卡尔达诺为"概率论之父"。

由于古代信息交流的不便，许多距离较远的数学家没有看到卡尔达诺对于计算三个骰子和的问题的解答。在 1610 年，著名科学家伽利略也曾对概率问题进行过讨论。相传是由于一位喜爱赌博的意大利贵族托斯卡纳（Tuscany）大公请教了伽利略 3 个骰子点数和的问题。他在赌博时发现三个骰子的点数和为 10 比点数和为 9 出现得更加频繁一些，但不知是否准确，也不知原因为何，为此一直苦恼。伽利略通过推演为他解决了问题，并于 1613—1623 年发表了一篇名为《关于骰子游戏的思想》的论文，伽利略解释了为什么三枚骰子的某些和数的出现看起来似乎有同样大小的可能性，而玩骰子的人却认为它们不是同等可能的。我们知道，三个骰子点数之和的范围是 3—18，越靠近两边的数字，其实出现的可能性是越小的，点数之和概率最大的情况应该出现在中间位置。例如，三个骰子要掷出 3 点，必须每一个骰子都是 1 点才能满足，要掷出 18 点也只有每一个骰子都是 6 点这一种可能；而要掷出 9 点，可以有（1,2,6）、（1,3,5）、（3,2,4）、（2,2,5）、（4,4,1）、（3,3,3）这 6 种情形，3 个骰子可以变换着出现这些数字，因此会有 6×3+2×3+1=25 种情况。所以，中间数字出现的可能性会比两边数字出现的可能性高，一般来说，越靠近中间，数字出现的可能性越大。

教师和家长可鼓励小朋友去尝试：在掷三个骰子中，点数之和为 10 会有几种情况？如果是掷两个骰子，出现哪些点数的概率是最高的，哪些是最低的？也可以让小朋友们感受一下：在掷一个骰子的时候，如果次数比较少，出现点数为偶数和奇数之比比较悬殊是可能存在的；例如掷 10 次，出现偶数点的次数和奇数点的次数为 8：2 或 9：1 都是有可能的。但是，如果投掷次数比较多，两种点数出现次数之比就会比较接近。例如，投掷了 100 万次，出现偶数点的次数和奇数点的次数就会接近 1：1。试验次数越多，出现的概率会越稳定，这也是现在用出现频数除以试验总次数的值来近似事件发生概率的一个重要依据，因为随着试验次数的增加，这个比值会越来越接近事件发生的概率。

第二节 概率论的产生与发展

在卡尔达诺和伽利略等人的研究基础上，人们对于可能性有了更深的认识，这些都为今后概率概念的形成打下了基础。数学的发展往往起步于对一个问题的反复钻研，帕乔利在《算术、几何、比与比例集成》中所记载的赌博点数问题遭到了同一时期数学家们的质疑与讨论，但并没有得到一个被普遍接受的答案。这个看似并不复杂的问题一直悬而未决，直到一百多年后的 1654 年，另一名热衷于赌博的法国人德·梅勒（de Mere, 1607—1684）把这个问题寄给了当时的数学天才帕斯卡（B. Pascal, 1623—1662）。这个问题引起了帕斯卡的研究兴趣，他通过信件与数学家费马进行了探讨。两人在往来的信件中取得了一致的解答，并在解答过程产生了诸如加法定理、乘法定理和全概率公式之类的概率基本公式，还引进了"值"的概念（三年后，惠更斯将其改为了"期望"）。这些方法具有较强的一般性，也有着较为严谨的逻辑，因此被一些学者认为是概率论诞生的标志。

帕斯卡在早年就表现出了超常的数学能力，他自幼丧母，父亲是一名数学爱好者，点燃了帕斯卡的数学热情。他曾经对微积分、射影几何、概率论等数学分支都做出了巨大的贡献。拥有如此高的数学天赋和非常敏锐的直觉能力，他理应有更多发现。不幸的是，在他生命的大部分时间里，他备受敏感性神经痛和幻觉症的折磨，仅 39 岁就去世了。与帕斯卡通信的数学家费马的职业是一名律师，他把他大部分的空余时间都献给了数学研究。他虽然没受过什么特别的数学训练，但是在数学这一领域中，却取得了同时代其他数学家望尘莫及的成就，也被称为"业余数学家之王"。他与当时很多一流数学家不断通信，并在他的同时代人中有相当的影响力。

对于点数问题，帕斯卡与费马在 1654 年 7 月至 10 月共计通信七封，其中的第二封费马的回信与帕斯卡的第三封信的内容被认为是概率论思想的主要体现。

在费马给帕斯卡的第一封回信（也是他们之间的第二封通信）中，他讨论了两人掷 8 次骰子中每一局的"值"（徐传胜，2010）。他认为，

如果两人赌博时以掷 8 次骰子为一局，而在下赌注之后 A 与 B 商定，A 放弃掷第 1 次的机会，那么根据 A 的理论应该得到全部赌金的 $\frac{1}{6}$ 作为赔偿（因为骰子任一面向上的概率均为 $\frac{1}{6}$）。如果 A 继续放弃掷第 2 次的机会，就应得到所剩赌金的 $\frac{1}{6}$，即全部赌金的 $\frac{5}{36}$ 作为补偿。如果在第 3 次轮到 A 掷的时候，A 仍然弃权，应该得到上次所剩赌金的 $\frac{1}{6}$，即

全部赌金的 $\dfrac{25}{216}$ 作为补偿。如果 A 第 4 次弃权，就应得到第 3 次所剩赌金的 $\dfrac{1}{6}$，即全部赌金的 $\dfrac{125}{1296}$。

这表明，费马认为第 n 次的补偿金应该为全部赌金的 $\dfrac{1}{6}\left(\dfrac{5}{6}\right)^{n-1}$。因此 8 次的"补偿金"之和应为全部赌金的

$$\frac{1}{6}\left[1+\frac{5}{6}+\cdots+\left(\frac{5}{6}\right)^{7}\right]=1-\left(\frac{5}{6}\right)^{8}=0.767$$

由此可见，费马的"值"实际上就是在每一局赢的概率 $\dfrac{1}{6}\left(\dfrac{5}{6}\right)^{n-1}$，这些概率之和则表示在 8 次投掷中至少赢 1 次的概率。这个概率分布就是

$$P(X=k)=\frac{1}{6}\left(\frac{5}{6}\right)^{k-1}\qquad k=1,2,\cdots,8$$

在帕斯卡给费马的第一封信中提到了另一个骰子问题：如果在赌博时（以掷 8 次为一局）要的是 6 点，而在前 3 次投掷中都没有得到这个点数，那么第 4 次投掷成功的概率应该是 $\dfrac{125}{1296}$。对此费马给出了不同的意见，认为第 4 次投掷成功的概率和前 3 次无关，依然是 $\dfrac{1}{6}$。这表明，费马注意到了各次投掷之间的相互独立性。这封信使帕斯卡大受启发，并在回信中圆满地解决了点数问题。

为了更好地解释诸如抛硬币类的问题，帕斯卡创造性地给出了一个"三角形"，西方学者称其为"帕斯卡三角"，而我国在比帕斯卡早大约 600 年时也曾独立得到这个三角形，称其为"杨辉三角"或"贾宪三角"，具体如下：

$$
\begin{array}{c}
1\\
1\ 1\\
1\ 2\ 1\\
1\ 3\ 3\ 1\\
1\ 4\ 6\ 4\ 1\\
1\ 5\ 10\ 10\ 5\ 1
\end{array}
$$

1 6 15 20 15 6 1

……

在这个"三角形"中，每个数都是上一行最邻近的两个数之和，它表示的意思是：如果抛一枚硬币 2 次，正面朝上和反面朝上的可能性都是一样的，都是 $\frac{1}{2}$，正如第二行的两个 1 所示（总数 2 是两个 1 相加）；如果抛两枚硬币 4 次，全部正面和全部反面都是 1 种可能，而一正一反的情况则会有两种可能，也就是分别为 $\frac{1}{4}$、$\frac{1}{2}$ 和 $\frac{1}{4}$，如同第三行的"1 2 1"所示；同理，如果三枚硬币抛 8 次，根据第四行的数据我们可以知道全部正面和全部反面的可能性是 $\frac{1}{8}$，两个正面一个反面和两个反面一个正面的可能性都是 $\frac{3}{8}$。这个"三角形"也与二项式 $(x+y)^n$ 展开式的系数相对应，如果 $n=0$，二项式就等于 1；如果 $n=1$，展开后为 $x+y$，各项系数分别为 1 和 1；如果 $n=2$，展开后为 $x^2+2xy+y^2$，各项系数分别为 1、2、1；如果 $n=3$，展开后为 $x^3+3x^2y+3xy^2+y^3$，各项系数分别为 1、3、3、1，以此类推。

帕斯卡与费马的通信，对于激发欧洲数学家对概率论的兴趣起着重要的作用。1655 年秋，年轻的荷兰数学家惠更斯（C. Huygens，1629—1695）专程来到巴黎，想要和他们一起讨论分赌注问题，但并没有见到帕斯卡和费马。1656 年 4 月，回国后的惠更斯自己解决了这些概率问题，并于 1657 年出版了著作《论赌博中的计算》（*On Reckoning at Games of Chance*）。在这本著作中，惠更斯认为，尽管在一个纯粹靠运气的游戏中结果是不确定的，但一个游戏者或赢或输的可能性却可以确定。他用 probability 一词表示可能性，其意义与今天的概率几乎无差别。惠更斯的这种思想使得"可能性"成为可度量、计算和具有客观实际意义的概念，自此人们将对随机事件出现的可能性的度量称作概率，概率论成为研究随机现象数学规律的数学分支。由于帕斯卡和费马的通信在 1679 年才完全公开，因此很多学者将 1657 年出版的《论赌博中的计算》视为概率论诞生的标志，该书也作为概率论的标准教材在欧洲多次再版，对概率论的发展产生了深远影响（卡茨，2004）。由此可见，从 17 世纪开始，概率论的辩证唯物主义的知识体系、思想结构与认识功能击败了巫术、占术、占卜、神学等非科学自然观（蔺云，2002），为学科自身与社会生活的发展开启了新的阶段。

　　而后数学家雅各布·伯努利（Jakob Bernoulli，1654—1705）受此影响，于 1713 年出版著作《猜度术》（也被译为《猜想的艺术》），第一章便是对《论赌博中的计算》的注释。伯努利在惠更斯的基础上进行了突破，用组合公式证明了在指数为正数时的二项式定理，并在该书的最后一卷中建立了第一个大数定律。大数定律是指在一定条件下，使得某个事件发生 N 次，这个随机事件最终发生的频率将约等于它的概率。大数定律与以往的"古典概率"有着明确的区别，它们一个是"先验概率"，一个是"后验概率"。古典概率是基于事件发生的等可能性建立的，如投掷骰子或硬币，每一种情况出现的概率不需要进行实际观察就可知道结果。而更加广泛的一类现象则需要经过大量数据的统计进行"后验"，如想要知道某地新生儿的男女性别比例是多少、某疾病的患病率是多少等。因此，伯努利的工作标志着概率论的历史性转折。现在，大数定律的应用已经延伸到了各个领域，为股票收益统计、投资风险决策等问题的计算提供了保障。

　　我们在前面探讨同时投掷三枚骰子，求点数之和的概率时就发现，同时投掷三枚骰子，点数之和的区间为[3, 18]，而越靠近中间的数字发生的频率越高，越靠近两边的数字发生的频率越低，具有"两头小，中间大"的特征。细心观察就会发现，生活中的事物发生的概率均存在该特征，例如你所在的班级同学的身高、大家的考试成绩、你所在城市的年均气温等。这种随机变量所服从的中间大、两边小的分布称为"正态分布"或"常态分布"，即"正常"情况下的随机变量总服从这种分布。第一个发现它的人是英籍法裔数学家棣莫弗（A. de Moivre，1667—1754）。1733 年 1 月，棣莫弗将一篇 7 页的论文送给了几位朋友，棣莫弗听取朋友的意见做了一些修改，又增加了一些内容，收录在《机会学说》的第二版中。在这篇文章中，棣莫弗利用二项分布的逼近导出了正态曲线（也被称为正态概率曲线）的数学表达式。这个表达式揭示了二项分布和正态分布之间的关系，将掷骰子、扔硬币、摸黑白球等这种离散事件发生概率的问题和连续事件发生的概率建立了密切联系，对概率论的发展起到了重要的推动作用。利用这个公式，可以计算出要达到满足事件发生概率的精度要求，最少要做多少次试验，将伯努利等学者的研究结果推进了一大步。而且现如今，正态分布已广泛应用于概率与统计的各个领域，棣莫弗的开创性工作功不可没。

在棣莫弗之后，英国数学家贝叶斯（T. Bayes，1702—1761）和法国数学家蒲丰在概率论的发展中都做出了重要贡献，也有以他们的名字命名的公式和实验。但是，最值得一提的是法国数学家拉普拉斯（Laplace，1749—1827），他于1812年出版的《分析概率论》被认为是概率论进入一个崭新发展阶段的标志。在这本书中，拉普拉斯总结了概率论所有已经取得的成果，包括几何概率、伯努利定理、最小二乘法，还引入了拉普拉斯变换。拉普拉斯通过概率计算月球的有关状态、将极限定理作为揭示自然规律的工具、将概率统计不再局限于离散型而扩展到连续型（王幼军，2017）。可以说，拉普拉斯的连续型概率统计理论开创了概率论新阶段，即从"组合概率"向"分析概率"的转变，促使概率论向公式化和公理化方向发展，为近代概率论的萌生和发展提供了前提条件，这也促使概率论越来越广泛地应用于自然科学和社会科学，甚至被认为是对人类无知的重要补偿。

第三节　统计发展历程与应用

统计学的产生，源于人类生活的需要，在生活中，人们需要对身边的事物进行统计，只有知道了具体的数量，才能做出合理的决策。例如，一群人打猎时，需要数一下最后一共获得了多少猎物，这就是一个统计的过程。随着生活中数量关系的增多，需要用到统计的地方也越来越多，例如应用统计来寻找事物发生的规律，或者根据统计结果推断接下来发生某件事的可能性大小。

在古时候，人类在计算人口、征收税赋、进行物资调配和军事战争时，都需要用到统计。战国时代把统计、会计报告制度叫作"上计"，这个词在公元前 6 世纪的春秋晚期就已出现。西方各国现存资料中最早的统计调查来自古埃及，在 1855 年发现的"哈里斯大纸草"上便记载有公元前 12 世纪古埃及的社会经济情况，其中包括神庙财产清单、臣民每年缴纳租税的定额等。在古希腊，各地的城邦发展相互竞争，以雅典、斯巴达两大城邦为首，经常爆发战争。战争导致了国力的衰落与巨大的经济损失，因此古希腊学者便开始研究关于城邦的概况，以知己知彼，百战不殆。古希腊学者亚里士多德与弟子们为此编著了含有 158 篇国家专题论文的论文集《城邦状况》（*Matters of State*）。由于亚里士多德的论著中以 state 描述城邦，后来统计学 statistics 一词虽然在 18 世纪才被德国学者戈特弗里德·阿亨瓦尔（Gottfried Achenwall, 1719—1772）提出（福尔克斯，1987），但其演化与城邦政情不无相关。

一直以来，统计发展与君主加强统治、稳定社会发展密切相关。政府需要对商铺、各行各业从业者、行会组织等清查编审，并定期进行监察。由于我国古代经济的繁荣昌盛，统计的发展也处于世界前列。自秦汉隋唐的发展以来，中国的统计制度在明代已初步形成，并形成了自己的统计机构，明初的户帖制度也被誉为世界上"最早实行的全面人口普查"（陈善林，张浙，1987）。明朝万历年间全国土地清丈，还采用了《九章算术》中的开方术计算面积，继唐、宋的《国计簿》与《会计录》之后编录成明代《万历会计录》，这是现存于世的中国古代唯一一部国家财政会计总册。

随着统计在生活中运用的深入，如何更有效地统计，如何让统计结果更直观，能更好地从统计中获得有价值信息的需求也变得更加迫切。于是，产生了专门研究统计的人员，统计方法也不断完善。我国明代已有专门官员进行盘点与监督，并能具体运用各种盘点方法，还创始了组平均数与总平均数的结合运用；同时，我国古代统计在应用平衡分析法、综合指标和动态数列进行统计分析方面，均有一定成就。

欧洲的统计发展也与经济密切相关，在文艺复兴之后，随着经济的发展，统计方法也不断完善，统计学家也不断涌现。15世纪的欧洲新兴国家在全世界范围内进行土地扩张，意大利人哥伦布还在1492年跨大西洋航行，发现了新大陆——美洲。人们跨出国门走得越远，就越意识到分析世界各国经济统计资料的重要性。由于各国对统计的研究内容和表达方式不同，也陆续形成了不同的统计学派，主要的古典统计学派有国势学派和政治算术学派。

17世纪兴起于德国的国势学派主要运用统计的方法分析各国的国情，产生了各种统计表和统计图（高庆丰，1987）。欧洲政治算术学派的发展几乎与国势学派在同一时期，他们主要以较为严谨的分析方法和大量的计算手段分析各国的经济、人口等情况，除运用大量的观察法、图示法外，还注重分层统计，善于运用"平均数"来分析社会经济现象之间的数量关系。该学派利用统计总结出了具有一般特征的"规律与秩序"，以此来推断以后事情的做法，也给统计学的发展带来了新的生命力。政治算术学派的出现标志着统计学进入了系统理论研究的阶段（窦雪霞，2008）。

虽然概率论的发展较早，但在很长的历史时期里，概率论对于后来的国势学、政治算术没有产生多大的影响。17—18世纪数学的发展，为概率论奠定了良好的理论基础，使其变得更加丰富而严谨，逐步具备与统计学有效结合的条件。其中，数学家凯特勒（L. Quetelet，1796—1874）的工作功不可没。他发明了沿用至今的身体质量指数（body mass index，BMI），开辟了西方近代统计学的新时代。他把概率论运用到统计学中，大大提高了统计学的推断能力，并将统计方法应用到社会各领域，也促成了社会统计学的诞生。

社会统计学派形成和发展于19世纪中后期的德国，其代表人物为恩格尔（E. Engel，1821—1896），他在人口调查中提倡用个人调查卡片法，以便对人民消费水平进行统计，并计算居民家庭中食品支出占消费总支出的比重，这就是今天大家所熟知的恩格尔系数。社会统计学的研究发现了 4 个有趣的规律：①状态规律，即处在稳定状态下的社会中，人口性别、年龄、职业等不同组别的人口分布呈现出一定的规律；②发生规律，即某一社会现象的发生总与社会中其他现象的发生有关，如出生、死亡、犯罪、自杀的比例都是相关的；③发展规律，即社会现象在实践变化中会呈现一定的规律，如生活水平越来越高，文明程度越来越高等；④因果规律，即两个总体现象间总是有依存关系，例如，1854 年期间德国小麦价格每增长一些，该地区盗窃发生的次数就会有所增加。随着国势学派、政治算术学派和社会统计学派等学派的发展，形成了数理统计学和应用统计学两个较为成熟的统计理论体系。

20 世纪初西方的统计学通过日本文献传入了我国，此后在我国的发展大致经历了三个阶段（万东华，周晶，2020）：第一阶段是清朝末年至民国时期，这一时期我国统计学处于萌芽阶段，主要通过翻译统计学著作引进西方的统计理论和思想。值得一提的是，1907 年彭祖植编写了国人自己的第一部统计专著——《统计学》，主要内容包括统计沿革、统计学原理及方法技术，以及对各领域统计的介绍（游士兵等，2020）。第二阶段是新中国成立之后的 30 年，这一时期我国统计学发展主要集中在社会经济统计学领域，数理统计学发展受到较大限制。值得一提的是，1956 年北京大学成立了全国第一个概率统计教研室，并从北京大学、南开大学和中山大学等院校数学系选派五十多名学生以及全国各重点综合大学的进修老师，组成概率统计培训班。著名统计学家许宝騄担任教研室首任主任，主持制定培养计划和教学大纲，还亲自教授一些重要的基础课程和专门化课程。第三阶段是 1978 年至今，党的十一届三中全会之后，我国统计学发展迎来“百家争鸣”时期，统计学界关于统计学科性质、研究对象、内容体系等问题进行了几次著名的大讨论，不同统计学科之间由相互对立逐渐走向相互融合。

1992 年发布的《中华人民共和国国家标准学科分类与代码》（简称《学科分类与代码》）（GB/T 13745—1992）将统计学从经济学、数学中分离出来，构成人文与社会科学门类下的一级学科。1997 年开始，国家社会科学基金对统计学科进行独立评审，并大幅增加对统计学科的项目资助，极大促进和激励了全国统计科研工作。1998 年，教育部发布《普通高等学校本科专业目录》，将之前经济学类下的"统计学"与数学类下的"统计与概率（部分）"合并为"统计学"，统计学成为理学门类下的一级学科，可授理学或经济学学士学位。至此，统计学一级学科地位在教育层面得以确立。

从 20 世纪 50 年代起，统计学受计算机、信息论等现代科学技术的影响，新的研究领域层出不穷，如多元统计分析、随机过程、非参数统计、时间序列分析等。统计已经深入人们的生活、学习和工作，基于统计的分析与决策也深入人心。2010 年 6 月 3 日，第 64 届联合国大会第 90 次会议通过第 A/64/267 号决议，将 2010 年 10 月 20 日定为第一个"世界统计日"。根据联合国大会决议，世界统计日的主题是"庆祝官方统计的众多成就"，要在庆祝活动中体现官方统计的核心价值：服务、诚信和专业。2010 年 10 月 20 日，国务院副总理李克强给在上海世博会联合国馆举行的"世界统计日"全球性庆祝活动的书面致辞中强调，统计工作要致力于提供真实可靠完整的统计信息，提高统计的公众认知度和信任度，更好地服务经济社会发展（辛丙连，2017）。随着大数据时代的来临，社会对个体的统计素养也有更高的要求，只有学好统计知识，树立基于统计的分析意识，才能更合理地做出决策，更有效地把握机会。

第四节　小　　结

不确定性所带来的多种可能性耗费着人们大量的精力，因此，物种进化使得人们对不确定性有着天然的警惕与敬畏以应对生活中的风险。比如，古代人民认为随机现象的结果是神的意志的体现，偶然性是神与卜者的交流（徐传胜，2010），这种"随机崇拜"事实上已经体现了古代人民对不确定性的重视，为概率思想的发源与发展提供了空间。

如果仅从宏观物理的角度来看，在理想情况下，只要能够测量出物体的质量、速度、受力情况等数据，那么这个世界将是一个完全确定的、已被一双无形的手所规划好的世界，以往发生的所有事件只不过是行进在既定轨道上会遇到的必然情况。但是，现实世界中还未能达到这样的理想化水平，科学研究在因果链条的每个观测和操作环节上不可避免的粗糙性，使得因果关系的获得不能完全是确定的，而是概率性的（彭新波，2021）。量子物理中的"测不准原理"等新的发现也越来越指向我们所生活的世界的不确定性。1996 年，比利时物理化学家普里高津（I. Prigogine，1917—2003）出版了一部名为《确定性的终结：时间、混沌与新自然法则》的著作，在书中他非常敏锐地把握了世界的不确定性，提出了"人类生活在一个概率世界中，确定性只是一个错觉"的命题。由此可见，不确定性不仅是历史上概率思想的起源，同时，由于我们生活在一个不确定的世界里，不确定性也是每一个体的个人概率思想的源头之所在。正如著名数学家拉普拉斯所说："生活中最重要的问题绝大多数在实质上只是概率问题。"当我们用概率的眼光看待生活时，就会发现概率的起源、产生与发展本就融入了生活的方方面面。从这种意义上来说，生活本身就是一部原生态的概率论发展史。

统计也是由于生活的需要而产生的，并在分析与决策中扮演着越来越重要的角色，尤其是在当今的大数据时代。当概率与统计结合，统计的方法和对规律的揭示也越来越丰富、越来越准确。如今，统计学已成为一门独立学科，各种量化研究和人工智能发展更离不开统计手段的运用。所以，掌握必要的概率和统计知识对于学生未来的学习、生活和工作都十分有帮助。教师可引导学生发现生活中的概率现象，以及应用概率和统计的事例，进而使他们更好地理解概率与统计知识，更有效地掌握和应用概率与统计。

第十一章

生活中的概率

这个世界是如此丰富多彩，我们对未来饱含期待，但是这些期待并不一定都会成为现实，它们可能发生，也可能不发生。可以说，生活中到处有概率，只是有的是大家容易感知的，有的则是隐性的。"凡天下无一定之事，可先考其相关之各故，而用算学推其分数之大小，以知其有否，此事之决疑数若何"（华蘅芳，傅兰雅，1897）。对小学生来说，未必能从生活中获得较为抽象的概率知识。在数学上，我们用"概率"来表示某些事件能够变成事实的机会大小。本章以案例形式介绍若干生活中的概率，以便大家更好地体会概率的广泛运用。

第一节　处处可见的古典概率

古典概率（classical probability）是最经典、最简单的概率类型，很早就已经在数学家们的概率思想中有所体现了，但最早由瑞士数学家雅各布·伯努利将其作为一种"可以先验地计算的概率"明确区分出来，因此也被称为"事前概率"。古典概率之所以可以进行先验地计算，是因为它采取的是一种"机械决定论"的立场，将有关条件作为判断事件发生结果的依据。比如，由于考虑到硬币一般在外形上具有对称性，且投掷硬币后只会出现正面朝上和反面朝上这两个基本事件，两个基本事件之间都互不相容，不会同时发生，因此，不用进行实际的统计试验，就可以在掷出硬币之前计算出掷一枚硬币正面朝上的概率为 $\frac{1}{2}$。

如果把正面朝上记为事件 A，正面朝上的概率记为 $P(A)$，那么

$$P(A) = \frac{1}{1+1} = \frac{1}{2}$$

如果从抛硬币扩展到一般事件，假设构成事件 B 的基本事件有 a 个，其余基本事件有 b 个，各个基本事件之间互斥，那么

$$P(B) = \frac{a}{a+b}$$

虽然古典概率被冠以"古典"之名，但事实上，正如法国数学家彭加勒（Jules Henri Poincaré，1854—1912，又译为庞加莱）所说，"怀疑一切和相信一切二者同样是方便的解决办法；每一个都使我们不用思考"（彭加勒，2006），计算古典概率时的事前分析总是基于对事件的简单化，等可能的情况为概率的计算节约了时间，因此古典概率作为一种粗糙的概率计算方法，在生活中处处可见。比如，我们在购买机票时，有的购买页面上会出现该航班在该线路的准点率为多少，这就是一个古典概率。还有考试的录取率，也是古典概率。例如某地招聘教师 817 人，有 23601 人报名，如果把某位报名人员应聘成功记为事件 C，那么就可以用古典概率进行如下计算：

$$P(C) = \frac{817}{23601} \approx 0.03$$

在实际操作中，这一古典概率反映的是一种关于此时此地教师应聘竞争环境的参数，甚至可以衍生到难度等主观体会方面。也就是说，约为 3% 的成功率会给人以竞争激烈、难度较大的先入之见。但是，对于不同的报名人员来说，其真实情况却不一定如此。由于每个人的水平不同，因此，对于一位高水平应聘者来说，这一竞争环境实际相对他个人来说也许是较为宽松的，也许裸考都能成功，只不过由于详细数据的缺失，应聘者或多或少都会感受到古典概率带来的压迫感。

当然，古典概率也会扮演温和的角色。比如一些幼儿园会在每天放学前给当天表现好的孩子颁发小红花等奖励物。一般来说，这个规则是非常公平的，老师会告诉孩子们，只要表现足够好，每个小朋友都有机会拿到小红花。那么从概率的视角看，假设这个班共有 30 名幼儿，每天会颁发 5 朵小红花，如果把某位幼儿获得小红花的事件记为 D，事件发生的概率记为 $P(D)$，那么就可以计算出以下古典概率：

$$P(D) = \frac{5}{30} \approx 0.17$$

事实上，教师很少会去计算这个概率，更不会把结果告诉孩子们，但是教师会对小红花的公平性予以强调，鼓励大家都做最好的自己，因为人人都有同样的机会来获得奖励。老师会刻意回避学生之间必然存在的差异，以此来给予学生发展的信心。教师的这种激励机制也是古典概率思想的实际应用。

由此可见，随着大数据时代的来临，古典概率早已不能满足人们对概率准确性的需求，它更多是对人们产生一种情感上的影响，以先入之见调节人的情绪，从而改变人的行为。一旦对古典概率不加考虑地随意使用，将会对社会公平造成负面影响。比如在上述案例中，如果以古典概率来对应聘成功率进行计算，得到了一个较小的概率值，并继续以古典概率的思维来理解这个数值，那么只会使应聘者产生压力，因此综合个人教学水平与抗压能力，表现不佳的应聘者将会被淘汰。这个过程看似合理，实则深受社会达尔文主义影响，即失败均是由自身不够优秀所致。但事实上，应聘并不是丛林竞争，而应是一种能力匹配的过程，教师的确需要一定的抗压能力，但是这与其他教学能力一样，应进行科学的研究与考察，并不应草率地渗透在招聘过程中，使得最终筛选出的入围人员具有一定的随机性。

在教学中也是如此，比如在上述奖励小红花案例中，教师如果长期采用并传达一种古典概率思想，最终不外乎出现两类情况，即轮流奖励或集中奖励。轮流奖励指的是教师为了做到公平，刻意给每位孩子相似的奖励次数，这显然是一种评价标准模糊的做法，只能对孩子的情绪起到一定的刺激作用，但并不能使孩子产生正确的自我认知。而集中奖励是指教师按照规定，给每天表现最好的五位孩子予以奖励，这也就是上文所说的社会达尔文主义现象，也无法起到教育作用，特别是对其余孩子来说，由于他的个人发展暂时落后，他就因此失去了被肯定的机会，甚至还会由于挫败感而丧失动力。因此，对古典概率的滥用是有损社会公平的做法，在运用古典概率思想时，教师应当首先根据多维标准，对孩子进行分层，在每一层中分别进行某一比例的奖励，为孩子的自我认知与发展营造多元化的公平环境。

第二节　理想主义的试验概率

在许多实际问题中，古典概率的等可能性假定是很难成立的，只能根据大量重复试验的结果计算随机事件中各种可能事件发生的概率。这种利用大量重复试验得到实际频数，来模拟事件发生可能性的概率就被称为试验概率（experimental probability）（倪加勋等，1993）。

试验概率的根据是，在多次重复试验中，事件的频率具有稳定性（王景英，2002）。但是，试验概率对试验程序的设想是理想主义的。首先，它要求试验次数必须足够大。"足够大"是多大？以下是一些著名的抛掷硬币试验，法国数学家蒲丰掷币 4040 次，英国数学家德·摩根掷币 4092 次，英国经济学家杰文斯（W. Jevons, 1835—1882）掷币 20480 次，英国统计学家皮尔逊（K. Pearson, 1857—1936）掷币 24000 次，苏联数学家罗曼诺夫斯基（V. Romanovsky, 1879—1954）掷币 80640 次。从中可以看到，试验次数并无绝对标准，试验概率对次数"足够大"的要求是理想化的，当被研究对象是总体时，频率就是概率，而当被研究对象是总体的部分时，频率只是概率的估计值，当试验次数不断增大时，频率就逐渐逼近概率。

一般来说，消耗性较大的事件概率都是理想主义的试验概率。例如，导弹的命中率就是通过部分导弹的发射试验得出整体的成功率。现在很多产品的抽检，原理也是试验概率。之所以称为理想主义，主要原因在于试验概率要求每次试验的条件必须相同，这显然是难以控制的。只能在试验中将其他条件理想化，将每一次试验视为在相同情况下进行的。比如，据教育部 2020 年统计，我国特岗教师三年服务期满后留任率达到85%以上[①]。虽然不同教师的个性特征、所处情况等不完全相同，也就是说每一次试验的条件是不一样的，但在没有更多信息的情况下，研究者会将每一次试验的条件理想化，从而根据试验概率推断，如果任意选择一名即将满三年服务期的特岗教师，他留任的概率也非常高，极有可能继续留任。事实上，如果社会环境发生了一定的变化，以后的特岗教师留任的概率也会发生变化，采用试验概率进行推断是在没有其他参考信息的情况下所采取的办法。

因此，试验概率因其理想主义的特点往往将人置于过去与未来的交界处，它所呈现的历史样貌是静态的、单一的，但其社会背景却是动态的、丰富的。如何用试验概率更好地预测未来？大数据时代更关注试验的不断更新，比如在特岗教师留任的案例中，可以通过不断更新试验数据，从而动态地调整特岗教师留任概率。同时，也要重拾理想化的试验概率所忽视的那些影响因子，比如获得特岗教师的收入变化情况、经济情况、消费情况、在其他地区的活动情况等数据，相互验证，从而更准确地分析出某位特岗教师在服务期满后的留任概率。

值得一提的是，概率的运用不是遵循整数的四则运算规则，而是有着自己的运算规则，不然就会闹笑话。比如有人说，如果一枚导弹的拦截命中率是 70%，那么发 3 枚就能达到 210% 的命中率。这是犯了常识性错误，如果可以采用这种加法的话，2 枚就能达到 140% 的命中率，已经超过 100%，肯定能命中了，不需要发 3 枚；而且按照这个逻辑，如果射击只有 1% 的命中率，但只要发射 100 颗就能达到百分之百命中的

① 教育部：特岗教师三年服务期满后留任率超 85%. http://www.moe.gov.cn/fbh/live/2020/52439/mtbd/202009/t20200904_485338.html[2024-05-19].

效果，这肯定是错误的。计算这种命中率从相反方面思考问题会相对简单一些，每一颗未能命中的概率是 30%，那么 3 颗都不能命中的概率就是 0.3×0.3×0.3=0.027，所以命中率是 1−0.027=0.973，也就是 97.3%。当然，从正面考虑也是可以的，3 颗都命中的概率是 0.7×0.7×0.7=0.343，2 颗命中的概率是 3×0.7×0.7×0.3=0.441，1 颗命中的概率是 3×0.7×0.3×0.3=0.189，三者相加得 0.973，因此其命中概率为 0.973，即 97.3%。

第三节　大巧若拙的主观概率

在许多实际应用中，其实并不存在大量重复性过程，很多时候决策人所面对的是仅会发生一次的事件，或者看上去经常发生，但其实每次发生的条件都不尽相同，在这种情况下要对即将发生的某事件的概率进行估计，就出现了主观概率（subjective probability）。比如在高考后，某位同学会根据分数、分数线、学校类型、以往录取数据、自身其他情况等，获得某所学校录取自己的主观概率，来判断某一所学校是否适合填报。打篮球的时候，这次进攻是选择自己投篮还是传给其他位置的队友投篮，就是对这次进攻成功率进行主观判断后做出选择。由此可见，主观概率建立在经验的基础之上，由对未来事态发展的预测和历史统计资料的研究确定，它反映的只是一种主观的近似可能性，尽管有一定的科学性，但和事物发展的客观规律是有所不同的（林崇德等，2004）。因此，对于同一事件，不同的人由于拥有不同的经验，处于不同的社会环境，就有可能给出不同的主观概率，从而导致人与人之间的观点差异。

这样看来，主观概率受到主观情感的影响，具有不准确性。但是，在朴素的主观概率思想下，隐含的却是人类极为高超的智能——直觉。因为主观概率并不是随意确定的，它是以有理智的决策人的经验为根据的（倪加勋等，1993），包括直接经验、间接经验等，从而对事件的发生概率作出最后的判断。这一作出直觉判断的过程看似简单，其实却是非常复杂的，不仅需要基于复杂庞大的脑神经元结构，还需要通过精细的深度学习，从而实现主观概率的生成。因此，主观概率的估计是人类推理和决策的基础，没有主观概率，人类的思想发展将寸步难行。所以，使机器具有主观概率估计这一高级智能也是人工智能的发展难点之一。

此外，主观概率有时还能起到其他科学严谨的概率计算无法替代的作用。由于宇宙的复杂性，目前还存在着许多尚未被科学研究厘清的问题，在很多时候，这些难题却有可能被人的主观概率所解决。比如俄国化学家门捷列夫（D. I. Mendeleev, 1834—1907）长期研究元素的各种性质，希望从中发现元素之间是否存在某种规律性的联系。他制作了很多卡片，每张卡片写上一个元素的主要特征，然后尝试根据不同标准来排列这些卡片，但都没有结果。一次在睡觉中，他梦到了一张表，表上所有的元素按照一定顺利排列，他醒来后马上根据睡眠中的灵感将其记录了下来。事实证明他的主观概率估计是正确的，元素周期表也因此诞生。由此可见，主观概率往往在人们处于百思不得其解的困顿时发挥意想不到的作用，在创造的火花迸发的地方，往往有着主观概率的影子。

那么，如何减小主观概率的负面影响，更好地发挥它的优势呢？在科学研究中，研究者常常采用一种方法，叫作"德尔菲法"（Delphi method）。德尔菲法也被称为专家调查法，其大致流程是在对所要预测的问题征得专家的意见之后，进行整理、归纳、统计，再匿名反馈给各专家，再次征求意见，然后再集中、反馈，直至得到一致的意见。在这个过程中，每位专家都会根据个人经验对问题进行分析，最终得出主观正确率较高的答案，由于每位专家的视野都是有限的，因此其答案都存在优点和缺点。故在收集到答案后，对所有答案进行统整，将统整结果匿名反馈给每位专家，就能为每位专家增加间接经验，使他们做出更好的回答，直到最后得到一致结论。此时的一致结论不仅是每位专家认为的主观正确率最高的答案，而且其过程通过多次反馈消除了专家之间的信息差，使每位专家的经验都上升到新的高度，降低了主观概率的片面性和盲目性。由此可见，"群智"是主观概率思想的最终走向，只有将群体的经验多次集中与修正，才能获得最准确的主观概率。

第四节 小 结

生活中处处都有概率，概率不仅存在于人们的思想中，如那些模糊的直觉或清晰的推理；也常常被人挂在嘴上，简化为了广为流传的概率、不确定性、运气、倾向、可能性等词语，以及十有八九、稳操胜券、十拿九稳等成语；更显性化成为各种工程技术以及学校教学的官方内容之一。除了抛硬币以外，我们已经可以通过先进的科学技术来计算出一些事情发生的概率到底有多大，从而能更好地应对未来，做出更恰当的决策。比如气象学家通过运用各种仪器对天气进行观察和分析，就能为我们提供一份"概率天气预报"，帮助我们预测后面几天下雨的概率，这样我们就可以根据具体的下雨概率来更灵活地为出行做出有关决策。总之，自 1657 年概率论学科诞生以来，人们就已意识到概率是能够帮助我们理清生活现象的独特视角，在大数据观念日益发展、生态环境不断变化的今天，更好地认识概率将有助于提升人类在未来规避风险、持续发展的能力，使人类更积极地拥抱未来。

《义务教育数学课程标准（2022 年版）》指出，小学阶段的概率教学主要呈现为"简单随机现象发生可能性"这一主题，应通过试验、游戏等活动，让学生了解简单的随机现象，感受并定性描述随机现象发生可能性的大小，感悟数据的随机性，形成数据意识。因此，生活化的素材也应在小学概率教学中加以应用，比如在新疆的乡间巴扎（即集市）上经常可以看到的"碰鸡蛋"游戏①中就蕴含着概率思想，将其引入教学可以激发学生的兴趣，增强他们对概率的经验感知；在让学生感知概率大小的时候，也可以引入双黄蛋的例子，告诉他们吃到双黄蛋的概率大约是千分之一，让学生体会到小概率的含义。将适合学生的其他领域知识融入概率教学，有助于学生形成对概率的进一步认识，也有利于培

---

① 该游戏规则是：用自己的鸡蛋一端去碰别人的鸡蛋另一端，谁的鸡蛋裂了，谁就输了，输者就把自己的鸡蛋给赢的一方。

养学生的实践能力与应用意识。除了要引导学生感知与学习描述概率的具体方法以外，教师也要注重培养学生逐渐形成创造型人才所必需的科学精神。很多科学家要得到准确结果都做了成千上万次试验，这些案例都能给学生带来精神力量和启示，让学生认识到科学研究的艰辛与价值所在。而学好数学知识可以减少实验次数，提高准确率的案例更多，也可以在学习中帮助学生树立学好数学建设祖国的理想情怀。

教师在教学中要培养学生正确看待概率的理念，如果一件事情发生的概率是 99%，也并不表示它一定会发生，发生的概率只有 1%也并不表示最后不会发生。所以学生对于高概率的事情不能高枕无忧，对于低概率的事情也不能丧失信心。教师应认识到小学概率教学的难度与重要性，孤立的概率教学是不可取的，应以联系与发展的观点看待"统计与概率"与其他领域的知识，从而促进学生的理解。比如，分数是后续学习随机现象与事件发生的可能性的重要基础，因此教师就可以在分数教学时，适当地引入转盘等随机发生器作为教学素材，使学生在学习分数的同时不断感受随机事件的发生，为后续学习概率做好经验上的铺垫。此外，在加强数学知识联系的同时，还应注重学科间知识的联系与融合。概率在日常生活中的广泛应用决定了在教学中应关注概率与其他各学科的联系，例如小学科学中温度、植物发芽率等主题都可以作为概率学习的素材。这些知识能够丰富教师的教学知识，有利于提高教师的创造能力和迁移能力，在长远的教师专业发展中逐渐培养出自身优势。

第十二章

生活中的统计

用数据说话，让数据说话，已经成为现代生活的常态，这些数据绝大多数来自统计。对于小学生来说，需要了解统计运用的广泛性，能读懂各种类型的统计数据，方便自己的选择。人们的衣食住行中都含有统计的思想，统计为社会、政府的公共管理及公开信息服务；在国家治理上，统计为掌握国情国力、制定宏观政策服务；在经济活动中，统计为投资、生产、开发等决策提供信息；在研究活动中，统计为科研机构提供数据支撑和方法依据。生活中几乎方方面面都会用到统计。本章介绍若干生活中的统计，以丰富教师的统计知识和教学案例。

第一节　统计是认识世界的方式

统计学能够帮助我们有效了解身边正在发生的事情，例如，在各大旅游景点的门口，都会显示实时游客量，你们知道这个数字是怎么来的吗？当我们进入景区时，入口处的检票器通过识别条码门票、二维码门票或会员卡等方式来记录人员的进入，再通过出口处的门闸来记录人员的离开。实时游客量数据能帮助人们更好地选择出游，信息在头脑中转变为图像——景点前是门可罗雀还是门庭若市。统计通过收集数据获得信息，进而得出结论。

职业运动员需要利用统计对训练、比赛的数据进行分析，对自己的不足进行针对性的科学训练，从而全面提升竞技水平。在亚洲杯足球赛中，运动员穿着装有 GPS 侦测装置的"黑背心"，即时收集球员的多项体能数据，在赛后复盘阶段，再利用数据分析、比较每个球员的弱项（例如，冲刺爆发力不足、左右重心不平衡、心肺持久力欠佳等），针对每个队员不同的身体情况调整训练模式，起到预防伤患和改善技能的效果。

一、抽样调查帮助我们从更高的视野认识世界

统计是一种视野，带我们从更加宽广的角度认识世界。统计学发展至今应用于生活中的各个领域，当我们需要对某个范围、某种类型的数据进行收集时，会针对数据的特点选取不同的统计方式。例如，当数据庞大时，就可以选取其中一部分作为代表，通过部分来了解整体，这种方法叫作"抽样调查"，是现代统计调查中最常用的科学方法之一。俗语"窥一斑而知全豹"就是抽样调查在人类早期活动中的自然运用。

当我们在采购时，无论是热火朝天的集市还是云端上的网购平台，都会有试吃品、试用装——"先尝后买，不好吃不要钱""1 元买小样，先用再购买"，凡此种种都包含着抽样调查的思想方法，只需感受其中一样商品，就可对整个产品的质量做出判断。抽样调查还运用在政治、教育、医疗等其他领域，成了现实生活、工作中不可或缺的一种搜集信息的方式。

在政治上，为了解我国人口在数量、素质、年龄、分布以及居住等方面的变化情况，我国每 10 年进行一次人口普查，尾数逢 0 的年份为普查年度，在相邻两次人口普查之间开展一次较大规模的人口调查，也就是 1%人口抽样调查，又称为"小普查"。下面是 2015 年全国 1%人口抽样调查情况："我国以 2015 年 11 月 1 日零时为标准时点进行了全国 1%人口抽样调查。这次调查以全国为总体，以各地级市（地区、盟、州）为子总体，采取分层、二阶段、概率比例、整群抽样方法，最终样本量

为 2131 万人，占全国总人口的 1.55%。"[①]

在教育上，为掌握各地儿童青少年近视率基数，做好评议考核，2018 年多部门联合发布《关于开展 2018 年儿童青少年近视调查工作的通知》，决定组织开展 2018 年儿童青少年近视调查工作。下面是对 2018 年儿童青少年近视调查情况的报告摘要："2018 年全国儿童青少年近视调查工作……共覆盖了全国 1033 所幼儿园 3810 所中小学校，总筛查 111.74 万人，包括幼儿园儿童 6.92 万，各年龄段中小学生 104.82 万。调查结果显示，中国儿童青少年总体近视发病形势严峻。2018 年，全国儿童青少年总体近视率为 53.6%。"[②]

在医疗上，为了解患者的身体情况，诊断疾病，医生需要在患者身上取样化验，如验血。人体的血管就像四通八达的河流，分布在全身，血液就是河水，只需取其中几毫升即可进行化验，不需要抽尽。图 12-1 是一张验血报告单。

检验项目	结　果	参考范围	单位	检验项目	结　果	参考范围	单位
1 总胆红素	14.1	3.5~20.5	μmol/L	17 C-反应蛋白	7.5	0.0~10.0	mg/L
2 直接胆红素	4.7	0.0~6.8	μmol/L	18 尿素	7.8 ↑	2.8~7.1	mmol/L
3 间接胆红素	9.4	0.0~15.0	μmol/L	19 肌酐	79	59~104	μmol/L
4 总蛋白	76.7	60.0~83.0	g/L	20 尿酸	486 ↑	89~420	μmol/L
5 白蛋白	46.4	35.0~50.0	g/L	21 葡萄糖	4.95	3.89~6.11	mmol/L
6 球蛋白	30.3	25.0~35.0	g/L	22 总胆固醇	5.74 ↑	0.00~5.69	mmol/L
7 白球比例	1.53	1.0~2.5		23 甘油三酯	1.30	0.30~1.70	mmol/L
8 丙氨酸氨基转移	35	4~43	U/L	24 高密度脂蛋白	0.90	0.90~2.20	mmol/L
9 天门冬氨酸氨基	28	7~38	U/L	25 低密度脂蛋白	4.01 ↑	0.20~3.10	mmol/L
10 碱性磷酸酶	79	45~135	U/L	26 极低密度脂蛋白	0.83 ↑	0.00~0.78	mmol/L
11 γ谷氨酰转移酶	36	11~50	U/L	27 淀粉酶	57	25~104	U/L
12 肌酸激酶	128	38~174	U/L	28 脂肪酶	26	<60	U/L
13 α羟丁酸脱氢酶	144	72~182	U/L	29 总胆汁酸	0.38	0.00~9.67	μmol/L
14 乳酸脱氢酶	196	109~245	U/L				
15 胆碱酯酶	9134	5000~12000	U/L				
16 前白蛋白	0.21	0.20~0.40	g/L				

图 12-1　验血报告单

---

① 2015 年全国 1%人口抽样调查主要数据公报. https://www.gov.cn/xinwen/2016-04/20/content_5066201.htm[2024-05-19].

② 卫健委：2018 年全国儿童青少年总体近视率为 53.6%. https://baijiahao.baidu.com/s?id=1632130717906491853&wfr=spider&for=pc[2024-05-19].

二、统计量可以帮助我们更加客观地认识世界

统计学中有很多用于刻画数据特征的统计量，例如平均数、众数和中位数等，他们从不同角度刻画数据的集中趋势。其中，平均数是统计学中最常用的统计量，它等于一组数据的和除以这组数据的个数所得的商。平均数能够让选手们公平地决出胜负。在体操、跳水类体育比赛中，或在唱歌、跳舞类文艺比赛中，举办方常常会邀请相关领域的几位前辈专家作为评委进行独立打分、逐个亮分，然后采取"去掉一个最高分，去掉一个最低分"的方法计算每个选手的平均分，再将分数最高的前三名分别作为冠军、亚军、季军，这种方法已被国内外很多赛事广泛采用。平均数是个虚拟的数，在该组数据中不一定会存在，它表示该组数据总体的数量水平。

但有时平均数也会藏有猫腻。例如，小张看到一条招聘信息——高收入，月收入平均超过 1 万元——便兴冲冲地辞职换了工作，结果在新公司领工资时他才发现：这家公司一共 11 人，老板一人月薪 5 万元，经理两人每人月薪 2 万元，普通员工八人每人月薪 2000 元，虽然每人月收入平均超过 1 万元，但自己的月收入却远远低于 1 万元。这好似网络上打油诗调侃的一般："张家有财一千万，九个邻居穷光蛋。平均起来算一算，人人都是张百万。"平均的结果容易受到少量异常值的影响，想要了解工资的真相，还需要知道众数和中位数。众数是一组数据中出现次数最多的数。中位数是将一组数据从小到大排序，处于中间位置的那个数（如果数据个数是奇数，中位数就是最中间的数；如果数据个数是偶数，中位数就是中间两个数据的平均数）。这个公司月收入的众数和中位数都是 2000 元。

此外，有时我们还会将数据"自动"理解为平均数。统计数据是客观真实的，但是在有意表述之后它的意义也就发生了变化。比如"续航持久，一周仅需充一次电"，这是一句广告语。当人们听到这句话时，会将其自动补齐，变成"续航持久，平均一周仅需充一次电"，这则广告对于将续航时间长短作为重要筛选标准的消费者而言，无疑具有很强的诱惑力。然而，事实上它却没有说明产品的待机情况：是在正常环境

下的使用，还是在特殊环境下的使用？充电次数是平均值，还是最大值，抑或最小值？统计知识常常被有意运用在广告之中，帮助提高销量，消费者要理性看待广告，不可只看广告词就做选择。同时产品的宣传要严谨，厂家要对内容的真实性负责，否则不仅会失去信誉，严重者更会受到法律的惩罚。例如，有公司招聘时承诺月工资"6 至 7000 元"，但事实上的含义是"6 元至 7000 元"，这不仅是玩文字游戏，还有悖于公共认知，是严重的失信甚至是欺诈行为。

第二节 统计是一种表达的语言

统计学中的统计图与统计表是一种独特、简洁的表达方式，通过它们我们可以用最简洁的数学语言将庞大繁杂的信息简洁地表示出来。丹麦统计学家安杰逊（J. P. Ancherson，1700—1765）在 1741 年编撰的《文明国家一览表》中运用了统计表，被西方学者认为是统计表的首创者。其实我国早在战国时期（公元前 281 年左右）掌管地图的官吏"职方氏"就曾以表格形式列举了各地境内的重要物产和民族等情况与数字（转引自陈善林，张浙，1987）。德国统计学家克罗梅（A. F. W. Crome，1753—1833）在 1782 年撰写的《关于全部欧洲国家的领土和人口》一书中，在列出统计表的同时又画出了一张统计图，被学者们认为是统计图的首创者。如今统计表和统计图已被广泛使用，不仅如此，人们还通过不断地改进，发明了各式各样的统计表和统计图。图 12-2 所示是三种最常见的统计图，分别是扇形统计图、条形统计图和折线统计图。

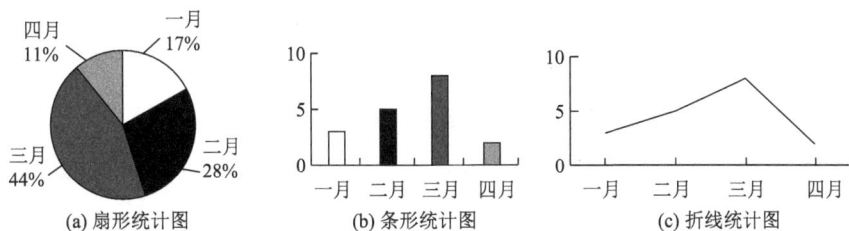

图 12-2 常见的统计图

扇形统计图用圆饼来描述统计数据，反映部分与整体的关系，它以圆的面积代表总体，以若干扇形面积表示各构成部分在总体中所占比例；条形统计图用长方形条来描述统计数据，反映事物的具体数目，它以宽度相同的长方形的高度来表示各类别的数量，这个数量可以是总数，也可以是均值、百分比等；折线统计图用折线来描述统计数据，反映事物的变化趋势，它将相邻两点以直线相连，以线段的升降表示一个变量随另一个变量变化的趋势。下面以一篇包括扇形统计图、条形统计图和折线统计图的新闻报道①为例，感受一下三种统计图不同的特征魅力。

2020 年，新增发电装机容量以新能源为增量主体。并网风电、太阳能发电新增装机容量合计 11987 万千瓦，占 2020 年新增发电装机总容量的 62.8%，连续四年成为新增发电装机容量的主力。2020 年包括煤电、气电、生物质发电在内的火电新增装机容量占全部新增装机容量的 29.57%，与 2015 年相比降低约 21 个百分点；水电新增装机容量占比为 6.94%，具体如图 12-3 所示。

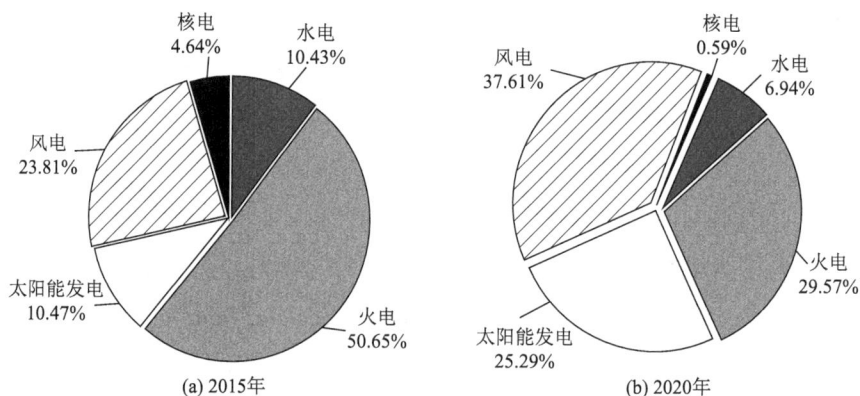

图 12-3　2015 年与 2020 年新增电力装机容量结构对比

2020 年，我国新增电力装机容量创历史新高。受电力供需形势变化等因素影响，2018 年、2019 年我国新增装机规模连续下滑。2020 年，

---

① 该报道摘自《中国能源大数据报告（2021 年）—电力篇》

在新能源装机容量高增速的带动下，新增装机总体容量大幅提升，具体如图 12-4 所示。

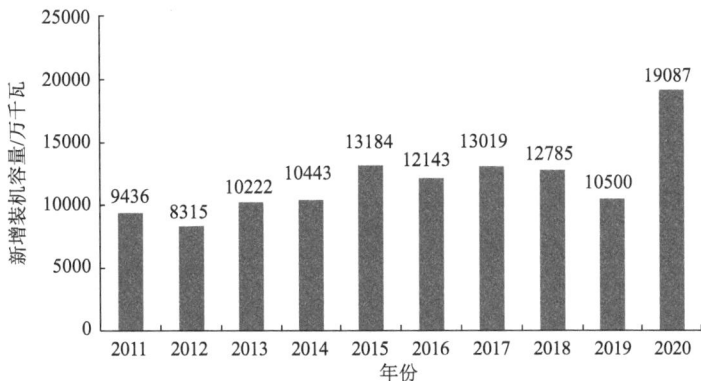

图 12-4　2011—2020 年全国新增电力装机容量情况

2020 年，火电装机同比增长 4.7%，较上年增速高出 0.7 个百分点。风电装机同比增长 34.6%，较上年增速提升 21 个百分点。核电增速收缩，降低 6.7 个百分点。水电装机低速缓增，同比增长 3.4%，具体如图 12-5 所示。

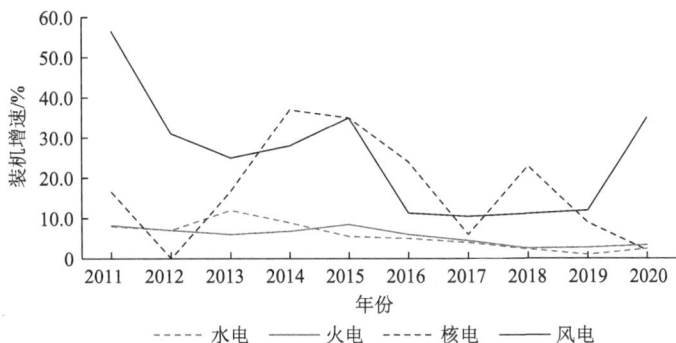

图 12-5　2011—2020 年全国电力装机增速情况

由此可见，在描述数据时，统计图比纯粹的文字表达更加简洁直观且重点突出。扇形统计图、条形统计图和折线统计图各有特点，在传递信息时结合各种统计图的优点绘图会令数据更具吸引力，读图已然成为人们获取信息的一种便捷途径。

第三节 统计是一种生活态度

1733 年英籍法裔数学家棣莫弗提出正态分布概念，后来德国数学家高斯（C. F. Gauss，1777—1855）将正态分布应用于天文学研究。正态分布如图 12-6 所示，在均值附近的数量最多，偏离均值越远，数量越少。

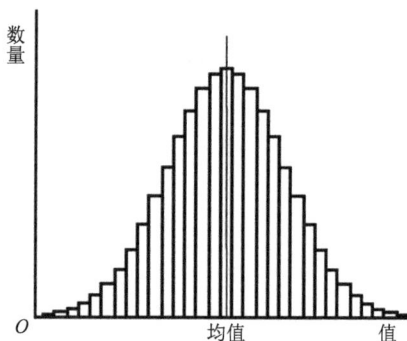

图 12-6 正态分布

这种现象在生活和工作中随处可见，例如工厂中生产的螺丝，即使有模具作为辅助工具，螺丝的尺寸也不可能完全相等，有些稍大一点，有些稍小一点，但总在一个均值附近徘徊，特别大或特别小的情况很少。下面是法国数学家彭加勒关于正态分布的一则故事：

彭加勒常去住处附近的一家面包店买面包，每次都买一块 1 千克的面包。有一天，他对面包师说："你个坏东西，你的模具烤出来的面包比规定的少 50 克，你竟然欺骗顾客。"

面包师立即为自己辩解说："手工面包本来就不可能是大小完全一样的，我的模具没有问题！面包有些小、有些大都是正常现象。"

彭加勒回答："没错，用规定模具烘焙出来的面包重量也会有差异，但是它们的平均重量应该是 1 千克。我每次买完面包都回家称重量，并记录在本子上，坚持称重三个月后计算出重量的平均值是 950 克。你要立刻改用符合标准的模具，否则我就到当局告发你。"

面包师见彭加勒有理有据，只能发誓："以后坚决不犯了。"

但几个月后，彭加勒直接带着警察找上门来，他对面包师说："你压根没有用符合标准的模具烘焙面包！"

面包师满怀疑惑地说："先生，你怎么能这样说呢！你最近几个月的面包可没有少于过1千克吧。"

彭加勒回答："是的，它们都达到1千克甚至更重。但这并不是因为你改用了符合标准的模具，而是你总把一天中最大的面包给了我，把小的面包卖给了其他人。正常的重量分布应该是有比1千克重的，也有比1千克轻的，面包重量的分布曲线应该呈现出正态分布，也就是说在坐标为1千克的地方达到最高点，两端逐渐下降并左右对称。但是现在你卖给我的面包都不低于1千克，没有呈现出正态分布，只是原来正态分布的尾部，所以你只不过是把重一些的面包特意卖给了我而已，压根没有改用符合标准的模具。"

面对彭加勒的证据，面包师哑口无言，面包店因为没有使用符合标准的模具烘焙面包而被判决停业整顿一个月。

懂得统计学知识的数学家彭加勒通过对面包重量的长期记录，发现了面包师欺骗消费者的不当行为，并利用"正常的面包重量应该符合正态分布"的统计学知识戳穿了面包师的诡计，维护了所有消费者的权益。

在学习统计知识过程中要学会从统计的图表等信息中正确解读其内涵，因为统计数据虽然是真实的，但是如何呈现却是人为的，不同的立场和不同的价值观，都会导致呈现结果的差异。例如，图12-7是基于相同的数据而出的统计图，但体现了三种不同的立场。

图12-7（a）是老板的立场，它可以传递"工资和利润同步平行增长"的观点；图12-7（b）是工会主席的立场，它可以传递"利润增加了100%，但工资只增加了50%"的观点；而图12-7（c）是工人的立场，它可以传递"工人的收益增长远低于股东的收益增长"的观点。因此，只有利用统计学知识深入分析，才能准确理解数据的真正含义。

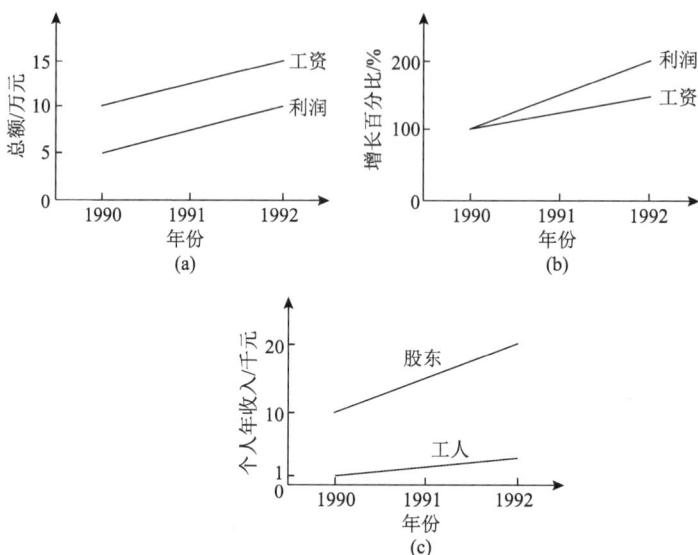

图 12-7　工资年增长折线图

第四节　统计中的悖论——尤尔-辛普森悖论

人们在对数据进行统计分析时发现了一种反常现象：在分组比较中都占优势的一方，在总评中有时反而是失势的一方。英国统计学家尤尔和辛普森分别于 1900 年和 1951 年描述了这一现象，因此这种悖论也被称为"尤尔-辛普森悖论"。

《史记·孙子吴起列传》中记载，"孙子曰：'今以君之下驷与彼上驷，取君上驷与彼中驷，取君中驷与彼下驷。'既驰三辈毕，而田忌一不胜而再胜，卒得王千金。"这是家喻户晓的田忌赛马故事，从统计的角度来看，在上、中、下三等马中，田忌的任何一匹马相比齐威王相应的马都处于劣势，但是，最终田忌却取得了胜利。这则家喻户晓的、寓意"善用自己的长处去对付对手的短处"的故事也可以用尤尔-辛普森悖论来解释。

另外，当尤尔-辛普森悖论出现时，也需要斟酌个别分组的权重，这样可以用一定的系数去消除由分组资料基数差异所造成的影响。下面就是一个例子。

"老板，不好了，有很多女性在公司门口抗议，她们说今年单位男性录用率 42%是女性录用率 21%的两倍，我们单位遴选员工不公平。"保安急匆匆地跑来找老板。

老板满脸疑惑，赶紧叫来人事经理，问道："我今年不是特别强调过，要尽量提高女性劳动者的录用率吗？"

人事经理回答说："是的，我确实也有交代下去。刚才我查了下今年各部门员工的录用情况，注意到今年宣传部录用率是男性 49%，女性 75%；而组织部录用率是男性 5%，女性 10%。两个部门都是女性录用率比较高，不存在录用性别不公平的情况。你看，这是调查结果。"

项目	宣传部		组织部	
	男性	女性	男性	女性
申请人员/人	100	20	20	100
录用人员/人	49	15	1	10
录用率/%	49	75	5	10

老板看着桌上的材料不禁松了口气。这时保安递出了一份材料："这是女性劳动者带来的资料。"

项目	宣传部		组织部		总计	
	男性	女性	男性	女性	男性	女性
申请人员/人	100	20	20	100	120	120
录用人员/人	49	15	1	10	50	25
录用率/%	49	75	5	10	42	21

老板看着女劳工们带来的统计调查表，满脸疑惑："对宣传部和组织部分别统计，女性劳动者的录用率都高于男性劳动者，但公司总体员工录用情况却是女性劳动者的录用率低于男性劳动者的录用率！为什么个别录用率女性皆大于男性，但是总体录用率却是女性远小于男性？"

事后，老板请教了统计学专家。原来这就是著名的尤尔-辛普森悖论。在最后总结两部门男性和女性录用率时，需要对各部门男性和女性

录用率按申请率进行加权平均，即

男性总录用率=宣传部男性录用率×宣传部男性申请率+组织部男性录用率×组织部男性申请率

这里的权重就是申请率。

其中，宣传部男性申请率=宣传部男性申请人数/两部门男性总申请人数。

所以，男性总录用率=49%×（100÷120）+5%×（20÷120）≈42%。

同理可求出，女性总录用率=75%×（20÷120）+10%×（100÷120）≈21%。

个别录用率女性皆大于男性，但是总体录用率却是女性远小于男性，这正是受到了申请率的加权影响。

"悖论"实际上是逻辑学范围的概念，尤尔-辛普森悖论提醒我们要谨慎看待数据，注意从多角度、多层次着眼，防止思考问题时简单化、表面化。同时，当我们处于劣势时，要善用尤尔-辛普森悖论反败为胜，正如田忌赛马那样。

第五节 小　　结

生活中处处都有统计，它出现在旅游景点前、运动背心里、"试吃"活动中，还出现在比赛排名上、工资收入里、广告宣传中……统计不单单是收集数据获得信息，有时它还需要抽样调查。将统计内容绘制成图表，数据会变得更加直观且形象，扇形统计图能够反映部分与整体的关系，条形统计图能够反映事物的具体数目，折线统计图能够反映事物的变化趋势，不同的统计图各有各的特色。此外，熟悉统计学知识能够帮助我们维护自身权益，维护整个社会的公正氛围。统计就在我们的身边，它既不严肃也不高深，它很有趣也很有用！

然而，统计也会有陷阱，也会有悖论，我们在分析看待数据时要格外小心，注意从多方面思考问题。在遇到不利情况时，要积极应对、巧用妙招，反败为胜。而这些都要以学好统计学知识为基础！

第十三章

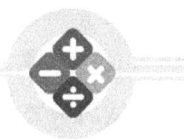

数学名词的由来

在数学中有很多专门词语，可称之为数学名词。有的名词会很好理解，如整数、代数、正方形、长方形、圆等；有的名词就不是很好理解，如小数、无理数、米等，小数是很小的数吗？无理数是没有道理的数吗？米和我们吃的米是一个意思吗？对于这些可能大家都会有疑问。本章我们就对一些数学名词的由来进行介绍，这样大家在遇到这些名词的时候，就能更好地了解它们了。

第一节 "数学"一词的由来

数学是一门学科，也是学校的一门课程，但是这个词是怎么来的呢？可能有同学就有这个疑问，但是更多的同学可能还没有这种感觉，因为大家已经习以为常了。认为数学就是数学，还有什么为什么啊？其实，把这门课正式称为数学是在1978年以后，在此之前数学、数术、算学和算术这几种叫法都有。虽然"数"这个字出现得比较早，我国周朝时所提出的"六艺"中，"数"就是其中之一。但是，当时"数"的意思与现在的有很大的不同，这个字是人们从乌龟的甲壳被烧裂后所形成的裂纹中生成的象形字，它的含义与占卜有关，更多指一种技术，与"术"的意思相近。

其实，在很早以前，我国更多是把我们现在的数学称为算术，这个

"算"字在古代写成"筭"（沈康身，2004）——上面一个"竹"，下面一个"弄"，摆弄竹子的意思，如图 13-1 所示。这是因为我国古代在很长一段时间内是通过摆弄竹子来帮助计算的，用于计算的竹子也被称为筹或者算筹，用竹子来计算也被称为筹算。算术也被称为计算之术，我国古代的很多数学作品名都带有"算术"、"算法"、"算经"、"算学"或者"算书"等词，如《周髀算经》《九章算术》《孙子算经》《五曹算经》《丁巨算法》《算学新说》《石塘算书》等。

图 13-1　早期书上的"筭"

在隋朝，由于税赋计算、物资调配和天文识别等方面的工作需要懂数学的人才，于是在国子监中设立了"算学科"，专门教授数学。唐朝建立以后，在隋的基础上，继续在国子监中设立数学教育机构，他们把数学教育与明经、明法、明书等并列为六科，称作明算科，设有算学博士与算学助教各二人，并招收算学生 80 人。为了教学的需要，由数学家李淳风等人共同审定并注释了十部算经作为数学教材，这十部著作分别是《周髀算经》、《九章算术》、《海岛算经》、《孙子算经》、《张邱建算经》、《缀术》、《五曹算经》、《五经算术》、《夏侯阳算经》和《辑古算经》，这就是历史上著名的"算经十书"。由此可看出，在很长一段时间里，我国采用"算"这个字来表示"数"。

到了宋元时期，我国开始出现"数学"一词。例如，13 世纪宋代数学家秦九韶的著作就命名为《数书九章》，而不是用"算书九章"。在《数书九章》的序言中提到"周教六艺，数实成之。……又尝从隐君子受数学"。此后算学、数学两词在文献中均有出现，但是总体上还是"算"比"数"用得广一些。例如，元代著名数学家朱世杰，也是把自己的数学著作之一命名为《算学启蒙》。而清代的《四库全书》把易学中的"图数之学"称为数学；在《四库全书总目提要》子部术数类小叙写道："物生有象，象生有数，乘除推阐，务究造化之源者，是为数学。"（宋芝业，赵栓林，2013）

从 19 世纪起，西方的一些数学学科，包括代数、三角、解析几何、微积分、概率论等相继传入我国，这些数学的门类就不仅仅是对数的计算了，还包括代数、几何和概率等内容，西方传教士多使用"数学"一词来表示这个学科。但是，在这个阶段，数学、算学和算术等词语在我国是混合用着的。1902 年开始，我国逐渐开办了新式学校，新式学校不仅教授古诗文，也教授其他学科，数学就是其中之一，成为我国学校教育的一门课程，这种做法一直保持到现在。不过，当时所颁发的政策类文件中都将这个学科称为算学或算术。1923 年 7 月，中国科学名词审查会（简称审查会）对科学领域中各种混用词语进行审核，著名数学家姜立夫、胡明复等人参与审查数学名词，但是对于采用"数学"还是"算学"并没有统一的意见。1927 年清华大学成立数学系，不过也称为"算学系"。

1935 年，中国数学会成立后，也对数学名词进行了审查，明确了"算术"的意义，认为算术是数学中的一个部分，是"研究自然数和在加、减、乘、除、正整数的乘方及开方运算下产生的数的性质、运算法则，以及在实际中的应用"。应该看到，随着数学的发展，数学新分支不断产生，"算术"已经失去了作为整个数学统称的意义，但是"算术"作为数学的一个分科被沿用了下来。此时的审查会对于"算学"和"数学"并没有明确区分，认为二者可以共存。1939 年 8 月，教育部门在征求了相关大学的意见后，建议统称为"数学"，而不再用"算学"，同年清华大学把"算学系"改为了"数学系"。不过习惯的改变总是需要时间，此后的几十年时间里算学、算术与数学仍并存使用。例如，20 世纪 40 年代到 70 年代中期所颁发的数学课程标准或数学教学大纲，还是将其称为算术。当然，随着数学门类的增多，采用"数学"一词的文献越来越多。而这种称谓真正得到改变则是 1978 年以后，这一年教育部颁布的小学数学教学大纲，不再称为"算术"，而是采用"数学"的说法。此后，官方统一称这类学科和课程为数学学科、数学课程，算术和算学成为历史，自此从宋代产生"数学"一词后，该词正式成为一个专有名称。

第二节 "自然数"一词的由来

数学中的很多用词一部分来自我国古代数学家所创立的词语，一部分来自国外的翻译，有的直接采用了音译，也就是根据外国语言的发音译成中文，有的则是日文中的汉字写法。"自然数"一词就是由我国古代数学家所创立的。

自然数就是指 0，1，2，3，…这些我们在生活中常见到、常用到的数。有了自然数后，我们在生活中可以更好地刻画某些事物的数量多少，能准确表达一些事物的顺序是如何的，也能通过运算对这些事物的变化情况进行说明。最早的时候，我国规定最小的自然数是 1，也就是自然数并不包括 0；但是国际上其他国家大多将 0 列为自然数。这种归属本来就是人为的规定，所以为了交流的方便，我国在 1993 年颁布的《中华人民共和国国家标准》的"量和单位"部分，也把 0 归为自然数。自然数中存在最小值，就是 0，而最大的自然数是不存在的，我们可以采用反证法来证明这个说法。所谓的反证法就是先提出与论题相反的假设，然后再推导出矛盾，从而证明该假设不成立，而原来的论题是正确的。

根据自然数的性质我们可以知道：如果一个数是自然数，那么这个数加 1 也是自然数，所以如果存在最大的自然数，记为 a，那么 $a+1$ 也是自然数，这时候 $a+1$ 比 a 还大，这就说明刚才的假设"存在最大的自然数"是不对的，也就说明了不存在最大的自然数这种说法是对的。反证法不但在数学中很常见，在生活中也常用来推理，而数学的学习可以培养我们的这种逻辑推理能力，所以学好数学可以让我们变得更加聪明。

我们再回到自然数一词的由来，可能有同学说这些数在生活中太常见了，和自然界的其他东西一样常见，所以我们称它为自然数。这种说法有对的地方，也有不对的地方。说它对是因为，这种数确实很常见，历史上曾有人称其"自然"。例如，元朝著名数学家朱世杰在《四元玉鉴》所撰的序言中写道："一而二，二而四，四而八，生生不穷者，岂非自然而然之数邪？"说它不对是因为，并不是因为这种数很常见，我们就自然而然地称它为自然数。此后我国的各种文献也并未出现"自然数"这一称法。这些都表明，自然数这个用词更可能是源于翻译。

但是，在最初的翻译文献中，还并未出现"自然数"一词，对于这类数要么称为整数，要么称为"真数"。例如，李善兰和伟烈亚力（1859）共同翻译的《代数学》中写道，"自以对数代真数而省算十倍，今更以代数代数学而省算百倍矣"，其中的"真数"就有我们现在自然数的意思。清代数学家华蘅芳和英国人傅兰雅共同翻译的《代数术》（1872年）中写道，"若以真数（一十百千万等数也）相乘者，则记其相乘之式两数之间必作'×'以间之"，其中的"真数"更多指的是我们现在的自然数。但是从词义来说，将 natural number 翻译成"自然数"更为贴切，此后的一些翻译文献中逐渐出现了"自然数"一词。例如，1938 年商务印书馆出版的《算学辞典》（段育华，周元瑞，1938）中，虽然将 natural number 翻译为"真数"，但是将 natural numbers 翻译为了"自然数"，并对其进行了解释："自一起选加一之诸数，如一，二，三，四，……，等，无论至何数止，皆谓之自然数。宛如一级数，首项为一，公差为一，不论若干项之升级数也。"同一年由科学名词审查会编制出版的《算学名词汇编》中，没有"自然数"一词对应的英文，把英文 natural number 也翻译成"真数"，但是 natural logarithm 则翻译成了"自然对数"（曹惠群，1938）。由于 natural 被翻译为了"自然的"，这使得自然数的说法越来越得到认同。20 世纪 50 年代后，在各文献中越来越多地见到自然数一词，今天它已成为一个专业数学名词。

由此可见，虽然我国古代有学者认为这些数是很自然的，但是并未导致"自然数"这种说法的形成，自然数一词更有可能是来自国外文献的翻译。这是因为有了整数这个词以后，自然数一词就变得不那么紧迫。这就使得在表述这类数的时候，要么用举例的形式说明，要么称其为正整数，或者 0 和正整数，或者非负整数，等等。后来，随着对数学了解的深入，以及数学运用越来越广泛，需要准确、细致地描述各类数的特性，专有名词就越来越有必要。于是，随着国外翻译文献的增多，自然数一词也在我国被普遍使用。应该说，这种翻译既准确体现了英文的意思，也符合我国的习惯认知和称法。值得一提的是，自 1902 年开始的数学课程标准或教学大纲中，均没有出现"自然数"一词，直到 1963 年我国颁布的《全日制小学算术教学大纲（草案）》中才出现了"自然数"一词。这也表明自然数的概念和称法是随着数学分类越来越细而出现的。

在此之前，主要采用"整数"一词来刻画，这个词在我国很早就出现过。成书于 5 世纪上半叶的《张邱建算经》中就出现了"整数"一词，在求解上卷第 11 题"今有内营周七百二十步，中营周九百六十步，外营周一千二百步，甲乙丙三人值夜，甲行内营，乙行中营，丙行外营，俱发南门，甲行九，乙行七，丙行五，问各行几何周俱到南门"中，提到了"……别置甲行九于右上，乙行七于右中，丙行五于右下，以求整数"。题目的意思是：内营走一圈要 720 步，中营走一圈要 960 步，外营走一圈要 1200 步；甲乙丙分别在内营、中营和外营行走，他们都从各自营的南门出发，甲走 9 步的时候，乙走 7 步，丙走 5 步，问甲、乙、丙分别走几周后，三个人会刚好同时回到南门？张邱建认为求解过程是将 720、960、1200 分别放置于左上、中、下，然后将 9、7、5 分别放置于右上、中、下，然后求出整数解。文中的求解过程较为简单，从刘孝文的细草看，求解过程应该是：将左边都除以最大公约数 240，分别得到 3、4、5，将右边分别乘 4 得到 36、28、20，这样右边三个数分别是左边的整数倍，右边除以左边得到三个整数分别为 12、7、4，这就是甲乙丙分别走的周数。这里的"整数"和现在整数的意思是一样的，确切地说和现在正整数的意思是一样的。由于当时我国已经出现了分数和小数，所以单一的"数"难以区分各种类别，于是"整数"一词的出现就显得有必要，也很快得到了大家的认可。此后各种文献中逐渐出现了"整数"一词。除此之外，《张邱建算经》中还出现了"偶数"和"奇数"的说法，在其序言中写道："凡约法，高者下之，偶者半之，奇者商之。"

第三节 "有理数"一词的由来

前面的内容介绍了有理数和无理数，其实在小学阶段我们主要接触到的是有理数，只要这个数可以化成有限位的小数或者无限循环的小数，那么这个数就是有理数，其他的就是无理数。所以全部的整数和分数都是有理数，而开根号开不尽的数和圆周率 π 等这些都是无理数。那么"有理数"和"无理数"名称是怎么来的呢？和我们生活中常用的"有道理"和"没道理"有没有关系呢？是我们国家自己产生的，还是外国文献翻译过来的呢？

其实，"有理数"和"无理数"这两个词都来自国外文献的翻译，我国在数学发展中对这两类数的划分需求还没那么紧迫。因为很早就有了整数和分数的分类，也有了专门的名称，这两个名称一直沿用到现在，在日常交流中这两类数基本够用了。虽然我国在很早就掌握了"开方术"，对于开不尽的数，让它以开方的形式存在，但是在实际计算中，则是用大小差不多的分数（或小数）来近似。例如，刘徽在《九章算术注》中写道："若开之不尽者为不可开，当以面命之。"这里的"面"相当于正方形边长的意思，例如 $\sqrt{2}$ 就属于开方开不尽的，可以表示为：面积为 2 的正方形的边长。而对于开不尽数的近似值，其近似的原理和现代数学微分中的近似值类似，大多采用的是 $\sqrt{a^2+r}=a+\dfrac{r}{a}$。例如，

$$\sqrt{26}=\sqrt{25+1}=\sqrt{5^2+1}\approx 5+\frac{1}{5}=5.2$$

这已经比较准确了，因为我们现在用计算器可计算出 $\sqrt{26}$ 约等于 5.099，也就是约 5.1，误差不到 2%，在一般的运用中这个精度足够了。因此，我国在很早的时候就知道了无理数的存在，但没有给这类数一个专门的名称。

从古希腊的毕达哥拉斯开始，欧洲学者逐渐认识到这类数的存在。因为毕达哥拉斯学派的信条是"万物皆数"，认为人们所知道的事和物都可以用"数"来表示，当时的"数"指的是我们现在的正整数和两个正整数的比例，也就是正的分数。后来，毕达哥拉斯学派发现一些直角三角形斜边的长度就无法用整数或两个整数的比例来表示。于是，人们也自然地把这类数称为不可比之数。此时，人们把数分为两类，即可比之数和不可比之数，可比之数的英语为 rational number，不可比之数的英语为 irrational number。这两个英文词组也成了数学中的专有名词，在欧洲的各类数学文献中运用。

自 18 世纪开始，西方的现代数学知识逐渐传入我国，到了 19 世纪很多国外数学文献被翻译成了中文。但是，在早期 rational number 和 irrational number 被翻译为了"有比例数"和"无比例数"。例如，李善兰与伟烈亚力翻译的《几何原本》后九卷中写道："与此线段长短及正方俱无等则谓之无比例线。"由于在徐光启和利玛窦翻译的《几何原本》前六卷中，已经将"比例"一词解释为："两几何者，或两数，或两线，或两面，或两体，各以同类大小相比，谓之比例。"在《代数学》中，李善兰和伟烈亚力（1859）也将我们现在的有理式和无理式翻译成了"有比例式"和"无比例式"。因此，可认为 irrational number 是被翻译为了"无比例数"，相应地，rational number 被翻译成了"有比例数"，这是比较准确的翻译，符合对这类数特性的描述。

或许是由于 rational 一词也有理性的、合理的之意，华蘅芳和傅兰雅（1872）在翻译《代数术》时将开方开不尽的式子称为"无理之式"，反之则称为"有理之式"。此后，逐渐变成将开方开不尽的数称为无理数，而将开方能开尽的数称为有理数。这种称法随着《代数术》在日本的传播逐渐普及，1878 年日本学者神保长致（1842—1910）在其训点本中不仅称之为有理数和无理数，还对其含义进行了注释。现在中日两国都将英文的 irrational number 称为无理数，而将英文的 rational number 称为有理数。其实，rational 和 irrational 的词根都是 ratio，翻译为"比例"或"比"会更为准确，也更符合有理数和无理数的性质。但是，历史就是如此，一旦一种叫法被人们广泛接受了，就很难再改回来。例如，我们现在可以把桌子叫作椅子，把椅子叫作黑板，只要全世界都统一了叫法就可以。但是，大家对这些词都有了根深蒂固的认识，很难再改回来了，所以我们现在也遵循历史传统，都这么称。不过，了解了这些词背后的历史后会发现，数学的发展也是美丽的故事，我们对它的认识更多了，也就变得更喜欢数学了！

第四节　《九章算术》中的数学名词

《九章算术》成书于公元 1 世纪左右，是我国古代最为重要的数学著作，标志着我国传统数学理论体系的形成。该书不仅内容对以后的数学发展起着重要的推动作用，而且创造性地提出了很多数学名词，魏晋数学家刘徽对其的批注中，也创造性地提出了很多数学名词，有的一直沿用至今。《九章算术》和刘徽的《九章算术注》中，与中小学数学有关的名词主要如下。

（1）合：相当于现在的"加"，在《九章算术注》中有"合分术"；在《九章算术》中有题：今有三分之一，五分之二，问合之得几何？

（2）减：在《九章算术注》中有"减分术"；在《九章算术》中有题：今有九分之八，减其五分之一，问余几何？

（3）余：以少减多，余以为实。

（4）差：令末重减本重，即差率也。

（5）乘、积：广纵相乘，得积；指长方形田的长和宽相乘，就得到积。

（6）约分：在《九章算术注》中有"约分术"；在《九章算术》中有题：今有十八分之十二，问约之得几何？

（7）分数：分之为数，繁则难用。

（8）分子、分母：又以分母遍乘分子。

（9）通分：有分者通之。

（10）正数、负数：在《九章算术》中有"正负术"，今两算得失相反，要令正负以名之。

（11）方程：《九章算术》中有专门的"方程"作为一卷，但是这个"方程"和现在的方程意思有些不一样，当时的方程更多是现在的线性方程组的意思，求解的时候把系数按照行和列排起来，"并列为行，故谓之方程"。这个词后来在李善兰和伟烈亚力翻译的《代数学》中被用为今天的方程的意思。

（12）幂：这个词来自刘徽撰写的《九章算术注》，凡广纵相乘谓之幂，表示多次乘方的结果，现在则表示多次方中的"次方"，现在称 $y = x^n$ 为幂函数也源于此。

（13）弧、弦：今有弧田，弦三十步，矢十五步，问为田几何？这里的"弧田"指的是弓形的田，后来将"弧"表示圆上任意两点间的部分；而其中的"弦"和现在一样，都是指连接圆上两点的线段；"矢"指弧的高度，现在已经不用了。

（14）半径：半周半径相乘为积；指圆的半径乘圆的一半周长等于圆的面积，也就是 $r \cdot \pi r = \pi r^2$。

（15）开方、开立方：在《九章算术注》中有"开方术"，开方，求方幂之一面也；开立方，立方求其一面也。

第五节　其他数学名词的由来

中国古代不同年代对数学术语的使用是不同的，为了规范这些数学术语，我国著名数学史家沈康身在挖掘和整理古代数学著作过程中，对这些术语进行了梳理，取得了丰硕的成果（黄友初，2012）。以下根据沈康身（2004）的研究，把部分和小学数学有关的数学名词来源内容摘录如下。

（1）实数。这个词在清代数学家李善兰和伟烈亚力的《代数学》（1859年），以及华蘅芳和英国人傅兰雅共同翻译的《代数术》（1872年）中均有出现，最初把两数相乘所得的数称为"实数"，后来也用该词表示整数和分数，此后无理数也被包括在内，成了现在实数的意思。

（2）最大公约数。这个词来自日文的翻译，其实这个意思的词很早就在我国出现，只不过当时是用的别的词，例如在《九章算术》中曾称它为"等数"，明代李之藻和传教士利玛窦共同翻译的《同文算指》中称它为"纽数"。

（3）最小公倍数。这个词来自清代数学家李善兰和传教士伟烈亚力共同翻译的《代数学》，其实在《九章算术》中曾出现相同意思的词，当时称之为"衍数"。

（4）因数、因子和素数。这些词都来自清代数学家李善兰和传教士伟烈亚力共同翻译的《几何原本》后九卷（前六卷是徐光启和传教士利玛窦共同翻译的）。

（5）代数。这个词最初被清代数学家梅毅成在《赤水遗珍》中音译为"阿尔热巴拉"，后来在李善兰和伟烈亚力共同翻译的《代数学》中将其变为"代数"，因为代数一词更能反映用字母表示数的属性，所以一直被沿用。

（6）函数。这个词来自李善兰和伟烈亚力共同翻译的《代数学》，其中写道：凡式中含有天（也就是现在的未知数 x），为天之函数。

（7）方、圆。这两个词来自《周髀算经》，数之法出于圆方。

（8）三角形。这个词来自《几何原本》，其实在我国古代就有记载这种图形的词，在《九章算术》中称其为圭；"长方形""正方形""四边形"等图形在我国古代也都有专门的称法，但是在《几何原本》翻译本出版以后，逐渐沿用现在的这些称法。

（9）"直线"、"平面"、"二维"、"三维"、"旋转"和"相似"等。这些几何中用到的词，都是在徐光启和李善兰与传教士合作翻译《几何原本》时创造性译出的，沿用至今。

还有一些数学名词的源自英文单词的发音，例如"米"就源自其英文单词 metre 的发音。其实，很多现代数学名词都来自国外文献的翻译，但是我国学者在翻译中下了一番功夫，做到了中西结合。例如，"几何"

"代数""微积分""函数"这些名词都能在中国古代文献中找到相应的含义。

第六节　小　　结

综上所述可以看出，数学中的很多专有名词都是有来源的，要么是我国古代数学家所创立的，要么是来自对国外文献的翻译。其中我国古代数学著作《九章算术》和《九章算术注》，我国学者与传教士合作翻译的《几何原本》、《代数学》和《代数术》，这些作品对中小学数学名词的影响是最大的。这些数学名词就像人的名字一样，是人为创造的，但是有的名称背后也有着美丽的故事。人们按照某种属性，对数学知识进行归类，然后给某个类别一个名称，这就形成了数学名词。有了相应的名词后，也可以方便表达和交流，在学习时也能更好地对不同类别的数学知识进行区分。应该看到，随着数学的发展，会有越来越多新类别的发现，或者分支愈发细致，所以数学中的名称也会越来越多。

第十四章

数学符号的由来

数学有一个很突出的特点，就是有很多数学符号，如+、-、×、÷等符号，不仅很简单，而且人们一看就懂是什么意思。这种数学符号还是全世界通用的，其他国家的人也是一看就明白。那么这些符号都是怎么来的？是一开始大家就这么用了，还是慢慢演化成现在这样的呢？本章就对一些常见的数学符号的由来进行分析和介绍，帮助大家更好地认识这些"好朋友"。

第一节 "+"和"-"的由来

"加"和"减"是人类很早就需要用到的数学运算，最开始出现在个体的思维活动中，在思考时知道怎样才是"加法"运算和"减法"运算，然后才是在交流中出现，借助语言和手势，让对方知道自己要表达的是"加"的意思还是"减"的意思。在有了文字后，人们就会用相应的文字表示这种含义。或许由于最初的文字大都与形有关，早期的"加"和"减"都是以符号的形式出现的。例如，在古埃及的阿默斯纸草书上发现了"加"和"减"的符号，分别为"╱╲"和"╲╱"这两个符号。从形状上看，"╱╲"表示一个人走近了的腿形，"╲╱"表示一个人走远了的腿形。而在古巴比伦的文献中，表示"加"就是把各种表示数的符号写在一起，因为当时每个符号对应一个数，这些符号放在哪个位置都是没有关系的。但是在表示"减"的时候，这种处理方法就不行了，于是他们也发明了一个符号表示"减"，就是"▛"。例如，"40-3"被表示成▟▛，左边是 4 个 10 的符号，右边是 3 个 1 的符号，中间就是"减"的符号。可能是为了书写方便，在后期古巴比伦文献中出现了"tab"这种字母符号来表示"加"；在古埃及文献中出现了用"☰▶"符号表示"减"。

虽然这个时期的文献中出现了一些"加"和"减"的符号，但是这些符号是一些记录的人自己发明独创的还是这个时期大家所普遍使用的还是未知。或许前者的可能性更大，因为在早期文献中出现了多种表示"加"和"减"的符号。数学符号的发展和数学的发展是密切相关的，在初等数学发展的第一个黄金时代——古希腊时期，著名数学家丢番图对符号的改进起到了重要的推动作用，他不仅发明了很多数学符号，还得到了大家的认可，很多符号被广泛运用了起来，在很大程度上推动了数学符号的推广和统一。在丢番图以前，数学符号大多是用文字描述的，丢番图的数学符号在得到部分学者的认可后，他们也逐渐用符号替代文字，这种数学也被称为"缩略代数"或者"简写代数"。

和古巴比伦人一样，丢番图在写"加"的运算时，也是把各个数或者式子放在一起，偶尔会用"/"，但是这个符号并没有得到其他人的认可，或许人们还不是很需要。而在写"减"的运算时，他发明了一个符号"ᐱ"，这个符号在一定程度上得到了推广，很多学者在文献中采用了这种写法，后面逐渐演化为向上的箭头"↑"。由于当时科技和交通都还不发达，人们的活动领域范围较小，各地相对封闭。由于应用的需要，各地都有自己表示加和减的方式，符号也多种多样，丢番图的符号只在一定范围内得到了普及。在进入文艺复兴时期后，数学的发展迎来了又一个黄金时代，为了使用方便，人们改进或者发明了很多数学符号，并得到了较为广泛的认可。

1456 年，德国数学家缪勒（J. Müller，1436—1476）在一份数学手稿中用"et"表示"加"，这或许是因为古代拉丁文中"et"表示"和"

"与"的意思，不过这种方法在当时并没有引起太多的重视。1484 年，法国数学家丘凯（N. Chuquet，约 1445—约 1500）用"$\bar{P}$"表示"加"，用"$\bar{m}$"表示"减"，这或许是因为古德文中"Plus"表示"加"的意思，英语中"minus"表示"减"的意思，他把这两个词的第一个字母上面加一横简化，作为相应的运算符号。这种符号得到了人们的认可，后来意大利数学家帕乔利把上面的一横去掉，用"P"表示"加"，用"m"表示"减"。在这种变化后，加和减的符号更加简便了，得到了很多人的认可和使用。但是，这期间也有其他表示加和减的符号。例如，在 15 世纪 80 年代德国出现了用"+"表示"加"。据说，这是从缪勒的"et"符号中逐渐研究演变过来的。因为"et"被逐渐简化为"t"，进而被简化为"+"。这只是一种猜测，事实是否如此就不得而知了。15 世纪 80 年代，德国数学家维德曼（J. Widmann）在《用于商业的奇妙速算》一书中，不但用了符号"+"表示"加"，也用了符号"−"表示"减"。维德曼是受到缪勒符号的影响，还是自己创造的不得而知。也有种说法是维德曼观察酒桶里液体的增减，倒出一部分后，液体的高度到哪里，就在那里画一条横线，后来这条横线就成了"减"的符号"−"；相应地，往酒桶里加入液体，高度增加了，就用"+"记号表示，后来这个记号也成了"加"的符号。但是，无论如何，维德曼采用了这两个符号来表示"加"和"减"是事实，由于维德曼的名气还不大，尽管这种符号表示加和减要比当时使用的其他符号来得更简便，但是并没有引起太多人的注意。

　　50 多年后，一些著名数学家关注到这种符号的优势，并相继使用。1544 年，德国数学家施蒂费尔（M. Stifel，1486—1567）在出版的《算术大全》中采用了"+"和"−"表示"加"和"减"。1557 年，英国数学家雷科德（R. Recorde，1510—1558）在论文《砺智石》中也采用了这种加减符号。1608 年，德国数学家克拉维斯（Clavius，1537—1612）在出版的《代数》一书中也采用了这种加减符号。或许是由于 P 和 m 容易和英文字母混淆，也或许是著名数学家的推动，到了 17 世纪初期，用"+"和"−"表示"加"和"减"已经比较普遍了。英国数学家哈里奥特（T. Harriot，1560—1621）不但用“–”表示“减”，也用它来表示负号，这种表示的方式也流传到现在。1626 年，荷兰数学家吉拉德（A. Girard，1595—1632）也用“±”表示“加和减”或者“正负号”。

我国古代大多采用文字来表示数学问题和解决过程，因此也没有专门的加和减的符号，大多用“合”、“和”和“共”等文字表示“加”，而“减”字在我国很早就出现了，《九章算术》中就有很多题目用“减”字来表达，有时在一些文献中也会用“差”“之较”等词来表示“减”。后来，随着国外文献翻译的增多，加和减的符号也逐渐出现。当然，这种符号被接受也是一个逐步的过程，需要有破除传统观念，接受新的事物的理念才可以。例如，清朝康熙皇帝 1712 年亲自下诏，赐梅文鼎的孙子梅瑴成举人头衔，由他带领一拨人所编撰的《数理精蕴》，在整体上是一部西方数学著作的编译作品。虽然该书有很多数学内容来自国外文献，但是在翻译和整理的时候，并不是所有的数学符号都采用，很多时候还是继续采用我国的文字描述。图 14-1 所示为《数理精蕴》中的列竖式加法计算，虽然也有三个数相加的计算，但是并没有加法的运算符号。

一	二	三	四	五
	六	七	八	九
一	九	一	三	四

	八	八	五	二
	三	二	一	一
		五	二	〇
一	二	五	八	三

图 14-1 《数理精蕴》中的竖式加法

图 14-2 所示为《数理精蕴》中的列竖式减法计算，退位时有点为标记，但还没有减号。

五	六	七	八	九
四	三	六	四	二
一	三	一	四	七

二	三	六	七	二
一	六	四	八	一
〇	七	一	九	一

图 14-2 《数理精蕴》中的竖式减法

在我国数学家和外国传教士合译的数学文献中，运用了加和减的符号，但是这两个符号也具有中国特色，与国外的加减符号不一样。例如，在 1859 年李善兰和传教士伟烈亚力翻译的《代数学》中就写道：加号用"⊥"，减号用"丅"。这种写法在当时具有一定的普遍性，在 1872 年华蘅芳和传教士傅兰雅翻译的《代数术》中也是采用这种符号。五四运动后，接受新事物的思潮越来越浓厚，很多数学符号也逐渐在我国流行，"+"和"−"这两个符号也出现在了各种数学书籍中，尤其是采用阿拉伯数字进行加减计算时，几乎都采用这两个符号。

从古埃及和古巴比伦开始，人们用各种符号表示加和减，经历了三四千年的发展，这两个符号终于得到了广泛运用。包括加和减的符号在内的数学符号的运用和普及，也是推动近代数学发展的一个重要因素。在数学发展的早期，符号的重要性还体现得不那么明显，但是到了深入阶段，如果没有简明的符号，不仅书写会变得很麻烦，而且很多数学规律和性质，也变得没那么直观，这既会影响数学的学习和普及，也会在很大程度上影响数学的研究。应该说，我国自宋元以后，数学发展放缓，与符号的烦琐有一定关系。自从有了符号"+"和"−"以后，我们的加减计算就变得方便多了。

第二节　"×"和"÷"的由来

与加减符号相比，早期对乘除符号的记录要少一些，这和乘除符号使用较少有关，也和乘除可以用加和减替代有关。例如，在埃及乘法和除法都是采用累计的加和累计的减来代替。在古巴比伦的数学中，人们发现了一个乘法表，里面有"乘"的符号"$\rightleftharpoons$"，但是这种符号显然没有得到流行，因为在其他文献中很少再看到。到了古希腊时代，从文献中可以看到，他们对于需要乘的数或者数的符号，将它们写在一起。例如，丢番图的《算术》中记录的"$\Delta^{Y}\bar{\gamma}$"表示"$x^2 \cdot 3$"，其中"Δ^{Y}"表示"x^2"，"$\bar{\gamma}$"表示"3"。古印度也采用这种记法，如果数 a 和数 b 相乘，就写成 ab 的形式。甚至到了文艺复兴时期，欧洲也有很多学者采用这种写法。例如，德国数学家施蒂费尔将数字 3 和未知数写在一起表示相乘。如果数字和字母相乘或者字母和字母相乘，直接写在一起还不容易被误解；但如果是数和数相乘，把它们写在一起就容易被误解了。于是，一些数学家在运用时，会用文字、符号或者字母来表示乘。例如，法国数学家韦达用英语单词 in 表示"乘"，不过并没有被大众所接受。

也有学者采用黑点"·"表示乘，例如英国数学家哈里奥特和法国数学家笛卡儿。英国数学家奥特瑞德在 1631 年出版的《数学入门》中创造了 150 个数学符号，其他符号倒不怎么引起人们的注意，只有乘号"×"引起了一些关注。但是这个符号并没有很快得到普及，一些学者还不是很喜欢这个符号。例如，德国数学家莱布尼茨就在给瑞士数学家约翰·伯努利（Johann Bernoulli，1667—1748）的信中认为，"×"和英文字母 x 很容易搞混，不如在两个数之间用黑点"·"表示乘。或许是因为这个符号比较简单，用它表示"乘"的方式得到了越来越多的人的认可。此后，人们对乘号的应用尽管没有统一为一个符号，但也比较一致。大致可分为三类。

第一类，没有乘号，把要乘的数或未知数（大多用字母表示）直接写在一起，一般用于数与未知数之间，或者未知数与未知数之间，例如，$2x$，xy。

第二类，用"·"表示乘号，数与数之间，数与未知数之间，以及未知数与未知数之间相乘时都可以用，但在数与未知数之间，以及未知数与未知数之间相乘时可以省略该符号。当然，在数与数相乘时，小黑点要写得比较端正且位置上下居中，不要被人误解为是小数点。

第三类，用"×"表示乘号，数与数之间，数与未知数之间，以及未知数与未知数之间相乘时都可以用，但在数与未知数之间，以及未知数与未知数之间相乘时可以省略该符号，或者尽量避免使用该符号，因为容易被看作是英文字母 x。

对于"除"，历史上各民族在运用时也发明了各种符号以方便记录，但都没有得到广泛的认可。其中大致有两个原因：一是有的符号本身就比较复杂，没有起到多大的方便作用，还不如直接用文字来写，这就比较难推广；二是有的符号本身具有比较强的民族性，也就是只有在很小范围内大家才能看得懂，其他地方的人很难看懂，这种符号大多和本民族的语言或文字有关，这也是难以推广的。这也表明，符号要得到推广一定要具备简洁明了这种特征。阿拉伯人的文献中采用横线"—"和斜杠"/"作为除号的方式，就具备了这种特性，也得到了一定的认可。虽然现在基本用这种符号来表示分数，但有时也可以表示除。例如，6 除以 2 等于 3，也可以写成 $\dfrac{6}{2}=3$。

　　进入文艺复兴时期后，欧洲的数学得到了很大发展，各种数学符号孕育而生，除了从阿拉伯人流传过来的除号，一些数学家也创造了自己的除号。例如，德国数学家施蒂费尔曾用括号"）（"、半边括号"）"和字母"D"来表示除。这些符号也得到了一些认可，数学家斯蒂文就采用了"D"来表示除，数学家马洪也曾采用"）"来表示除。不过这些符号现在都不再使用了，这个时期有两个除号得到了流传，一个就是现在常用的除号"÷"，另外一个是在欧美国家也比较常见的除号"："。

　　除号"÷"是瑞士数学家拉恩（J. H. Rahn，1622—1676）于 1659 年出版的一本有关代数的书中使用的符号，该书 1668 年被翻译后在英国出版，引起了学者们的关注。但是，在最开始除号"÷"并没有被广泛接受。一直到著名英国数学家沃利斯（J. Wallis，1616—1703）和牛顿采用该符号，大家才逐渐接受，并随之运用。这大概就是名人效应吧。而除号"："的由来，虽然有不同的说法，但是德国数学家莱布尼茨在 1666 年的一篇论文中用它表示除。当然，符号"："也有"比"的意思，用它表示除或许就是从两个数的比演化过来的，这种除号也在很多文献中出现。由此可看出，除号和乘号一样，没有一个统一的符号，目前多个符号都表示除，大家也都能看得明白。大致来说，除号也有三类。

　　第一类，用横线"—"表示除号，把被除数写在上面，除数写在下面，有时候为了书写方便也变成斜杠"/"的形式，在含有除法的多个数运算时，会经常采用这种写法。例如，在计算"六乘四除以三"时，一般会采用 $6 \cdot \dfrac{4}{3}$ 的形式。

第二类，用"÷"表示除号，把被除数写在前面，除数写在后面，最初学习除法时一般都采用这种写法，但如果要混合运算，或者多个数运算时，一般会采用第一种表示法。

第三类，用"："表示除号，把被除数写在前面，除数写在后面，与比例有关的除法，很多时候采用这种记法。

乘号"×"和除号"÷"是伴随着对西方文献的翻译进入我国的，在此之前我国的乘和除是采用文字描述。1859 年，李善兰和传教士伟烈亚力翻译的《代数学》的卷首，就对"×"和"÷"分别表示"乘"和"除"进行了介绍；在 1872 年，华蘅芳和传教士傅兰雅翻译的《代数术》的卷一，介绍了"×"表示"乘"，但对于"除"则介绍的是横线"—"，即两个数相除，可写成分数的形式。目前，大家在学习时比较常用的乘号有"×"、"·"或者省略，比较常用的除号是"÷"和"—"。这些符号也是全世界通用的，大家都能看得懂，所以数字和数学符号是世界语言，这些符号的统一可以方便大家的交流。

第三节　"="的由来

在数学符号中，等号"="是一个奇妙的符号，它用两条长短一样的线段表示这个符号的两边是相等的。由于运算的需要，在公元前两三千年的古埃及和古巴比伦就有表示相等的符号。例如，在古埃及的阿默斯纸草书中，曾出现用符号"ƷB"表示相等。当然，这是他们创造的等号还是文字就不得而知了，因为在早期，人们大多是用文字来描述数量关系，只是到了后期，数学越来越复杂了，数学符号才变得越来越有必要。

在古希腊时期，丢番图曾采用"ἴσ"或者"ч"表示相等。由于当时没有印刷技术，都是手写的，一旦有人字写得比较潦草，符号就容易被看成别的，所以，丢番图的这两个相等符号，在一些文献中也变成了"ι^σ"和"$\mathbf{I}$"。在古印度也曾出现用类似"pha"或者"$\prod \times a$"的符号来表示相等。但是，这些符号都没有广泛流行，很多时候还是用文字表示，或者从文字中简化出表示相等的记号。例如，在我国古代就用"得"表示"相等"；西方也曾用拉丁文 aequliter（平等）的缩写 ae 或 aequ 表示相等。

　　进入文艺复兴后，数学符号的需求变得越来越必要，各种数学符号琳琅满目，由于"相等"是数学中的常客，有关相等的符号也相继出现。例如，德国数学家缪勒采用长横线"——"（也称为破折号）作为等号。1557 年，英国数学家雷科德在论文《砺智石》中不仅采用了"+"和"–"分别作为加号和减号，还使用了"="作为等号，这三个符号都得到了流传，并沿用到现在，不得不说雷科德不仅创造力十足，而且还挺有眼光。雷科德的等号是否受到了缪勒破折号的影响不得而知，但是采用两条一样长的线段表示相等，确实是很形象的，但是这个等号"="在当时并没有得到足够的认可，很多等号比它更为流行。例如，法国数学家笛卡儿所创造的"$\bowtie$"或者"$\propto$"在当时更为常用。法国数学家韦达采用"$\smfrown$"表示等号也得到了较多人的认可。但是，俗话说，"是金子总会发光的"，雷科德的等号相比较笛卡儿的等号不仅更为直观也更加简便，于是，也有很多学者喜欢采用"="作为等号，只不过最初的等号比现在的要长，如同两个破折号"═══"。进入 17 世纪后半叶，随着牛顿和莱布尼茨等著名数学家也开始使用"="作为等号，雷科德的等号逐渐得以流行，现在它也成了世界语言。

　　随着 17 世纪末我国对西方数学文献的翻译，等号"="也开始进入我国，逐步取代文字，成为最常用的数学符号之一。不过，最开始的时候还略有不同，例如李善兰和伟烈亚力合译的《代数学》中是采用粗的一横"▬▬▬"表示等号，可能是毛笔书写的缘故；而在华蘅芳和傅兰雅合译的《代数术》中，等号比现在的要长，类似于两个破折号"═══"。当然，到了后面就和现在的等号一样了。例如，在华蘅芳和傅兰雅 1897 年刊刻发行的《决疑数学》中，等号就比之前缩短了很多，和现在的等号没有什么差别了。

在了解了等号的来源后，可能有同学会问，除了等号，我们还会遇到很多不等的问题，那么不等号是怎么来的呢？我们现在所采用的不等号 ">" 和 "<" 在 17 世纪初期就出现了。英国数学家哈里奥特在他的著作《分析术实例》里写道：如果 *a* 比 *b* 大，可以写成 *a>b*；如果 *a* 比 *b* 小，可以写成 *a<b*。这个符号比起荷兰数学家吉拉德用字母 "ff" 和 "ε" 分别表示 "大于" 和 "小于"，英国数学家奥特瑞德用符号 "▭" 和 "▭" 分别表示 "大于" 和 "小于"，以及德国数学家莱布尼茨用 "▬" 和 "▬" 分别表示 "大于" 和 "小于" 都更形象，也更简单。于是，这对不等号也逐渐得到了大家的认可，到了 18 世纪被普遍使用。此后，在这些公认的等号和不等号的基础上，为了表示的需要，还产生了不等于号 "≠"、大于等于号 "≥"、小于等于号 "≤"、远大于号 "≫"、远小于号 "≪" 等。这些符号都使得数学的表达更加方便，更加简洁。

第四节　字母作为数学符号的由来

虽然在很早的时候，人们就把数用各种符号来表示，但是这些符号更多是这个时期该民族的文字，而不是在已经有了表示这个数字的文字的情况下，再为了书写和表达方便，特意创造出来的数字符号。美国数学史家和数学哲学家莫里斯·克莱因曾指出，从古代埃及人和巴比伦人开始直到韦达和笛卡儿之前，没有一个数学家能意识到字母可用来代表一类数。但是，很显然人们在掌握了字母可以表示数以后，确实为数学发展和科技进步提供了很大的便利。

比如，我们看下面这段文字：

一个小朋友喜欢一个玩具，你可别指望他会后退三步，凝视玩具的眼睛，然后告诉它：你太好玩了。他会说他要到外边去看看。倘若正好碰上另外一个小朋友，并拿走他的棒棒糖——我指的是另外那个小朋友的棒棒糖，这就说明他——前一个人的玩具是好玩的。但要是另一个小朋友拿走他的棒棒糖——不是他自己的，而是另一个小朋友的——另一个小朋友是对第二个小朋友而言的，这就是说，因为事实上另一个小朋友仅仅对于他来说是另一个小朋友，而不是第一个小朋友——好了，如果他的棒棒糖被拿走了，那么他的玩具——不是另一个小朋友的，而是这个小朋友的——是好玩的。

小朋友们，你们看得明白吗？有没有觉得被绕晕了？但是这段话如果用字母来表示，就会显得很简洁，大家也都能看得明白，那就是：

如果是 A 拿走了 B 的棒棒糖，那么 A 的玩具好玩；反过来说，如果是 B 拿走了 A 的棒棒糖，那么 B 的玩具是好玩的。

这是改编自英国幽默作家杰尔姆（J. K. Jerome，1859—1927）《懒人懒办法》中的一段文字，虽然和字母表示数没有关系，但说明了数学语言和数学符号的简洁性。

早期的数学基本是用文字来书写表示的，这在初始阶段没有太大影响，但是在数学发展得比较复杂以后，用文字不仅写得比较烦琐，看起来也会比较复杂、不直观。例如：

一个数的四倍加上七后再除以三，刚好等于这个数加上一十八后再除以二。

这段文字如果我们逐字逐句地理解，要计算这个数是多少，会比较困难。如果我们引入数学符号，把这个数先用字母 x 来替代，就可以得到下面这个式子：

$$\frac{4x+7}{3} = \frac{x+18}{2}$$

这个式子看着就很清晰，数之间的逻辑联系一目了然。如果要计算这个式子也很容易，只要按照分数（式）的乘法就可以了：

$$2(4x+7) = 3(x+18)$$

得到

$$8x + 14 = 3x + 54$$

两边交换得到

$$8x - 3x = 54 - 14$$

分别计算得到

$$5x = 40$$

两边除以 5 得到

$$x = 8$$

这个数学式子和计算都还是比较简单的，如果再复杂一些，数学符号的优势会更明显，其中用字母来表示数是关键的一步。

采用字母表示数和采用其他数学符号表示数有相同的地方，也有不同的地方，相同的地方在于书写的时候都变得更加方便了，看着也更直观了，而不同的地方在于，用字母来表示数，在列数学式子时更加容易，计算过程也更方便。当用字母表示数的时候，就把这个字母当作数来处理，直到得出这个字母的具体数值是多少。有的时候字母表示的是一个确定的数，有时候表示的则是一类数。在数学发展过程中，数学家也意识到了用一些符号来表示数的重要性，是为了让表达更简便。例如，古希腊数学家丢番图就采用了一些符号，把之前都是文字记录的数学式子，改变成一部分符号一部分文字的形式；我国古代的天元术也把未知数称为"天元"或者"元"，其他式子用文字表述或者用筹算数码表示。我们把最初全部用文字表述的数学称为文字数学，一半符号一半文字的形式表述的数学称为缩略数学，全部用数学符号表示的数学称为形式数学，数学的发展就是从文字数学到缩略数学，最后到形式数学的（汪晓勤，樊校，2011）。值得一提的是，我们现在的"一元一次方程"和"一元二次方程"的叫法和我国古代把未知数叫作"元"有很大关系。

虽然在历史上，欧几里得（Euclid，约公元前 330—前 275）、亚里士多德和丢番图等数学家都采用过字母表示数，印度数学家婆什迦罗也曾用一些词语的前两个字母表示未知数，但是他们并不常用，或许还没有形成这个意识。有意识地、系统地使用字母表示数的第一位数学家应该是法国的韦达。他的文献中大量使用字母来表示数，而且在使用时都是有规律的。他通常用辅音字母表示已知数，用元音字母表示未知数，不仅用字母表示未知数和未知数的乘幂，而且还用它们来表示系数。尽管这些符号和现在的符号相比还不是完全一样，例如，我们现在的完全立方公式：

$$a^3 + 3a^2b + 3ab^2 + b^3 = (a+b)^3$$

韦达在当时写成：

a cubus + b in a quadr. 3+ a in b quad. 3 + b cubo aequalia $\overline{a+b}$ cubo

但是这已经算是突破性的变革了，使得数学可以逐步脱离实际问题，变成纯形式化的操作，也为代数学科的发展奠定了基础。

当然，"代数"这个词是我国著名数学家李善兰在翻译时的创造。代数的英文单词为 algebra，最初翻译时采用音译，称为"阿尔热巴拉"。后来，李善兰在和传教士伟烈亚力合译《代数学》的时候，将其译为"代数"，有字母取代数的意思，这种翻译在意思上是比较准确的。

在韦达采用字母表示数以后，这种方式的简单、方便受到了人们的关注，并在数学界逐步流行。在使用过程中，学者们对这种表示方法进行了一些改进，最值得一提的是法国数学家笛卡儿的工作。笛卡儿用英文字母表中前面的 a、b、c 等字母表示已知数，用排在后面的 x、y、z 等字母表示未知数，这种表示法也成了现在的习惯用法。李善兰在翻译《代数学》时，用甲、乙、丙等 10 个天干和子、丑、寅、卯等 12 个地支表示已知数，相当于现在的 a、b、c 等字母的表示法；用天、地、人、物等文字表示未知数，相当于现在的 x、y、z 等字母的表示法。

有了字母表示数以后，我们学习数学变得方便了很多，很多数学公式都是用字母来表示的，而且一目了然。例如：

加法交换律：$a+b=b+a$。

加法结合律：$(a+b)+c=a+(b+c)$。

乘法分配律：$(a+b)c=ac+bc$。

平方差公式：$(a+b)(a-b)=a^2-b^2$。

可以说采用字母表示数以后，如同给数学插上了翅膀，使得它可以在人类文明的天空里自由地翱翔！

第五节　其他数学符号的由来

根据一些文献的研究，把部分和小学数学有关的数学符号来源知识摘录如下。

（1）绝对值符号"| |"。这个符号由德国数学家魏尔斯特拉斯（K. Weierstrass，1815—1897）首次使用，表示无论数 x 是正的还是负，它的绝对值$|x|$都是正的，而 0 的绝对值还是 0。

（2）括号"（）"。在数学中小括号"（）"、中括号"[]"和大括号"{}"都有使用，不过使用最多的还是圆括号"（）"，表示括号内的数先计算。德国数学家克拉维斯 1608 年出版的《代数》一书中出现了这种符号，这可能是目前有记录文献中最早的，尽管后来也有数学家采用其他符号表示同样意思，但是圆括号还是得到了更多人的青睐，逐步被认可，并流传至今。而中括号"[]"和大括号"{}"都是由法国数学家韦达率先使用的，也流传至今。

（3）负数符号"–"。负数从产生到被认可经历了一千多年的时间。我国和印度都是很早就出现了负数，而且很快就被接受了。例如，我国古代用不同颜色的算筹区分正数和负数，古印度用数码上加一个小黑点表示负数。但是欧洲国家对负数的认识比较迟，普遍接受负数也很迟。古希腊时期欧洲人对负数还一无所知，认为小于 0 的数是没有意义的。这种认识也是很自然的，因为当时都将数与现实事物相对应，0 表示没有，比没有更小的数就不存在了。文艺复兴后，随着数学的发展，一些欧洲数学家也发现了负数，不仅表示符号多种多样，而且得到了很多人的反对，认为这样的数没有意义。1489 年，德国数学家维德曼的《用于商业的奇妙速算》不仅使用了"+""−"等符号，还从商业角度指出"当商业出现亏损的时候，可以在数值前面用'−'符号表示"，这就是负数的意思，但是没有被人们所注意。当时很多著名数学家也都认为从 0 中减去一个数是荒谬的。意大利数学家卡尔达诺和法国数学家笛卡儿虽然用到了负数，但都称它为"虚假的数"。1572 年，意大利数学家邦贝利（R. Bombelli，1526—1572）在《代数学》中给出了负数的定义，但是影响不大。1629 年，荷兰数学家吉拉德在《代数新发现》一书中提出用"−"表示负数。但此后 100 多年时间里，很多欧洲数学家依然不承认负数的正当性。如果没有负数，很多数学上的计算就很难进行，例如解方程中的负数根就只能被舍弃了。于是，越来越多的数学家也认为有必要承认负数。例如，1799 年，德国数学家高斯对代数基本定理做出了他的第一个证明，该证明以承认负数为前提，这相当于巩固了负数的地位。德国数学家魏尔斯特拉斯和意大利数学家皮亚诺（G. Peano，1858—1932）此后也从整数定义角度，给出了负数的定义。于是，负数逐渐被人们所使用，虽然此后也出现了很多负数的表示符号，如"→"，或在数的上面加一横，或在数的前面加一个符号 m，但是都不如"−"形象。进入20 世纪后，大家都普遍采用吉拉德所创造的负数符号"−"。

（4）平方根符号"$\sqrt{}$"。这个符号是由法国数学家笛卡儿最先开始使用的，表示与平方数相反的过程。例如，如果 3×3＝9，也就是 $3^2＝9$，那么 $\sqrt{9}＝3$。在此之前，人们采用字母来表示平方根号，比如，意大利数学家帕乔利和卡尔达诺都曾用 R 的脚上加一撇来表示平方根"℞"；奥地利数学家 C. 鲁道夫和施蒂费尔曾用"√"表示平方根号，据说是从拉丁文 radix（根的意思）的第一字母 r 逐渐演化而来的。但是这些符号都容易使人产生混淆或误解，笛卡儿的这个符号最终获得了大家的认可。

（5）两直线垂直的符号"⊥"。1634 年，法国数学家埃里冈（Hérigone，1580—1643）在《数学教程》一书中，采用了这个符号表示垂直，此后逐渐得到数学家们的认可，尤其是 1763 年爱默生（Emerson）在《几何入门》一书中大量采用，推动了垂直符号"⊥"的普及和流行。

（6）两直线平行的符号"∥"。平行符号的发展是从纯文字到字母符号，再到形象的数学符号的过程。古希腊数学家海伦（Heron，约公元1 世纪）曾用"P"表示平行，后来古希腊数学家帕普斯（Pappus，约 290—约 350）觉得太麻烦，把它变为了"="，此后也有不少数学家用此符号表示平行，但是更多人则是将"="看作等号。1657 年，英国数学家奥特瑞德在《三角形》一书中将其竖起来变成"∥"表示平行。后由于英国数学家卡斯威尔（Kaswell，1655—1712）和琼斯（Jones，1675—1749）的大力推广，以及这个符号的形象和简洁，平行符号"∥"得到大众的认可，沿用至今。

（7）角的符号"∠"。1634 年，法国数学家埃里冈在《数学教程》一书中曾用"<"表示角，但是这个符号被大多数人用来表示"小于"。于是 1657 年，英国数学家奥特瑞德在《三角形》一书中将其改为"∠"，沿用至今。

（8）三角形符号"△"。古希腊数学家海伦的文献中出现了该符号表示三角形，特别形象，于是很多数学家开始使用。尽管有的数学家有时把它写成"▽"，但是大多数人和法国数学家埃里冈一样，认为无论三角形朝向如何，只要是三角形都可用符号"△"表示。

（9）圆的符号"⊙"。古希腊数学家帕普斯在海伦的圆符号的基础上修改而成，但是他有时用"⊙"，有时又采用"○"。由于后者容易和画出的圆相混淆，因此 1634 年，法国数学家埃里冈在《数学教程》一书中采用"⊙"作为圆的符号，沿用至今。

（10）正方形符号"□"。古希腊数学家海伦的文献中出现了该符号表示正方形，很形象、很简洁，于是很多数学家开始使用。1634 年，法国数学家埃里冈在《数学教程》中大量使用，无疑起到了重要的推动作用。

（11）相似符号"∽"。德国数学家莱布尼茨采用该符号表示两个图形相似，符号源自英文单词 similar（相似的）的第一个字母 s，将其旋转 90 度后更能反映前后两个图形之间的关系，沿用至今。

（12）全等符号 "≅"。这个符号表示两个图形一模一样，德国数学家莱布尼茨曾采用符号 "≃" 表示全等。1717 年，数学家沃尔夫（B. C. Wolff，1679—1754）把相似符号 "∽" 和相等符号 "=" 结合起来，成为现在的全等符号。

（13）因为 "∵" 和所以 "∴" 符号。这两个符号在数学证明和数学推理中经常使用，如果都要用文字来写就比较麻烦。于是 1659 年，英国数学家雷恩（S. C. Wren，1632—1723）在《代数》一书中使用了这两个符号，逐渐得到了大家的认可。1827 年英国剑桥大学出版社的《几何原本》中，同时使用了 "∵" 和 "∴" 表示因为和所以，进一步推广了该符号，并且沿用至今。

第六节 小 结

从以上的介绍中可以看出，数学符号的发展与数学的发展息息相关，在数学还比较简单的时候，人们用当时的文字就可以满足表达了，如果有新的数学知识产生，发明一个新的词就可以了。但是，当数学越来越复杂的时候，需要表达的文字就会越来越长，不但书写的人很麻烦，看的人也不是很清楚。于是，各种数学符号就随之产生了。数学符号往往是某一个人先发明出来的，可能在同一时期，一个数学运算或者数学知识，会有很多不一样的数学符号。但是，最后能得到流传的，一般来说要满足两个条件：一是足够简洁、直观；二是得到有影响力数学家的认可，因为他们的使用会起到很好的广告效应，其他人要看懂大数学家的想法也要熟悉这种数学符号。由此可见，每一个数学符号背后都有着曲折的发展历史，它们的出现对数学的普及和发展产生了很大的推动作用，我们现在学习数学，比起古人要方便得多，所以我们要感谢为数学符号发展做出贡献的数学家们！

第十五章

历史上著名的女性数学家

古今中外有很多数学家，但是大家可能会认为耳熟能详的大多是男性数学家，女性数学家不多，这与历史上男性与女性接受教育的机会不平等有关。其实，历史上有不少女性数学家都取得了杰出的成就，本章将对历史上若干女性数学家进行简介（黄友初，2010）。

第一节　有历史记载的第一位女数学家

希帕蒂亚（Hypatia，约 370—约 415），出生在古希腊亚历山大城（现在埃及境内）的一个知识分子家庭。父亲赛翁是有名的数学家和天文学家，在著名的亚历山大博物院做教学和研究工作。一些有名的学者和数学家常到她家做客，在他们的影响下，希帕蒂亚对数学充满了兴趣和热情。她开始从父辈那里学习数学知识，赛翁也不遗余力地培养这个极具天赋的女儿。10 岁左右，她已掌握相当丰富的算术和几何知识，利用这些知识，她懂得了如何利用金字塔的影长去测量其高度。这一举动备受父亲及其好友的赞赏，因而也就进一步增强了希帕蒂亚学习数学的兴趣，她开始阅读数学大家的专著。20 岁以前，她几乎读完了当时所有数学家的名著，包括欧几里得的《几何原本》、阿波罗尼奥斯的《圆锥曲线论》、阿基米德的《论球与圆柱》、丢番图的《算术》等。

为了进一步扩大自己的知识领域，公元 390 年，希帕蒂亚来到了著名的希腊城市——雅典。她在这里进一步学习数学、历史和哲学。她对数学的精通，尤其是对欧几里得几何的精辟见解，令雅典的学者钦佩不已，大家都把这位二十出头的姑娘当作了不起的数学家。一些英俊少年不由得对她产生了爱慕之情，求婚者络绎不绝。但希帕蒂亚想要干一番大事业，不想让爱情过早地进入自己的生活。因此，她拒绝了所有的求爱者，并终生未婚。此后，她又到意大利访问，结识了当地的一些学者。大约公元395年回到家乡，这时的希帕蒂亚已经是一位相当成熟的数学家和哲学家了。希帕蒂亚从海外归来后，便成为亚历山大博物院里的教师，主讲数学和哲学，有时也讲授天文学和力学。在传徒授业之余，她还进行了广泛的科学研究，有力地推动了数学、天文、物理等学科的发展。

希帕蒂亚时代离《几何原本》成书已经六百多年了，由于当时没有印刷术，这本著作抄来抄去，出现了不少错误。希帕蒂亚同父亲一起，搜集了各种版本，通过认真修订、润色、加工及大量评注，一个新的《几何原本》问世了。它更加适合读者阅读，因而立即受到了广泛欢迎，以至成为当今各种文字的《几何原本》的始祖。希帕蒂亚还独立写了一本《丢番图〈算术〉评注》，书中有她自己的不少新见解，并补充了一些新问题。她还评注了阿波罗尼奥斯的《圆锥曲线论》，并在此基础上写出适于教学的普及读本。希帕蒂亚对圆锥曲线很入迷，写过好几篇研究圆锥曲线的论文。此外，希帕蒂亚还与父亲合写了《天文学大成评注》，独立写了《天文准则》等。这在当时是很了不起的成就，因为直到15世纪中叶，像巴黎大学、牛津大学等著名大学的学生所学的数学内容极少，几何仅限于《几何原本》的前两卷，考试只限于第一卷，一般学生只能掌握第一卷的前4个命题。算术水平更低，一般大学生只会做加减法和乘法，而不会用除法计算。

当时希腊被罗马帝国所占领，他们推崇宗教，排斥异教的学问，尤其鄙视数学、天文和物理，甚至有教徒说："数学家应该被野兽撕碎或者活埋。"公元412年，来自耶路撒冷的西瑞尔当上了亚历山大的大主教，这是一个狂热的基督徒。他在全城系统地推行所谓反对"异教"和

"邪说"的计划，这对希帕蒂亚极为不利。但是希帕蒂亚从不向基督教示弱，拒绝放弃她的哲学主张，坚持宣传科学，提倡思想自由。对那些找麻烦的基督徒，希帕蒂亚毫不退让，常把他们驳得哑口无言。但这不是一个崇尚理性的社会。那些狂热的基督徒并不指望"说服"这位数学家和哲学家，只想有朝一日拔掉这颗眼中钉。一场有计划、有预谋的暗杀活动正在酝酿之中。

约公元 415 年 3 月的一天，希帕蒂亚像往常一样，乘着其漂亮的马车到博物院讲学。行至凯撒瑞姆教堂旁边，一群暴徒立刻冲过去，拦住马车。他们把她从马车中拉下来，迅速拖进教堂。希帕蒂亚意识到，他们要对自己下毒手了，但她毫不畏惧，高声怒斥他们的无耻行为。灭绝人性的暴徒将她投入到熊熊烈火之中。有历史记载以来的第一位女数学家就这样陨落了（徐传胜，2002）。历史学家常将此作为希腊学术开始衰退的标志（陈德华，王立琼，2003）。

第二节　第一位女数学教授

玛丽娅·阿涅西（Maria Agnesi，1718—1799），出生于意大利米兰。父亲是意大利波伦亚大学（也称博洛尼亚大学）的数学教授，父亲结过三次婚，有 21 个孩子，阿涅西是最长者。阿涅西早年即精通拉丁文、希腊文、希伯来文、法文、西班牙文、德文等，被誉为语言神童。9 岁时用拉丁文发表了一篇关于保护妇女受高等教育权利的文章。

由于父亲常邀请同事到家里讨论学术问题，智力超前的阿涅西开始对数学产生兴趣，通过自学以及父亲及其同事的指导，她的数学造诣逐渐令她父亲的朋友吃惊。20 岁的时候，在父亲的帮助下，阿涅西出版了《哲学命题》一书，其中包括 190 篇短文，涉及数学、逻辑、力学、流体动力学、弹性学、天体力学、化学、植物学、动物学等学科。30 岁的时候，阿涅西出版了《分析讲义》一书，全书两卷，共 1070 页，内容涉及初等数学和高等数学。该书的出版受到数学教师和数学爱好者的一致好评。特别是书中的曲线方程 $y(x^2+a^2)=a^3$，由于具有许多良好性质，因此引起许多数学家的兴趣，后被称为阿涅西箕舌线。

　　阿涅西患有梦游症，好几次在梦游状态下把灯打开，研究数学，有时还能把问题解决，以致早上醒来发现昨天未解决的问题，竟有完整的答案放在桌面上，感到十分惊讶。久而久之，大家也都知道了她有梦游症，当然也知道了她能在梦游状态下解决数学难题。1750 年，32 岁的阿涅西被任命为波伦亚大学名誉教授，并担任了"数学与哲学"课程的主讲教师，成了有文字记载以来第一位女数学教授（徐品方，2004）。

　　阿涅西在数学上的成就主要有：①所写的《分析讲义》一书不但综合了牛顿的"流数法"和莱布尼茨的"微分法"，而且吸取了世界各国的相关论文的长处，成为当时欧洲长达 80 年的重要教科书；②把《自然哲学的数学原理》一书译成意大利文，对意大利科学特别是数学的发展功不可没。阿涅西终生未婚，把毕生的精力用来研究数学和照顾弟弟妹妹。

第三节　　"女扮男装"的女数学家

　　索菲·热尔曼（Sophie German，1776—1831），出生于巴黎一个丝绸商的家庭。热尔曼年轻时在数学史书中看到古希腊的阿基米德由于正在全神贯注地研究沙堆中的数学问题，疏忽了回答一个罗马士兵的问话，结果被长矛戳死，便得出这样的结论：如果一个人如此痴迷于一个导致他死亡的数学问题，那么数学必定是世界上最迷人的学科。于是热尔曼开始接触数学，她研究欧拉、牛顿、阿基米德等数学家的著作，并很快沉迷于其中，到了废寝忘食的地步。在当时的法国，女性在学术上受到严重歧视，是没有地位的。因此，她的父母发现她喜欢数学后，就开始阻挠她学习数学。但她坚定无比，克服一切困难来自学数学，如等父母入睡后在被窝里点灯看书等，最终她的父母动了恻隐之心，同意她继续学习。

1794 年，在法国著名数学家蒙日（G. Monge，1746—1818）的筹备下，公共工程中心学校在巴黎成立，两个月后改名为"综合科技大学"（又译巴黎综合技术学校或巴黎高等师范学校）；1797 年又成立了巴黎综合工科学校（又译巴黎理工科大学等）。这两所学校是新型的科学教育和研究机构的典范，汇聚了拉普拉斯、拉格朗日、蒙日、傅里叶（J. Fourier，1768—1830）等一大批知名数学家，对 19 世纪的数学研究产生了重要影响。热尔曼渴望进入大学学习，但当时法国的大学只招收男生，她虽然很气愤但也很无奈。

她的邻居里有一位名叫勒布朗的男生，刚好是巴黎综合工科学校第一任校长、大数学家拉格朗日的学生，但他数学很糟糕。勒布朗恰好因为某些原因中途辍学了，热尔曼就冒名顶替偷偷摸摸地在学校里学习。学校的行政当局不知道真正的勒布朗先生已经离开巴黎了，所以继续为他印发课程讲义和习题。热尔曼设法取得原本要给勒布朗的材料，并且每星期以勒布朗的名义交上习题解答。一切都按照计划顺利地进行着，两个月后，拉格朗日开始重视这位"勒布朗先生"在习题解答中所表现出的才华。他的解答不仅巧妙非凡，而且显示了深刻的转变。他要求"勒布朗先生"来见他，于是热尔曼被迫泄露了她的真实身份。拉格朗日感到非常震惊，他很高兴见到这个年轻的女学生并成为她的导师和朋友。这让热尔曼变得越来越有信心，继续研究数学问题，当她看到数学王子高斯于 1804 年出版的《算术研究》中的"二次互反律"的证明时，她产生了一些不同的想法，于是决定直接与当时最伟大的数学家高斯交流，她给高斯写了信，署名是"勒布朗先生"。当高斯看到"勒布朗先生"的来信时感到惊喜万分，并在她的启发下完成了更好的证明方法。此后，热尔曼一直与高斯通过书信的方式进行学术交流、合作研究。

1806 年，拿破仑入侵普鲁士，法国军队猛攻德国的城市，热尔曼担心落在阿基米德身上的命运会夺走她的崇拜对象高斯的生命，因此她给她的一位将军朋友写了封信。她请求他保证高斯的安全，结果将军对这位德国数学家给予了特别的照顾，并向他解释是热尔曼小姐挽救了他的生命。高斯非常感激，也很惊讶，因为他从未听说过索菲·热尔曼。纸终究包不住火，在热尔曼给高斯的下一封信中，她透露了自己的真实身份。高斯完全没有因为受到欺骗而恼怒，而是充满了惊异和崇敬，称赞她是一位品德高尚的巾帼英雄。这位数学权威破天荒给热尔曼写了一封赞扬信，赞扬她的成就并鼓励她继续研究。

高斯的回信给了热尔曼莫大的鼓舞。1816 年，她的一篇关于弹性的数学论文获得了巴黎科学院金质奖章，开科学院给女性授奖之先河。19 世纪 20 年代中期，她证明了：对于每一个奇素数 $p<100$，费马方程没有整数解。这是当时证明费马大定理的最好结果，相关方法也被命名为"热尔曼定理"。她还通过因式分解证明了形如 a^4+4（$a>1$）的自然数是合数，后来这类数也被称为"热尔曼合数"。1831 年，她创造性地将"平均曲率"概念引入微分几何，受到了广泛赞誉。由于她的杰出贡献，高斯还说服了哥廷根大学授予热尔曼名誉博士学位。可惜的是，在要给她颁发证书的时候热尔曼已经死于癌症。她终生未婚，一直靠父亲的资助研究和生活。

第四节　第一位女科学院士

索菲娅·柯瓦列夫斯卡娅（Sofya Kovalevskaya，1850—1891），出生于莫斯科的一个贵族家庭，她童年住的房间的墙纸是父亲读书时的微积分笔记，这引起了她的好奇，开始喜欢上数学。她 17 岁时就在彼得堡一位海军学校教师指导下掌握了微积分，由于当时俄罗斯妇女没有受高等教育权，无法满足她继续学习数学的愿望，父母也反对她学习数学，于是她和同情她的 V. 柯瓦列夫斯基假结婚，这样她就可以摆脱父母的约束，到国外求学深造。

到德国后，她先在海德堡大学学习一年，后来慕名到柏林求见魏尔斯特拉斯。初次见面，魏尔斯特拉斯出了一道有关超椭圆方程的难题考她，估计她多半做不出来，但一周后，当柯瓦列夫斯卡娅如期带着完美的答卷来见他时，这位数学大师甚为惊讶。但当时的柏林大学一样不收女学生。魏尔斯特拉斯决定为柯瓦列夫斯卡娅单独授课，每周日下午一次。在四年中，柯瓦列夫斯卡娅不仅学完了大学的全部数学课程，还写出了三篇重要论文，一篇是关于偏微分方程的，解决了偏微分方程解的存在性问题；一篇是有关第三类阿贝尔积分的简化问题；还有一篇是对拉普拉斯土星光环问题的补充。

这些工作如此出色，以致哥廷根大学在没有经过考试和答辩的情况下破格授予她博士学位，使她成为第一位女博士。柯瓦列夫斯卡娅在 38 岁时，由于成功解决了困扰数学家们一百多年的"水妖问题"，获得法国科学院大奖——鲍廷奖。第二年，由于切比谢夫等的努力，俄国科学院选举柯瓦列夫斯卡娅为通信院士，并专门修改了院章中不接纳女性为院士的规定。柯瓦列夫斯卡娅成为历史上第一位女科学院士（徐品方，2005）。

1891 年，正当她创作精力最旺盛的时候，在一次旅途中得了风寒，由于没有及时休息，病情恶化为肺炎，不久在瑞典逝世，享年 41 岁。

第五节　历史上最伟大的女数学家

埃米·诺特（Emmy Noether，1882—1935），生于德国大学城——埃朗根的一个犹太人家庭，父亲马克斯·诺特和弟弟弗黎获·诺特都是数学家。18 岁的时候，她顺利地通过了法语和英语教师资格考试，原本准备去当教师，但她觉得自己最喜欢的还是数学，于是她改变了主意，决意要到父亲任教的埃朗根大学去学数学。但是，当时德国不准女子在大学注册，只能当旁听生，并缴纳听课费。当年冬天，她来到哥廷根大学，直接听到希尔伯特、克莱因、闵可夫斯基等著名数学家讲课，受到极大的鼓舞。1904 年德国大学改制，允许女生注册，当年 10 月她便正式回到埃朗根大学注册学习，到 1907 年底，她以论文《三元双二次型不变量的完备系》获得了博士学位，导师是著名数学家戈丹（P. Gordan，1837—1912）。

博士毕业后，由于是女性，埃米·诺特一直找不到工作，但她发表的一些论文引起了数学家的注意，1915 年，F.克莱因、希尔伯特邀请埃米·诺特去哥廷根。他们当时热衷于相对论研究，而埃米·诺特在不变式理论方面的实力对他们的研究会有帮助。1916 年，埃米·诺特离开埃朗根，定居哥廷根。希尔伯特很想帮她在哥廷根大学取得授课资格，但是当时哥廷根大学哲学系中的语言学教授、历史学教授却极力反对，其理由仅仅是埃米·诺特是女性。希尔伯特在校务会议上气愤地说："这里毕竟是大学而不是浴池。"也许正因为这番话，更激怒了他的对手们，埃米·诺特仍然没有获准通过。然而，她还是在哥廷根大学的讲台上向学生讲了课，不过是在希尔伯特的名义之下。第一次世界大战结束后，情况才发生变化。1919 年埃米·诺特才当上讲师，1922—1933 年，她取得"编外副教授"职位，这是没工资的头衔，只因她担当了代数课的讲授，才从学生所交学费中支付给她一小笔薪金。在这种艰难的情况下，埃米·诺特在希尔伯特、F.克莱因的相对论研究思想的影响下，于 1918 年发表了两篇重要论文，一篇是把黎曼几何和广义相对论中常用的微分不变式问题转化为代数不变式问题，另一篇是把物理学中守恒定律同连续对称性联系起来，被称为"诺特定理"。

　　1920 年以后，埃米·诺特开始走上自己独立创建"抽象代数学"的道路。她从不同领域的相似现象出发，把不同的对象加以抽象化、公理化，然后用统一的方法加以处理，得出一般性理论，用这种理论又能处理各个不同领域的特殊性问题。埃米·诺特的这套理论也就是现代数学中的"环"和"理想"的系统理论，完成于 1926 年。一般认为抽象代数形成的时间就是 1926 年，从此代数学研究对象从研究代数方程根的计算与分布，进入到研究数字、文字和更一般元素的代数运算规律和各种代数结构，完成了古典代数到抽象代数的本质转变。埃米·诺特当之无愧地被人们誉为抽象代数的奠基人之一。

　　埃米·诺特的学术论文只有 40 多篇，她对抽象代数学发展所产生的巨大影响，并不完全出自她的论文，更重要的还是出自她与同事、学生的接触、交往、合作与讲课。她的讲课技巧并不高明，既匆忙又不连贯。但是，她常详细叙述自己尚未最终定型的新想法，其中充满了深刻的哲理，也充满了不同凡响的创造激情。她很喜爱自己的学生，在她身边形成了一个熙熙攘攘的"家庭"，这些学生被称为"诺特的孩子们"。其中就有来自中国的曾炯之。

1928 年在意大利波隆纳举行的国际数学家大会上，埃米·诺特应邀做了一个 30 分钟的分组报告。1932 年在苏黎世举行的国际数学家大会上，埃米·诺特做了一个小时的全会报告。她的报告得到许多数学家的赞扬，赢得了极高的国际声誉。一些年迈的数学家亲眼得见他们用旧式计算方法不能解决的问题，被埃米·诺特用抽象代数方法漂亮而简捷地解决了，不得不心悦诚服。同年，由于在代数学方面的卓越成就，埃米·诺特和阿廷共同获得了阿尔弗雷德·阿克曼-特布纳奖。

可是，苏黎世国际数学家大会后不久，德国的犹太人就受到了希特勒当局的迫害。在著名数学家韦尔的介绍和帮助下，1933 年 9 月，埃米·诺特移居美国，在美国布林莫尔学院任教，并在普林斯顿高等研究院兼职。但是，她依然怀念着祖国，怀念着哥廷根。1934 年夏天，她回到哥廷根，1935 年春，当诺特返回美国后，经医生检查发现，她已被癌症缠身，肿瘤急剧地损伤着她的身体，只有手术才可能挽救她的生命。手术后她的病情一度好转，不料却产生了手术并发症。4 月 14 日，这位终生未婚，把全部精力献给了她所热爱的数学事业的伟大女数学家，与世长辞，终年 53 岁。埃米·诺特为现代数学做出了重要贡献，是抽象代数的奠基人之一，被一些学者认为是迄今为止最伟大的女数学家（李文林，2011）。

此外，历史上知名的女性数学家还有不少，如我国东汉的班昭、清代的王贞仪，英国的萨默维尔，美国的朱丽娅·罗滨逊等。她们都具有一些共同特点，比如都对数学有着浓厚兴趣，有顽强的毅力、超强的自学能力，还有一种冲破世俗的勇气，值得世人尊敬。

第六节　小　　结

虽然很多研究都表明数学学习不存在性别差异，但是在数学的发展历程中，有名望的男性数学家会多很多，这与男性、女性在历史上的受教育机会有关，也与传统文化观念下男性、女性的工作性质存在差异有关。很多女性不仅没有读书的机会（或者没有权利接受高等教育），而且成人后大多要相夫教子，无法进行学业研究。在这种背景下，我们对上述女性数学家所取得的成就更应该感到敬佩。从她们的成长历程来看，她们取得这些成就是聪明才智和勤奋好学两者相结合的结果，而促使她们坚持的一个重要原因是兴趣，对数学十分感兴趣。一旦有了兴趣，学习数学就会动力十足，不会觉得抽象和枯燥。其实，数学很有趣，也有很广泛的应用，只要深入学习就会发现它有着无穷的魅力。这些女性数学家的案例也可以作为数学教学的素材，帮助学生提升学习兴趣，激发他们的学习热情。

总的来说，教师对数学的发展历史多一分了解，教学就会多一个选择，知识面也会得到丰富；学生对数学的发展历史多一分了解，热爱也会多一分，不仅知识面会得到丰富，数学情感也会得到增强，能更好地促进他们的数学学习。数学有着重要的教育价值，不仅仅体现在学生的数学知识丰富和数学解题能力提高方面，对学生人文精神、科学素养、道德品质等方面的发展也有重要的影响。教师和学生都要树立积极的数学学科观和数学教育观，认识到数学的文化性，借助数学文化更有效地促进学生数学核心素养的发展。

参 考 文 献

蔡天新. 2012. 数学与人类文明. 北京: 商务印书馆.

蔡天新. 2021. 经典数论的现代导引. 北京: 科学出版社.

曹惠群. 1938. 算学名词汇编. 上海: 科学名词审查会.

陈德华, 王立琼. 2003. 女数学家知多少. 蒙自师范高等专科学校学报, 5(4): 73-77.

陈善林, 张浙. 1987. 统计发展史. 上海: 立信会计图书用品社.

陈世军, 卢民荣, 赖德清. 2019. 基于圆周率加密矩阵的加密算法. 宁德师范学院学报(自然科学版), 31(2): 124-127.

陈仕达, 陈雪. 2016. 探秘数学常数: 说不尽的圆周率. 北京: 人民邮电出版社.

窦雪霞. 2008. 统计思想演变与融合发展探讨. 浙江工商大学博士学位论文.

杜国平. 2009. 潜无穷、实无穷探析. 自然辩证法通讯, 31(3): 18-25, 110.

段育华, 周元瑞. 1938. 算学辞典. 上海: 商务印书馆.

方延明. 2007. 数学文化. 北京: 清华大学出版社.

傅海伦. 2001. 圆面积公式与圆周率究竟是怎样推求的. 数学教育学报, 10(2): 99-102.

高庆丰. 1987. 欧美统计学史. 北京: 中国统计出版社.

顾沛. 2008. 数学文化. 北京: 高等教育出版社.

郭龙先. 2011. 代数学思想史的文化解读——从结绳记事到无穷集合. 上海: 上海三联书店.

郭书春. 2010. 中国科学技术史-数学卷. 北京: 科学出版社.

胡孝绳. 1976. 统计学. 新加坡: 新加坡木屋学社.

胡毓达. 2011. 数学家之乡. 上海: 上海科学技术出版社.

华蘅芳, 傅兰雅. 1872. 代数术. 上海: 江南制造局.

华蘅芳, 傅兰雅. 1897. 决疑数学. 上海: 上海飞鸿阁.

华罗庚. 1962. 从祖冲之的圆周率谈起. 北京: 中国青年出版社.

黄伯思, 戈汕. 1984. 重刊燕几图蝶几谱 附匡几图. 上海: 上海科学技术出版社.

黄友初. 2010. 史上著名的女性数学家. 数学通报, 49(3): 32-35.

黄友初. 2012. 沈康身与中国数学史. 数学通报, 51(8): 35-37, 40.

纪志刚. 2000. 南北朝隋唐数学. 石家庄: 河北科学技术出版社.

卡茨. 2004. 数学史通论. 2 版. 李文林, 邹建成, 胥鸣伟, 等译. 北京: 高等教育出版社.

卡尔·B.博耶.2012.数学史(上、下).秦传安译.北京:中央编译出版社.

卡约黎.1936.初等算学史(上、下).曹丹文译.上海:商务印书馆.

李大潜.2007.圆周率 π 漫话.北京:高等教育出版社.

李迪.1964.十进小数发展简史.数学通报,(10):47-49,16.

李惠村,莫日达.1993.中国统计史.北京:中国统计出版社.

李善兰,伟烈亚力.1859.代数学.上海:墨海书馆.

李文林.1998.数学珍宝——历史文献精选.北京:科学出版社.

李文林.2011.数学史概论.3版.北京:高等教育出版社.

李孝林,弋建明,熊瑞芳.2004.尹湾汉简集簿研究——我国首见的郡级统计年报探
   析.统计研究,(9):57-60.

李毓佩.2004.好玩的几何.北京:长虹出版公司.

李仲来.2008.中国数学史研究:白尚恕文集.北京:北京师范大学出版社.

梁宗巨.1992.数学历史典故.沈阳:辽宁教育出版社.

林崇德,杨治良,黄希庭.2004.心理学大辞典.上海:上海教育出版社.

蔺云.2002.哲学与文化视角下概率统计课的育人功能.数学教育学报,(2):24-26,
   102.

刘权华.2018.天地古今—π.中学数学杂志,(3):61-64.

刘章泽.2016.四川什邡市箭台村遗址出土汉代"陀螺"骰子考.四川文物,(2):
   66-75.

莫里斯·克莱因.2002.古今数学思想(第1册).张理京,张锦炎,江泽涵译.上海:
   上海科学技术出版社.

倪加勋,袁卫,易丹辉.1993.应用统计学.北京:中国人民大学出版社.

潘红丽,潘有发.2010."铺地锦"史话.珠算与珠心算,(1):53-56.

彭加勒.2006.科学与假设.李醒民译.北京:商务印书馆.

彭新波.2021.概率因果关系与非决定论.自然辩证法研究,(8):30-36.

祁超.2015.生活中的黄金分割.初中生世界,(7):60.

钱宝琮.1964.中国数学史.北京:科学出版社.

萨日娜.2010.华蘅芳西算译著的东传与影响.自然科学史研究,29(4):446-455.

邵汉民.2014.小学数学史料与数学教学.北京:科学出版社.

沈康身.2004.数学的魅力(1).上海:上海辞书出版社.

宋庆.2007.圆周率趣谈.中学生数学,(1):29-30.

宋芝业,赵栓林.2013.中国数学学科名称及其文化含义的演变.科学技术哲学研究,
   30(3):70-75.

眭秋生.1985.我国十进小数发展简史.南京师大学报(自然科学版),(2):91-95.

万东华,周晶.2020.我国近现代统计学发展.统计研究,37(6):119-128.

汪晓勤.2013.数学文化透视.上海:上海科学技术出版社.

汪晓勤.2017.HPM:数学史与数学教育.北京:科学出版社.

汪晓勤,樊校.2011.用字母表示数的历史.数学教学,(9):24-27,50.

汪晓勤,韩祥临.2002.中学数学中的数学史.北京:科学出版社.

王景英. 2002. 小学教育统计与测量. 北京: 人民教育出版社.

王青建. 1994. 斯蒂文《论十进》与小数记法. 辽宁师范大学学报（自然科学版），17(1): 24-27.

王幼军. 2017. 拉普拉斯的概率哲学思想阐释. 上海: 上海交通大学出版社.

吴文俊. 1998a. 中国数学史大系-第一卷 上古到西汉. 北京: 北京师范大学出版社.

吴文俊. 1998b. 中国数学史大系-第三卷 东汉三国. 北京: 北京师范大学出版社.

吴文俊. 1999. 中国数学史大系-第四卷 西晋至五代. 北京: 北京师范大学出版社.

吴文俊. 2000a. 中国数学史大系-第五卷 两宋. 北京: 北京师范大学出版社.

吴文俊. 2000b. 中国数学史大系-第七卷 明末到清中期. 北京: 北京师范大学出版社.

辛丙连. 2017. 我国政府统计生态系统研究. 东南大学硕士学位论文.

徐传胜. 2002. 有史记载的第一位女数学家——希帕蒂娅. 数学通报, (6): 45-46.

徐传胜. 2010. 从博弈问题到方法论学科: 概率论发展史研究. 北京: 科学出版社.

徐品方. 2004. 神童·数学家·梦游者——记早期的女数学家阿涅西. 数学通报, (3): 40-41.

徐品方. 2005. 女数学家传奇. 北京: 科学出版社.

徐品方, 张红. 2006. 数学符号史. 北京: 科学出版社.

杨楠, 豆战锋, 刘兴祥. 2010. 圆周率在社会生活中的应用. 延安大学学报（自然科学版），29(4): 40-45.

杨旭. 2013. 圆周率 π 的历史演算与历史作用. 科技资讯, (3): 206-208.

易南轩, 王芝平. 2007. 多元视角下的数学文化. 北京: 科学出版社.

游士兵, 高瑜, 张语芮. 2020. 中国统计思想的历史演进: 回顾与思考. 统计与决策, 36(10): 5-12.

于志洪. 2013. 《镜花缘》中的铺地锦. 中小学数学(小学版), (11): 63.

张苍, 等. 2006. 九章算术: 附录《周髀算经》译解. 曾海龙译解. 重庆: 重庆大学出版社.

张楚廷. 2000. 数学文化. 北京: 高等教育出版社.

张立辉. 2010. 和古人一起玩游戏. 北京: 中国戏剧出版社.

张顺燕. 2003. 数学的源与流. 2 版. 北京: 高等教育出版社.

张维忠. 2005. 文化视野中的数学与数学教育. 北京: 人民教育出版社.

赵焕光. 2008. 数的家园. 北京: 科学出版社.

赵建斌. 2010. 《镜花缘》"铺地锦"指谬. 连云港师范高等专科学校学报, 27(1): 18-20.

周·道本. 2008. 康托的无穷的数学和哲学. 郑毓信, 刘晓力编译. 大连: 大连理工大学出版社.

J. L. 福尔克斯. 1987. 统计思想. 魏宗舒, 吕乃刚译. 上海: 上海翻译出版公司.